De Saamhorigheidsgroep

Ander werk van Merijn de Boer

Nestvlieders (verhalen, 2011)
Lucy B. en C.W. van der Hoogtprijs 2012
De nacht (roman, 2014)
't Jagthuys (roman, 2016)
De geur van miljoenen (verhalen, 2018)

Merijn de Boer

De Saamhorigheidsgroep

Amsterdam · Antwerpen
Em. Querido's Uitgeverij BV
2021

Eerste, tweede (e-book) en derde druk, 2020;
vierde druk en vijfde druk, 2021

Omslag Bram Kleiweg
Foto omslag Hendrik-Jan Kolderweij
Foto auteur Chantal Heijnen

ISBN 978 90 214 1820 9 / NUR 301
www.querido.nl

Voor Sabrina

Inhoud

Deel een

New York, 2018

1

Ambassadeur Bernhard Wekman, permanent vertegenwoordiger bij de Verenigde Naties in New York, stond ergens tussen drie en vier uur 's nachts voor het raam van de Nederlandse residentie aan Beekman Place, dronken, uitkijkend over de East River, Roosevelt Island en de lichtjes van Long Island City, zich afvragend hoe het ook alweer zat met die beroemde uitspraak: 'Wie jong is en links...' Nee, zo was het niet. Hij nam een slok wijn en dacht na. 'Wie jong is en réchts heeft geen hart, wie oud is en links geen verstand.' Ja, zo was het.

Hij liep naar zijn bordeauxrode chaise longue in de hoek van de kamer en ging erop liggen. Vanaf hier kon hij de Queensborough Bridge zien. Koplampen van auto's die naar Manhattan reden, vormden een zachtgeel snoer over het water. Boven op de brug knipperden rode lichten.

Het was een lange dag geweest: in de ochtend had hij een vergadering met de hele staf gehad, vervolgens een lunch met de Spanjaarden, in de middag een zitting in de Veiligheidsraad en ter afsluiting een receptie, die was georganiseerd door de Belgen. Daarna was hij met twee medewerkers gaan eten en ten slotte was hij toch nog maar naar een borrel op de Oegandese missie gegaan, omdat daar een jonge vrouw werkte met wie hij een tijdje terug erg geanimeerd had staan praten. Maar op de borrel was ze niet en hij was toch maar gebleven.

Hij voelde zich oud, en misschien wel voor het eerst in zijn leven. Het verleden laten we in het verleden, zo had hij er altijd over gedacht. Die instelling had hem behoed voor melancholie maar vooral ook: besef van de voortschrijdende tijd. En nu was het er ineens bijna: het einde van zijn carrière.

Het lag voor de hand om over vijf maanden, als het zover was, naar Nederland terug te keren, al had zijn vrouw daar weinig te zoeken. De afgelopen weken was hij sluipenderwijs tot het besluit gekomen. Na dertig jaar repatriëren... En áls hij terugging naar Nederland, dan moest en zou het Haarlem worden, de stad waar hij nooit had gewoond maar waar het belangrijkste deel van zijn leven zich had afgespeeld.

Een tijdje terug had hij een e-mail gekregen van een van die schimmen uit de Haarlemse tijd. Bronno Koolmees kwam naar New York en wilde met hem afspreken. De grote roerganger van weleer enterde het land van het Kwaad.

Hij kon zich er geen voorstelling van maken, van Bronno in Amerika.

De gedachte aan hun lunchafspraak van morgen, over minder dan acht uur nog maar, maakte het onmogelijk om te gaan slapen. Hij dronk zijn glas wijn leeg, liep naar het bureau in zijn werkkamer terwijl hij met één hand zijn das losmaakte, zijn kaak omhoogwijzend en ook zijn ogen merkwaardig genoeg naar het plafond gericht, alsof het 'ontdassen' iets was waarbij je omhoogkeek. Flauwekul natuurlijk, en toch keek hij altijd naar het plafond als hij zijn das afdeed. Zoals hij er ook op een dag achter was gekomen dat hij zijn tanden altijd poetste met één hand op zijn rug. En dat zijn rechtervoet altijd vreemd naar buiten stond gedraaid als hij op de wc zat. Dit soort merkwaardigheden had hij niet bij zichzelf ontdekt maar had hij van Misaki moeten vernemen, toen een groot deel van zijn leven er al op zat.

Hij bleef bij zijn eikenhouten bureau staan. Het blad was ingelegd met oranje leer, de lades hadden bronzen handgrepen en aan de zijkant zat een grote verticale barst. Hij had het bureau al achtendertig jaar. In 1980, een paar weken voor de kroning van Beatrix, liep hij aan het begin van de avond langs de Prinsengracht. Tussen de Noordermarkt en de Westerstraat zag hij een oude man en een oude vrouw een van de twee ladeblokken haast komisch langzaam naar buiten tillen. Stapje voor stapje schuifelden ze door de hoge deur van het grachtenpand, pauzeerden even op het bordes en begonnen vervolgens traag aan de afdaling van de bel-etage naar de begane grond. Op het moment dat ze de stoep wilden oversteken, kruiste Bernhard hun pad. Wat zouden ze ermee gaan doen? vroeg hij zich af, maar hij zei niets, groette met een glimlach en slenterde verder. Het was een ideale lenteavond voor een wandeling: koud nog, maar je rook aan de lucht dat de winter voorbij was. Hoewel het nog licht was, brandden de lantaarnpalen al. In een verwaarloosd bootje lag een junk te slapen, met zijn schoenen uitstekend onder het blauwe zeil. Aan de overkant liep een groepje studenten.

Bernhard wandelde de hele gordel af, aan van alles en nog wat denkend, tot hij bij de Amstel kwam. Daar nam hij de brug naar de overkant, sloeg af naar links en liep weer terug naar huis, nu aan de overzijde van de Prinsengracht. Hij kwam langs het Amstelveld, het Paleis van Justitie en café Het Molenpad. Toen hij bijna weer bij de Brouwersgracht was, zag hij het bureau staan. Het was in elkaar gezet en stond tussen twee parkeerplekken op de klinkers. Er stond een stoel bij. Je kon er zo plaatsnemen om te gaan werken.

Hij liep een stukje terug en stak bij de Prinsenstraat het water over. Daar was toen net De Bolhoed geopend, het vegetarische restaurant waar hij weleens ging eten. Hij wandelde door naar het bureau en vond een briefje: *Antiek bureau zoekt nieuwe eigenaar*. Hij draaide zich om en keek naar het huis. Het bejaarde stel stond voor het raam op de eerste verdieping en keek hem aanmoedigend aan. De man schoof het raam open. 'Neem maar mee, hoor, als u geïnteresseerd bent!'

'Maar het is een prachtig bureau!'

'Wij hoeven het niet meer! Is nog van haar vader geweest!' Hij wees even naar zijn vrouw, die demonstratief knikte.

Bernhard wilde nog iets roepen maar de man had het raam weer dichtgeschoven en maakte een gebaar dat hij interpreteerde als: niet zeuren, meenemen dat bureau.

Terwijl Bernhard zich overspoeld voelde worden met dankbaarheid jegens deze lieve oude mensen, met blijdschap over het begin van de lente en met deze heerlijke avondwandeling die hem zoveel had opgeleverd: beweging, zuurstof, een goed humeur en ook nog eens een antiek bureau – terwijl Bernhard dit allemaal tegelijkertijd probeerde te beseffen, tilde hij het blad van de kasten en nam het onder zijn rechterarm. Binnen vijf minuten was hij terug om de rechterladekast op te halen. En even later tilde hij ook de linker van de klinkers.

De oudjes stonden niet meer voor het raam. Televisielicht flikkerde bijna onzichtbaar tegen de witte muur op de eerste verdieping.

Bernhard zocht naar de fles wijn die hij van de Duitse delegatie had gekregen en schonk zijn glas bij. Geschenken moest hij eigenlijk inleveren, maar daar had hij nu even maling aan. Met weemoed dacht hij terug aan die avonden in de jaren zeventig en tachtig, toen hij in zijn eentje als een jutter door de stille Amsterdamse binnenstad wandelde. Hij verzamelde hout voor de open haard. Een enkele keer vond hij bij het vuilnis iets anders wat de moeite waard was (hij herinnerde zich ineens een porseleinen schaal met een deksel in de vorm van een kip die hij nog jarenlang met zich mee had verhuisd maar die hij ergens tussen Vietnam en Chili of Zimbabwe en Hongarije moest zijn kwijtgeraakt).

Hij streelde het blad, waarin de afdrukken van jarenlange schrijfarbeid te vinden waren, vooral in het midden: ontelbare krasjes waren het bewijs dat hij niet had stilgezeten. In het licht van de lamp, als hij een beetje schuin keek, kon hij her en der de letters van zijn eigen naam onderscheiden.

Bernhard nam een slok. Over een paar uur zag hij Bronno. Die waarschijnlijk nu al ergens in de stad was. Of waarschijnlijker ergens in Queens of New Jersey, want hij ging hem straks ongetwijfeld aan zijn hoofd zeuren over hoe duur Manhattan was; dat hij geen betaalbaar hotel had kunnen vinden.

Het lukte Bernhard niet om zich een beeld te vormen van Bronno in een hotelkamer; hij kon hem alleen maar voor zich zien op een camping, in de weer met een pannetje boven een gasstelletje.

Hij dronk het glas leeg en knoopte zijn overhemd open. In die jaren was hij uitermate dun geweest. Tot zijn vijftigste had hij nooit meer dan zeventig kilo gewogen, ondanks zijn lengte. Maar inmiddels had hij een echte oudemannenbuik, afstotelijk om te zien.

Hij trok de onderste bureaula aan de rechterkant open, die was gevuld met brieven. Hij haalde er een paar stapeltjes uit maar kon niet vinden wat hij zocht. Hij stak zijn arm zo ver mogelijk in de la, tot zijn vingers iets raakten wat tegen het hout tikte. Hij pakte het, keek ernaar en begon onmiddellijk te huilen. De tranen welden onverwacht op, vielen op de grond tussen zijn voeten, terwijl hij voorovergebogen zat. Hij besefte, op vijfenzestigjarige leeftijd en midden in de nacht in New York, dat het dertig jaar geleden was, of nog langer zelfs, dat hij voor het laatst gelukkig was geweest. Echt gelukkig. Dat hij de decennia daarna eigenlijk maar half geleefd had, denkend dat er weinig viel aan te merken op zijn leven. Maar het was nooit meer zo geworden als toen.

In zijn handen lag een kinderlijke ketting van schelpen, met elkaar verbonden door een bruin touwtje.

Hij liet de schelpenketting op het bureau glijden, stond op en zette de fles aan zijn lippen tot er niets meer in zat. Vervolgens liep hij terug naar het raam, balde zijn rechtervuist en begon de Internationale te zingen, met openhangend overhemd, kijkend naar het FDR-monument in het midden van de East River:

‘Ontwaakt, verworpenen der aarde! Ontwaakt, verdoemden in hongers sfeer!’

2

Bronno had maandenlang gespaard voor een ticket naar New York. Toen hij het geld eindelijk bij elkaar had, had hij nog enkele dagen geaarzeld of hij deze krankzinnige uitgave wel aan zichzelf kon verantwoorden. Er waren tal van goede doelen die hij die paar honderd euro graag had geschonken. En dan ging het alleen nog maar om het geld; nog veel erger was zijn moedwillige bijdrage aan de uitstoot van CO_2.

Bronno was er tot dusver in geslaagd om in zijn leven nooit in een vliegtuig te stappen. Op de zondag waarop hij besloot om toch het ticket te kopen, fietste hij in de vroege ochtend door de nog helemaal verlaten duinen naar Zandvoort. De lucht was heerlijk fris. Toen hij wegfietste van huis was het nog bewolkt geweest. Maar hoe dichter hij bij de zee kwam, hoe meer het opklaarde. En op het strand wachtte hem zelfs een compleet blauwe lucht. Hij ging vlak bij de branding zitten, terwijl hij zo nu en dan met een knagend schuldgevoel omhoogkeek, naar een vliegtuig dat een witte streep in het heldere blauw trok. Dat schuldgevoel bewees dat hij een beslissing had genomen. En aan het einde van diezelfde dag boekte hij het ticket.

Bronno was aan de rand van de zee tot de conclusie gekomen dat het haast onmogelijk was om geen opofferingen te maken. Ja, door te vliegen droeg hij bij aan de uitstoot van CO_2, maar hij ging óók naar New

York om de wereld een beetje beter te maken. Hij had een belangrijke taak te vervullen. Hij moest Bernhard Wekman, inmiddels hoge pief bij Buitenlandse Zaken – 'Bernhardje' Wekman, die hij ooit nog had geleerd hoe je zonder lucifers een kampvuur maakte – zover krijgen om iets voor hem te doen. Of niet zozeer voor hem, maar voor de Tibetanen.

Hij moest en zou daarin slagen. Alleen dan was de vliegreis niet voor niks geweest.

Enkele maanden later liep hij op een vrijdagochtend door Brooklyn, onderweg naar zijn lunchafspraak met Bernhard. Zijn hotel was niet zo gunstig gelegen maar relatief goedkoop. Het grensde aan Flatbush Avenue, een drukke autoweg in het verlengde van de Manhattan Bridge. Hij had maar nauwelijks geslapen, omdat het raam in zijn kamer niet open kon. Deze ontdekking had hem min of meer een paniekaanval bezorgd. Hij kon niet zonder frisse lucht en hij vond de airconditioning zo'n beetje de allerergste uitvinding na de kernraket. Maar omdat het midden augustus en bloedheet was, zat er weinig anders op dan hem toch maar aan te doen. Nadat hij hem op de laagste stand had gezet, voelde hij zich bij wijze van spreken al verkouden worden.

Toen hij de volgende ochtend wakker werd, na hooguit twee of drie uur onrustig geslapen te hebben, greep hij onmiddellijk naar zijn zakdoek. Hij snoot zijn neus leeg, voelde zich ellendig en verlangde naar zijn slaapkamer in Haarlem, waar hij bij het wakker worden altijd even bleef liggen luisteren naar de merels in zijn tuin.

Hij had thuis al de route uitgestippeld naar het Japanse restaurant waar Bernhard wilde afspreken. Het makkelijkst was om de metro te nemen. Hij kon vlak bij het hotel, bij Nevins Street, de groene lijn pakken en dan na zeven haltes uitstappen bij Grand Central. Maar hij was erachter gekomen dat hij ook een eindje kon lopen en dan vervolgens de veerboot nemen. Dat reisschema sprak hem veel meer aan.

Bij de ANWB-winkel op de Gedempte Oude Gracht had hij een kaart van New York gekocht. Hierop had hij met een potlood de wandelroute uitgestippeld. De kaart had hij vervolgens in een plastic hoes gestopt, waar hij met een priem twee gaatjes in had gemaakt. Daar had hij ten slotte een oud brillenkoord doorheen geregen, zodat de kaart nu aan zijn nek bungelde terwijl hij door de straten van Brooklyn liep.

Hij schrok van de hoeveelheid afval op de stoep. Na een paar straten kon hij het niet langer aanzien. Hij toverde uit zijn rugzak een linnen tasje tevoorschijn van de natuurvoedingswinkel in Heemstede. Hier wierp hij alle blikjes, plastic verpakkingen en andere rommel in. Als hij een vuilnisbak passeerde, leegde hij het linnen tasje. Op deze manier, voortdurend bukkend en al snel met een rood en bezweet voorhoofd, wandelde hij van de ene vuilnisbak naar de volgende.

Terwijl hij voor de vierde maal zijn linnen tasje leegde, reed er een politieauto langs. De wagen stopte, de rode lichten op het dak begonnen te knipperen en er stapte een agent uit.

Hij vroeg om Bronno's identiteitsbewijs.

'Goedemorgen, meneer. Mag ik u vragen waarom u interesse toont in mijn identiteitsbewijs?' Hoewel het incident hem ontregelde, was Bronno blij dat hij de agent kon laten horen hoe goed zijn Engels was.

Hij sprak, vond hij zelf, als een professor aan Oxford.

'Uw identiteitsbewijs,' herhaalde de agent kortaf.

Bronno haalde zijn buideltasje uit zijn onderbroek, trok het ritsje open en haalde zijn paspoort eruit. Hij overhandigde het de agent. 'Alstublieft, meneer.'

De agent inspecteerde een tijdje het document. 'Het is verboden om huisafval in de vuilnisbakken te gooien,' zei hij zonder Bronno aan te kijken. 'Kunt u lezen?' De agent wees naar een bordje. GEEN HUISAFVAL. $ 100 BOETE, stond erop.

Bronno lachte zelfverzekerd en zenuwachtig tegelijk. 'Agent, er is hier sprake van een groot misverstand. Laat het me u uitleggen.' Hij besteedde veel zorg aan zijn uitspraak. 'Het afval dat ik zojuist weggooide heb ik van de straat geraapt. Ik woon hier ook helemaal niet, zoals ik overigens kan aantonen.'

'Maar u gooide toch net uw tas leeg?'

'Ik verzamelde het afval' (hij vond *garbage* een heerlijk woord om uit te spreken) 'in mijn tas en leegde die vervolgens boven de vuilnisbak. Ik heb juist geholpen om de stad schoner te maken,' zei hij, want het leek hem dat hij toch eerder een compliment dan een reprimande verdiende.

De agent keek hem ongelovig aan, schudde zijn hoofd en besloot vervolgens om het erbij te laten. Hij gaf Bronno zijn paspoort terug.

'Dank u, meneer,' zei Bronno nog.

Pas nadat de agent in zijn auto was gestapt en weggereden, merkte Bronno hoezeer het incident hem had aangegrepen. Al zijn vooroordelen jegens Amerika en de Amerikanen welden op, terwijl hij de laatste kilometer naar de veerboot aflegde en het afval nu maar gewoon op straat liet liggen. Pas toen hij bij de steiger aankwam, ebden zijn negatieve gevoelens over dit land weer een beetje weg, want hij moest toegeven dat het imponerend was: de skyline van Manhattan. Aan de overkant van de East River, van hem gescheiden door klotsend water en meeuwen die door de lucht zweefden, lag het Financial District. Hij miste onmiddellijk de aanwezigheid van de twee torens, ook al zag hij de stad voor het eerst in het echt. Maar dit beeld van Manhattan was zo overbekend, dat je het al kende, ook al was je er nog nooit geweest.

Terwijl hij nadacht over de aanslagen van 11 september 2001, moest hij zichzelf voor de zoveelste keer bekennen dat hij wel enig begrip had voor de terroristen die dit op hun geweten hadden. Uiteraard, het was verschrikkelijk wat er gebeurd was. Al die mensen die hun dierbaren hadden verloren... Maar de invasies in Irak, in Afghanistan, in Vietnam waren net zo verschrikkelijk. En in Afrika verloren er dagelijks honderden mensen hun dierbaren. En over hen hoorde je nooit iemand. Ja, zo nu en dan even. Maar niet in de mate waarin er aandacht was geweest voor de slachtoffers van 11 september. Hij nam plaats in de rij wachtenden voor de veerboot en snoof de zilte rivierlucht op.

Amerika had zich decennialang, sinds de Tweede Wereldoorlog, als een politieagent opgesteld in de wereld. Net zo onbeschoft en brutaal als die diender die hem zo-even nog als een schooljongen had behandeld. Dus het was helemaal niet vreemd dat daar mensen tegen in opstand kwamen, vond Bronno. En toch keek hij even enigszins ongemakkelijk om zich heen, terwijl hij tussen Amerikanen de steiger op liep, die misschien wel mensen kenden die waren overleden bij de aanslagen. Alsof hij bang was dat ze zijn gedachten konden lezen.

3

'Maar Bernhard, hoe kun je nou aan jezelf verantwoorden dat je in een land woont waar Trump aan de macht is?'

Ze zaten tegenover elkaar in het restaurant. Alle aanwezigen droegen een pak en een stropdas. Het was duidelijk een plek waar mensen met zakenrelaties afspraken, niet met oude vrienden. Ook de inrichting was heel zakelijk en onpersoonlijk. Alles was van hout: de wanden, de tafels, de stoelen en de vloer. Dat sprak hem op zich wel aan. Maar deze kale, kille ruimte was niet wat Bronno voor ogen had als hij aan een gezellig restaurant dacht.

Na binnenkomst (Bernhard had op straat op hem staan wachten) werden ze naar een achterafkamer geleid, gescheiden van de rest van het restaurant door een wit gordijn. Bronno had even de sensatie dat ze ergens in de periferie werden weggeborgen omdat hij er zo anders uitzag dan alle andere bezoekers, met zijn sandalen, zijn korte broek en zijn blauwe hemd. Maar hij probeerde om niet te veel aandacht aan die gedachte te besteden. Wat maakte het uit wat deze Japanse obers of deze Amerikaanse zakenlieden van hem dachten? Over een paar dagen was hij toch weer terug in Haarlem.

'Toen ik deze baan kreeg aangeboden, zag ik het juist als een geweldige kans. Juist nu, dacht ik. Júíst nu. We moeten de strijd aangaan met Trump, niet weglopen voor de problemen. En als je ziet wat ik nu al allemaal voor elkaar heb gekregen bij de VN, nou, dat is toch niet gering, zou ik zo zeggen...'

Bronno keek Bernhard enigszins spottend aan. 'O ja, wat dan zoal, als ik vragen mag?'

'Ah, daar is de serveerster. Bronno, jij wil ook wel een biertje, denk ik, hè?'

'Gewoon kraanwater is goed, hoor.'

'Niet saai doen nu, Bronno. Je bent toch niet net zo saai als dertig jaar geleden mag ik hopen?'

'Eh, nou, dat weet ik niet. Het is maar wat je onder saai verstaat...' Hij had een rood hoofd gekregen.

'Twee Sapporo graag,' zei Bernhard tegen de serveerster.

'En thee of water?'

'Voor mij thee, voor hem water, geloof ik.'

Bronno had liever thee gehad, als die blijkbaar van de zaak was, maar ze was alweer weggelopen.

Bernhard bestudeerde langdurig de kaart. Bronno wierp er ook een blik op en bukte zich toen naar zijn tas, waar hij een aluminium pakje uit haalde. Hij legde het op tafel, naast de houten stokjes.

Bernhard had aanvankelijk niets in de gaten. Pas toen hij de kaart had weggelegd en naar de tafel keek, trok hij een geërgerd gezicht. 'Hè, Bronno, doe die vieze boterhammen toch weg. We zitten niet op een bankje in het park.'

'Ik heb deze boterhammen toch nog. Ik vind het zonde om ze niet op te eten.'

'Dan eet je ze toch vanavond op?'

'Dan zijn ze niet meer vers. Ze zijn nu al een beetje oud. Ik heb ze gistermiddag gesmeerd, in Nederland.'

Bernhard zei niks meer.

'Ik had ze gesmeerd voor de vliegreis,' legde hij nog uit. 'Maar daar kregen we twee – overigens érg lekkere – maaltijden. Ik wist helemaal niet dat je te eten krijgt in het vliegtuig.' Hij werd weer even blij van de gedachte aan de kip met worteltjes en broccoli die hij had gekregen.

'Doe ze alsjeblieft weg. Jezus, Bronno.'

'Ik snap eerlijk gezegd niet waarom je zo heftig reageert. Ik vind het gewoon zonde om hier iets heel duurs te bestellen, terwijl ik deze boterhammen nog heb liggen.'

'Ik betaal, dus doe alsjeblieft niet zo moeilijk. Ah, daar zijn de biertjes!' Zijn gezicht klaarde op. De serveerster zette twee ijskoude flesjes op tafel.

Het gesprek had een wending genomen die Bronno niet beviel. Het was juist heel belangrijk dat hij betaalde, niet Bernhard. Hij moest Bernhard het gevoel geven dat hij hem iets verschuldigd was. Daarom betaalde hij straks de rekening, ook vanavond, want dan gingen ze weer eten, al wist Bernhard dat nog niet. Hij vermoedde namelijk dat alleen een lunch niet voldoende was om zijn doel te bereiken.

'Geen sprake van. Ik betaal,' zei hij ferm.

'Zozo, dat is aardig van je. Kun je dat wel betalen?'

'Natuurlijk kan ik dat betalen, Bernhard. Wat een VVD-opmerking, trouwens.'

'Ik geef toe dat ik wat naar rechts ben opgeschoven. En jij? GroenLinks? Partij voor de Dieren? Ja, het is jammer voor je dat de CPN niet meer bestaat...'

'Ik heb maar één keer op de CPN gestemd. Verder altijd PPR, weet je nog wel? We stemden allemaal op de PPR. Behalve Ralf en jij.'

'O, dat zou wel kunnen, ja... Ik weet het allemaal ook niet meer precies. Zie jij ze nog af en toe?'

'Wie?'

'Ja, wie denk je? De leden van de Saamhorigheidsgroep.'

'O... wacht even.' Met samengeknepen ogen, zijn mond al open, zocht hij naar zijn zakdoek. Terwijl hij nieste, kwam de serveerster weer.

'Klaar om te bestellen?'

'O, ja, we moeten bestellen. Ik vind het altijd een beetje ingewikkeld hier. We kunnen voor het lunchmenu gaan,' legde hij aan Bronno uit, die zijn zakdoek wegfrommelde in zijn broek, 'maar dan moeten we geloof ik nog steeds van alles kiezen.' Hij bestudeerde fronsend de kaart. 'Ik heb daar altijd zo'n hekel aan, aan kiezen wat je wil eten. Ik denk nog vaak aan dat stamppotrestaurant van Haje. Daar kreeg je gewoon de stamppot van de dag. Dat vind ik veel prettiger, dat de kok voor je bedenkt wat je wil eten.'

Terwijl Bernhard nog even doormopperde, keek Bronno nu ook naar de kaart. Als ze meerdere sushi's moesten kiezen, dan ontstond er al snel een aanzienlijk bedrag. Er was ook nog zoiets als het menu van de chef. Daar stond 'm/p' achter in plaats van een bedrag.

'Hoe duur is het menu van de chef, mevrouw?'

'Dat hangt af van de marktprijs van de vis,' antwoordde ze. Ze zei nog iets maar dat kon hij niet verstaan.

Bronno bedacht dat hij, om zijn doel te bereiken, Bernhard in een gunstige stemming moest brengen.

'Laten we voor dat menu gaan,' stelde hij voor.

'O, hoeven we dan niets te kiezen?'

'Ik begreep van niet.'

'Uitstekend idee!' Bernhard klapte de menukaart dicht en gaf die blij aan de serveerster. 'Twee keer het menu van de chef graag. O, en nog een Sapporo. Jij ook, Bronno?'

'Nee, dank je wel.' Hij had nog geen slok van het bier genomen. Hij kon daar ook beter even mee wachten tot hij wat in zijn maag had. Hij dronk zelden alcohol. Zeker niet op het midden van de dag.

'Goed idee van je, Bronno,' zei Bernhard toen de serveerster weg was.

Dit ging de goede kant op.

'Maar vertel, zie je Laurens en Wiebe en zo nog? Ik ben ontzettend benieuwd hoe het met ze gaat.'

'Zeker. Niet iedereen even regelmatig. Maar Laurens en Wiebe zie ik bijvoorbeeld wekelijks bij het tafeltennissen. En een keer per maand tijdens de vergadering. We zijn nog altijd bij elkaar, hè.'

'De Saamhorigheidsgroep bestaat nog steeds?'

'Ja. Wist je dat niet? We zijn wel kleiner geworden.'

'Ongelooflijk... Nee, dat had ik niet verwacht.'

'Merkwaardig dat het je zo verbaast,' zei Bronno.

'Ja, misschien...' Hij moest dit nieuws duidelijk verwerken.

De serveerster bracht een gigantische schaal sushi's. Bernhard begon van genot in zijn handen te wrijven, terwijl de serveerster vertelde wat wat was.

'En is alles duurzaam gevangen, mevrouw?' vroeg Bronno.

Ze begreep hem niet. Haar Engels was waarschijnlijk niet voldoende van niveau voor deze vraag.

Hij wilde zijn zin al herhalen, maar dan nu langzamer, maar Bernhard begon in het Japans tegen haar te praten.

Ze zei iets terug, lachte, boog naar hem en liep weg.

'Ja hoor, duurzaam, maak je geen zorgen,' zei Bernhard met een lachje. Hij drupte de sojasaus in zijn bakje en werkte de eerste sushi weg.

'Gelukkig. Dan kan ik dit met een gerust hart eten.'

Aardig van Bernhard, dacht Bronno.

De serveerster kwam terug met twee nieuwe flesjes bier.

Bronno begon in paniek met zijn handen te zwaaien. 'Nee, mevrouw! Die hebben we niet besteld!'

'O, zeker wel,' zei Bernhard. 'Je dacht toch niet echt dat ik had gevraagd of die vis duurzaam is?' Lachend nam hij de flesjes aan. 'Arigato.'

Ze aten zwijgend. Bronno probeerde zichzelf te herpakken.

'Zeg, Bernhard, komt de kwestie Tibet weleens aan de orde in de Veiligheidsraad?'

'"De kwestie Tibet"? Waarom zouden we het in godsnaam over Tibet hebben?'

'Nou, bijvoorbeeld omdat de Tibetanen structureel worden onderdrukt door China. Omdat Tibet nog altijd geen soevereine staat is.'

'Nee, natuurlijk hebben we het nooit over Tibet,' zei Bernhard alleen. 'Neem nog wat bier, Bronno.'

Bronno nam een paar slokken. Hij was nog steeds met zijn eerste flesje bezig.

'Nee, de laatste keer dat het bij de VN over Tibet is gegaan, was denk ik ergens in de jaren zestig... Heerlijk dit... Klaar voor de volgende ronde!'

De schaal waar de sushi's op hadden gelegen, was nu helemaal leeg. Bronno zat al aardig vol. 'De volgende ronde?'

'Ik denk dat er nog wel wat komt, ja.'

'Je hebt gelijk,' zei Bronno, terugkerend naar hun gesprek. 'Er zijn in totaal drie resoluties over Tibet geweest. Resolutie 1353 in 1959, resolutie 1723 in 1961 en resolutie 2079 in 1965.'

'Zozo, Bronno, je hebt je huiswerk als vanouds goed gedaan. Mijn complimenten.' De serveerster haalde de schaal weg. 'Ik moet zeggen dat ik niet precies meer op mijn netvlies heb wat erin stond.'

'O, dat kan ik je wel vertellen...' Maar hij bedacht dat de kwestie Tibet voor nu voldoende aan de orde was geweest. Hij wilde het vanmiddag alleen maar even bij Bernhard in de week leggen. Vanavond, als ze weer gingen eten, zouden ze zaken doen. 'Maar ik kan me voorstellen dat je nu niet over werk wil praten.'

'Haha, nou, dank je wel. Zeer attent. Vertel me dan maar hoe het met iedereen gaat. Zit Ralf er nog bij?'

Er kwam een nieuwe schaal met sushi's op tafel.

Ze begonnen weer te eten.

'Nee, Ralf zijn we een beetje uit het oog verloren. Het laatste wat ik hoorde was dat hij tegenwoordig pruiken verkoopt op de Kamasutrabeurs.' Hier moest Bernhard erg om lachen. 'Hij en Wijnie zijn uit elkaar, dat wist je waarschijnlijk ook niet.'

'Nee.'

'Hij heeft, alweer jaren geleden, zijn baan opgezegd. Vervolgens heeft hij al zijn geld gestopt in een katholiek klooster in Brabant, dat hij heeft omgebouwd tot een spiritueel ontspanningscentrum voor vrouwen die het moeilijk hebben. Maar dat werd niet zo'n succes...'

Bernhard lachte weer, maar er klonk nu ook iets

melancholieks in door, alsof het hem verdriet deed om over mensen als Ralf en Wijnie te horen.

4

Bronno had erop gestaan om samen te eten die avond. Dat had Bernhard wat veel van het goede gevonden en bovendien zou hij naar de opera gaan en die begon om halfacht. Maar Bronno wilde echt erg graag diezelfde avond alweer met hem afspreken en dus had hij uiteindelijk maar toegegeven. Om zes uur in P.J. Clarke's, tegenover het Lincoln Center.

Nadat hij afscheid van hem had genomen, had hij besloten om niet terug naar de post te gaan. Hij gaf zichzelf de rest van de middag vrijaf. Misaki was die ochtend in een taxi naar JFK gestapt. Ze ging voor een week naar Tokio. Haar moeder was ziek. Bernhard was van plan om de komende paar uur een dutje te doen op de chaise longue.

Maar eerst moest hij bedenken met wie hij vanavond naar de opera zou gaan. Hij had twee kaartjes. Het was uitgesloten dat hij Bronno zou vragen. Het moest wel een leuke avond worden. Bovendien, straks zat hij ook alweer anderhalf uur lang tegenover hem in Clarke's.

Hij liep langs het consulaat van Haïti en sloeg links af, Second Avenue op. Hoewel lunchtijd bijna was afgelopen was het nog altijd druk op straat. Hij hield ervan. New York gaf hem een energie die hij ook had gevoeld tijdens zijn plaatsing in Peking maar die hij had ontbeerd in Chili en Zimbabwe. Santiago en Harare waren ingeslapen provinciesteden als je ze vergeleek met New York en Peking.

Uit de open deur van een nagelstudio klonk geknip. Een latino rolde een zwaarbeladen steekwagen over de stoep, in de richting van een supermarkt. Bernhard week uit, besloot de straat over te steken en wandelde even later over het Dag Hammarskjöld Plaza in de richting van First Avenue. Hij vond het altijd fijn om over dit plein te slenteren. Duiven scharrelden rond een oude Chinese vrouw op een bankje, die broodkorsten op de grond gooide. Het was woensdag en dus stonden vandaag de kramen van de boerenmarkt opgesteld. Misaki deed hier altijd boodschappen. Maar hij zou simpelweg een week lang buiten de deur eten.

Ineens, door dat besef dat hij een week lang alleen thuis zou zijn, kreeg hij een ingeving die zo sterk was dat hij haar niet meer kon onderdrukken. Ongetwijfeld kwam het door de kater, door het slaapgebrek en door de paar Sapporo's die hij net had gedronken, dat hij de inval niet onmiddellijk weer verwierp, zoals hij op een andere dag zou hebben gedaan.

Hij sms'te een van zijn medewerkers: 'Francien, heb jij het nummer van Aisa Magambo, tweede secretaris van de Oegandese missie?'

En terwijl hij wachtte op een reactie, dacht hij: doe ik dit echt? Hij voelde zich lichter worden, euforisch bijna.

Hij hoorde een ping.

'929-210-4747,' luidde het antwoord. Niet: 'Dag Bernhard, hierbij het nummer. Groet, Francien'. Dat was correcter geweest. Maar hij zou het haar niet kwalijk nemen. Niet vandaag. Nee. Want wat was het een prachtige dag! Impulsief ging hij op een leeg bankje zitten, terwijl hij zijn hoofd in zijn nek legde, zijn das wat losmaakte en de zon op zijn wangen liet branden. Ik ben niet oud, dacht hij. Ik ben alleen wat ouder dan zij.

Hij pakte zijn telefoon weer en tikte: 'Aisa, ben jij ooit al eens naar Aïda geweest?'

Het moest zo zijn. Haar naam en de titel van de opera, die het mogelijk maakten om dit losse, geestige berichtje te sturen. Hij herhaalde het in zijn hoofd een paar keer: Aisa, ben jij ooit al eens naar *Aïda* geweest? Aisa, ben jij ooit al eens naar *Aïda* geweest? Prachtig was het. Een volmaakt berichtje.

Maar in de minuten daarna, terwijl hij wachtte op een antwoord, realiseerde hij zich dat ze natuurlijk niet wist wie hij was. Ze had zijn nummer niet.

Hij stuurde: 'Bernhard. Permanent vertegenwoordiger van Nederland.'

Na een paar seconden kreeg hij al een antwoord: 'Nee, nog niet.'

'Vanavond? Kwart over zeven bij de fontein.'

'Dank je wel voor de uitnodiging. Tot vanavond.' Daarna stond er een teken dat hem compleet onrustig maakte. Hij voelde hoe zijn hart klopte en hij besefte dat hij als een intens blije hond naar zijn telefoon staarde. Er stond: 'X'.

Hij wist niet helemaal zeker hoe hij het moest interpreteren. Was het onder jongeren gebruikelijk om zo een bericht af te sluiten? Betekende het iets anders?

Impulsief stuurde hij een 'X' terug.

Hij bleef een poosje gelukzalig op het bankje zitten. Daarna riepen praktische zaken hem tot de orde. Wat zou hij vanavond aantrekken? Hij had zijn lievelingsoverhemd aan maar hij had ook al gezweet vanochtend, dus hij kon hem vanavond niet weer dragen. Weet je wat, bedacht hij, ik breng 'm gewoon naar de wasserette en dan zorgen ze maar dat hij op tijd klaar is.

Op First Avenue, vlak bij zijn huis, zat een wasserette ter grootte van een paardenstal, die was volgestouwd met kleren en ander wasgoed. Als hun wasmachine stuk was, wat gek genoeg al twee keer gebeurd was, of als Misaki zoals nu een paar dagen weg was, dan bracht hij er weleens zijn kleren naartoe. Het was altijd weer een verrassing wat hij terugkreeg. Een keer vond hij een onbekende witte onderbroek tussen zijn kleren. Een andere keer gaven ze hem een kindersok mee. Waar was die andere? En nog veel vaker was hij zelf een sok of een ander kledingstuk kwijt. Dan ging hij terug, wapperde met die eenzame sok en riep hij naar binnen: 'Sok gevonden?' Er werkte een Aziatisch echtpaar dat geen Engels sprak. Vaak keken ze hem blanco aan en dan toverde hij of zij, alsof het de gewoonste zaak van de wereld was, de missende sok tevoorschijn. Die had dan ergens tussen de kleren van een andere klant gelegen. Op een andere dag miste hij een broek. Best een dure broek. Hij ging terug maar ze haalden alleen maar hun schouders op. Een paar dagen later liep hij er toevallig langs en zag zijn broek in de etalage liggen. 'Dat is mijn broek!' riep hij. De vrouw pakte hem, gaf 'm aan hem en ging weer verder met waar ze mee bezig was: televisiekijken.

Het was dus enigszins risicovol om zijn overhemd weg te brengen, maar hij besloot de gok te wagen.

Rond de vijftigste straat moest je op First Avenue

heuvelop lopen, tenminste, als je zoals hij naar het noorden ging, waardoor hij hijgend en nog wat meer bezweet bij de wasserette aankwam.

Wat nu? Het shirt dat hij wilde wassen had hij aan. Maar hij woonde er vlak om de hoek. Zolang hij geen ambtsgenoten tegenkwam, was er niets aan de hand. Hij deed zijn jasje uit, knoopte zijn overhemd open en trok het uit. Met ontbloot bovenlijf stond hij op de stoep van First Avenue, voor de deur van de wasserette.

'Vijf uur klaar?'

De vrouw knikte. Zou ze begrijpen wat hij had gevraagd? Maar het maakte hem niets uit. Vandaag zou alles goed komen. Nog een dinertje met die rare Bronno overleven en dan zou hij daarna Aisa zien.

Met het jasje over zijn blote schouders liep hij naar huis. Ik zou veel vaker zo over straat moeten lopen, bedacht hij. Het was bevrijdend. Ineens hoorde hij weer een ping. Een nieuw berichtje van Aisa. 'X' stond er. Verder niks. Zoals hij ook alleen maar 'X' had gestuurd. En hij zou het nog een keer doen. Hij tikte een X in en verstuurde die. Een kwartier later (hij lag al met gesloten ogen op de chaise longue) kreeg hij alweer een 'X' terug. En hij antwoordde onmiddellijk: 'X!' Nu met een uitroepteken erbij. Was hij gek aan het worden? Wat betekende die X? X! X! X!

5

Bronno liep als verdoofd door Manhattan. Het was verschrikkelijk wat er gebeurd was. Nog verschrikkelijker dan verschrikkelijk eigenlijk. Catastrofaal.

Hij was van plan geweest om vanmiddag naar Central Park te gaan, en misschien nog naar een van de wereldberoemde musea, maar hij wilde nu alleen nog maar naar zijn hotel. Hij liep weer terug naar de halte van de veerboot aan 34th Street. De drukte van Midtown en de hoge gebouwen beangstigden hem ineens. Onderweg naar het Japanse restaurant had hij daar nog helemaal geen last van gehad. Hij verlangde naar natuur. Naar de Kennemerduinen. Hij verlangde naar huis.

Hij haatte zichzelf.

Die twee op zichzelf al reusachtige schalen sushi's waren gevolgd door nog vijf andere schalen. En al die tijd had hij zich geen moment gealarmeerd gevoeld. Ze praatten over de andere leden van de Saamhorigheidsgroep en Bronno vertelde wat over de projecten waar ze nu mee bezig waren. Ze hadden het onder andere vrij lang over de organisatie in Zimbabwe die opkwam voor de albinobevolking in dat land en die al sinds 2009 financieel ondersteund werd door de Saamhorigheidsgroep. Bernhard kende de directeur uit de tijd dat hij er ambassadeur was. En zo hadden ze naar het einde van het diner toe steeds genoeglijker zitten praten. Toen Bernhard aangaf dat hij zo zoetjesaan weer eens terug moest naar kantoor, stond Bronno op om de rekening te gaan betalen. Hij duwde het witte gordijntje opzij en vond hun serveerster bij de kassa in een verder inmiddels helemaal lege ruimte. Bernhard en hij waren de laatste twee klanten.

En toen was daar de rekening. Een krankzinnig bedrag. Het was ongeveer net zoveel als hij had moeten betalen voor het vliegticket. Hij greep zichzelf vast aan de dichtstbijzijnde stoel.

'Mevrouw... dit... ik kan dit helemaal niet betalen...'

Ze keek naar hem zonder iets te zeggen.

'Klopt dit wel? Dit kán niet kloppen.'

'U vroeg hoe duur het zou worden en ik zei dat dat afhing van de marktprijs van de vis.' Haar Engels was prima.

'Ja. Ja, dat is waar. Maar...' Vanuit zijn ooghoek zag hij het witte gordijn bewegen. Bernhard waggelde met zijn dikke buik tevoorschijn, voldaan na de copieuze maaltijd.

Angstig keek Bronno naar Bernhard.

'Is er iets aan de hand, Bronno? Je ziet zo bleek?'

'Neenee, niks aan de hand.' Hij trok zijn buideltasje tevoorschijn. Hij gaf zijn Nederlandse betaalpas aan de serveerster.

Als de pas niet geaccepteerd wordt, dan ben ik gered, dacht hij. Dan is het overmacht. Dan móét Bernhard wel betalen. Maar ik ga hem er niet om smeken. Als het niet nodig is, dan doe ik alsof er niets aan de hand is. De Tibetanen...

'Alstublieft, meneer.' Ze overhandigde hem zijn pas en de bonnetjes, een voor het restaurant en een voor zijn eigen administratie.

Het was gebeurd. Hij had betaald. Hij had bijna zeshonderd euro betaald voor stukjes rijst met vis...

Het zweet brak hem uit. Misschien kon hij de rekening wel als onkosten opvoeren bij de Saamhorigheidsgroep. Dan zouden ze het met z'n allen betalen... Als hij Bernhard zover zou krijgen om zich in te zetten voor Tibet, dan zouden ze dat misschien wel accepteren. Maar nee, ze zouden het niet begrijpen...

Een lunch voor twee personen en dan dit bedrag? Ze zouden hem uitlachen!

'En wel twintig procent fooi geven, hè. Dat is hier de gewoonte.'

'Twintig procent? Maar dat is gigantisch!'

Bernhard haalde zijn schouders op. 'Zo doen ze dat hier. Als je minder geeft, vragen ze wat er heeft ontbroken aan de service.'

Hij rekende uit op hoeveel dat zou uitkomen. Hij was nog eens meer dan honderd dollar kwijt. Hij noteerde de getallen, zette zijn handtekening en voelde hoe zijn ogen vochtig werden.

Met onvaste benen liep Bronno naar buiten.

'Zeg, tot vanavond, hè,' riep Bernhard. 'Je vindt het wel, neem ik aan?' Hij zwaaide en wandelde weg.

'Tot vanavond...'

En het ergste was nog wel de wetenschap dat de rekening klein bier was geweest voor Bernhard. Met zijn ambassadeurssalaris. Misschien deed hij het zelfs wel heel regelmatig, lunchen voor zo'n bedrag. En dat kon natuurlijk alleen maar in zo'n door en door kapitalistisch land als Amerika. Hij walgde van de decadentie.

Hij bleef even staan, want er zat een steentje tussen zijn voet en zijn sandaal. Hij hield zich vast aan een hek terwijl hij het kiezeltje te pakken probeerde te krijgen. En ondertussen dacht hij alleen maar aan die gigantische rekening. Aan zijn naïviteit. Hoe had hij zo stom kunnen zijn...

Aan de andere kant van het hek was een kinderspeelterrein. Een man gebruikte een klimtoestel als fitnessapparaat. Hij was in ontbloot bovenlijf en trok zichzelf telkens omhoog terwijl het zweet tappelings over zijn lijf liep. Op een muurtje stond een box waar agressieve rapmuziek uit kwam. Bronno hoorde regelmatig de woorden '*fuck*' en '*bitch*'.

Snel liep hij door. Hij kwam weer bij het tunneltje waar hij alleen nog maar doorheen hoefde te lopen om bij de veerboot uit te komen. Het stonk er naar urine en er lagen zwervers te slapen. Een bebaarde kerel lag languit op een oude en vieze doos, met zijn mond open en zijn handen met de palmen naar boven. Hij was uitgeteld. Naast hem lagen een halfvolle fles whisky en een gescheurde zak chips. Zijn kleren waren buitengewoon ranzig. Zijn schoenen – of wat daarvan over was – stonden naast zijn voeten, die zwart zagen van het vuil en bovendien onder de zweren en kloven zaten. Zijn nagels waren zo lang dat ze de tenen verborgen. Ze leken op beschimmelde gemberwortels.

Heel even relativeerde het tafereel Bronno's zelfmedelijden. Er waren mensen die het zoveel slechter hadden dan hij. Hij was gezond. Hij was niet verslaafd. Hij leidde een comfortabel leven in Haarlem.

Maar terwijl hij langs de East River liep verloor hij deze relativering weer. Hij miste Olga. Aan de rand van stad en water, wachtend op de veerboot die vanaf de overkant kwam aanvaren, besefte hij dat hij Olga nog nooit zo had gemist als op dat moment.

6

Bernhard zat aan zijn vaste tafeltje in P.J. Clarke's, helemaal in de hoek van het restaurant bij het raam. Hij roffelde zachtjes met zijn vingers op het rood-wit geblokte tafelkleed en keek naar mensen die in galakleding richting het Lincoln Center liepen.

Hij had, nadat hij wakker was geworden op zijn chaise longue, overwogen om ook in smoking te gaan – maar op de een of andere manier leek dat hem toch geen goed idee. Om vijf uur was hij op zijn gemak naar de wasserette gewandeld, waar hem wonderwel zijn overhemd werd aangereikt, schoon en gestreken. Langer dan gewoonlijk had hij voor de spiegel gestaan, zijn haar kammend, neusharen verwijderend en zichzelf besproeiend met Keuls water. En nu zat hij in Clarke's, wachtend op Bronno maar in gedachten al bij Aisa, die hij over anderhalf uur bij de fontein zou zien.

Wat zou de reden zijn, vroeg hij zich af, dat hij zo gecharmeerd was van deze Oegandese die misschien nog niet eens vijfendertig was? Ze was een knappe vrouw, maar dat kon niet de enige reden zijn, daar liepen er wel meer van rond op Manhattan. Nee, hij bedacht terwijl hij vast een slok nam van de tamelijk middelmatige wijn, dat het iets te maken had met haar olijke oogopslag in combinatie met een enigszins ondeugende wipneus. En er was nog iets anders, iets waar hij de vinger nog niet op kon leggen. Ze herinnerde hem aan iets of iemand.

Hoelang hadden ze staan praten op die borrel? In ieder geval was hij veel later thuisgekomen dan zijn bedoeling was geweest. En toen hij dan eindelijk tegenover Misaki aan de eettafel zat, vroeg ze waarom hij in godsnaam de hele tijd zo grijnsde. Hij had zich betrapt gevoeld. Al was er niks gebeurd waarvoor hij zich had moeten schamen.

Maar na vanavond was alles anders. Hij ging, zonder medeweten van Misaki, naar de opera met een andere, beduidend jongere vrouw en het had niets uit te staan met zijn werk. Integendeel. Het kon zijn werk alleen maar schaden. Wat zouden Francien en zijn andere medewerkers ervan vinden als ze hoorden dat hij met de tweede secretaris van de Oegandese missie naar de opera ging? Hij realiseerde zich wat ze zouden denken en besloot er daarom niet langer bij stil te staan.

Daar kwam Bronno. Hij keek zoals altijd ernstig maar bovendien terneergeslagen en hij had een grote multomap onder zijn arm. In het voorbijgaan stootte hij met de map tegen de elleboog van een operagangster. De eigenares wierp hem een geïrriteerde blik toe en waarschijnlijk vond ze het buitengewoon *rude* dat Bronno zijn excuses niet maakte. Maar Bronno had niets in de gaten. Hij zag ook Bernhard niet, die vruchteloos op het raam tikte.

Bernhard nam nog een kleine slok wijn en wachtte tot Bronno tegenover hem zou verschijnen. Maar zeker tien minuten of zelfs nog langer bleef de stoel aan de andere kant van de tafel leeg. Hij stond op en keek naar de ingang, maar daar was hij niet. Bernhard nam weer plaats, keek een paar keer ongeduldig op zijn horloge en zag dat het al kwart over zes was. Hij stond wéér op en zag toen eindelijk Bronno binnenkomen. Hij probeerde langs de ballotagecommissie te komen, wat voorlopig niet lukte.

Bernhard nam zich voor wat aardiger te doen tegen Bronno. Hij was toch eigenlijk een deerniswekkende figuur. En hij had het niet makkelijk gehad in het leven. Hij had een flinke klap te verwerken gekregen.

'Bronno!' riep hij. Niet zozeer naar hem als wel

naar de gastheer, die lachte en begreep dat ze bij elkaar hoorden.

'Het spijt me... het spijt me dat ik zo laat ben.' Hij maakte een verwilderde indruk. 'Ik kon het niet vinden, ben twee keer op en neer naar Columbus Circle gelopen.' Hij wiste zijn bezwete voorhoofd af met de zakdoek die Bernhard die middag ook al was opgevallen. Hij had al jaren niet meer iemand met een katoenen zakdoek gezien.

'Ga zitten, goede vriend, ga zitten...'

Bronno droeg nog steeds zijn sandalen maar hij had gelukkig wel een lange broek en een overhemd, weliswaar met korte mouwen, aangetrokken. Hij vertelde dat hij zijn kaart van New York op de hotelkamer had laten liggen. En ondertussen dacht Bernhard: zal ik hem vertellen dat ik in Haarlem ga wonen? En gaan we elkaar dan weleens zien, Bronno en ik? En de anderen van de Saamhorigheidsgroep, ga ik hen weer zien? Of zou het zelfs kunnen – en bij deze gedachte moest hij inwendig lachen – dat ik weer lid word van de Saamhorigheidsgroep?

'Je vraagt je misschien af wat deze multomap hier op tafel doet,' zei Bronno nerveus. 'Dat zal ik je vertellen,' ging hij onmiddellijk verder zonder dat Bernhard iets had kunnen zeggen.

Bernhard zag weer voor zich hoe Bronno vroeger de vergaderingen van de Saamhorigheidsgroep leidde. Ze waren allemaal een beetje bang voor hem. Voor de overtuiging en de vastberadenheid waarmee hij de derde wereld wilde redden.

Hij dacht aan de soms ronduit belachelijke projecten waar ze in geïnvesteerd hadden. Maar de anderen namen het allemaal bloedserieus. Ze hadden blinde mijnwerkers in Wallonië ondersteund, gehandicapte prostituees in Honduras, lesbische radiopioniers in Tanzania, analfabete Afghanen, moeders zonder mannen in Zaïre... Ze hadden zelfs ooit een gezinstherapeut naar de sloppenwijken van El Salvador gestuurd.

'Deze map zit vol handtekeningen.'

'Handtekeningen?'

'Drieduizend achthonderdnegenentachtig handtekeningen om precies te zijn. Van mensen uit Haarlem en Heemstede die zich net als ik zorgen maken over Tibet.' Hij pakte de multomap met twee handen vast en overhandigde hem plechtig aan Bernhard. Het was een map die hij al jaren moest hebben, want op een etiket aan de zijkant was met stift geschreven: JAARVERSLAGEN SAAMHORIGHEIDSGROEP 1975–1980.

Onwillig nam Bernhard de map aan. Hij bladerde erdoor en zijn oog viel hier en daar op een lang vergeten naam. 'Wat moet ik hier in godsnaam mee?'

'Tibet erkennen.'

'Ik moet Tibet erkennen?'

'Namens Nederland. In de Veiligheidsraad.'

Bernhard begon een beetje lacherig zijn hoofd te schudden.

'Het voorzitterschap van Nederland in de Veiligheidsraad,' ging Bronno verder, 'biedt de unieke mogelijkheid om te pleiten voor de erkenning van Tibet. We zitten nu eindelijk aan tafel met de grote jongens. We kunnen iets voor elkaar krijgen.'

'Beste man, dat kan echt niet. Je weet niet –'

Bronno verstrakte. 'Je wil het niet doen?'

'Ik zou best willen, maar het kán niet. Dat zou M nooit toestaan.'

‘M?’

‘De minister.’

‘Ah. Maar dan overleg je toch niet met hem?’

‘Bronno, het spijt me dat ik dit zeg maar ik heb niet het idee dat je doorhebt hoe dit soort dingen op dit niveau in zijn werk gaan. Nederland heeft handelsbelangen in China. Die zouden we nooit op het spel zetten. En bovendien: zo’n voorstel zou onmiddellijk worden gevetood door China.’

Hij kreeg een sms. Hij pakte zijn telefoon uit zijn broekzak. Hij had een nieuwe X van Aisa gekregen.

‘Ik zal je zeggen dat ik dit heel teleurstellend vind,’ zei Bronno.

Bernhard borg zijn telefoon weg. ‘Dat kan ik me voorstellen.’ Hij probeerde enige empathie in zijn stem te laten doorklinken. ‘Maar je zal moeten begrijpen dat ik dit onmogelijk voor jou...’ hij keek even naar de multomap, ‘voor jullie kan doen. Ik geef je de map nu weer terug als je dat goedvindt.’

Bronno nam de map net zo onwillig aan als Bernhard even daarvoor had gedaan. ‘Ik vind dit zéér teleurstellend,’ zei Bronno nog een keer. Hij wist blijkbaar niet wat hij verder nog moest zeggen. Of toch wel: ‘Jij, als oud-lid van de Saamhorigheidsgroep... Dan kún je eindelijk iets doen en dan doe je het niet. Maar ik had het kunnen weten.’

‘Bronno, met permissie,’ zei Bernhard zonder in te gaan op die laatste opmerking, ‘vraag je je weleens af of jullie geld al die jaren wel goed besteed is. Ik bedoel, ik neem aan dat de discussies van de afgelopen jaren, over het nut van dit soort kleinschalige ontwikkelingshulp, niet aan je voorbij zijn gegaan.’

‘Nee, die zijn niet aan mij voorbijgegaan. Ik begrijp

dat je mijn ingezonden artikel in *de Volkskrant* niet hebt gelezen.'

'Dat heb ik inderdaad niet. Maar misschien kan ik het nog ergens...'

'Doe geen moeite, Bernhard.' Hij stond op. 'Ik heb me vroeger vaak afgevraagd of het je wel echt wat kon schelen allemaal. Nou, dat weet ik nu. Ik wens je nog een prettige avond bij de opera.'

Hij nam de map weer onder de arm en liep het restaurant uit.

Bernhard staarde een poosje somber naar buiten, zo in zichzelf gekeerd dat hij niet eens de ober had opgemerkt.

7

Nadat hij had afgerekend, liep hij naar buiten. Aan de overkant was het driehoekige parkje met in het midden het standbeeld van Dante. Een beetje aarzelend stak hij Columbus Avenue over. Hij probeerde de euforie van die middag terug te vinden, toen hij Aisa een berichtje had gestuurd. Maar het afgelopen uur was hij iets van zijn bravoure kwijtgeraakt.

Mensen liepen langs de fontein in de richting van de open deuren van The Met. Bernhard bleef bij het klaterende water staan en keek om zich heen. Hij zag haar niet. Hij ging even op de rand van de fontein zitten, terwijl een verkoelende avondwind hem tegemoet blies. Hij probeerde zich te herinneren wanneer hij *Aïda* voor het laatst had gezien, en besefte toen ongemakkelijk dat dat met Misaki was geweest, in het New National Theatre in Tokio.

Maar hij moest er niet meer van maken dan het was. Hij ging met een andere vrouw naar de opera, hij had niet een hotelkamer in The Bowery geboekt...

Terwijl hij diep inademde, voelde hij zijn joie de vivre terugkomen. Schuldgevoelens jegens Misaki ebden weg en maakten plaats voor datzelfde krachtige levensgevoel dat hij die middag had ervaren. Het was een met lust vermengde sensatie, die de herinnering opriep aan iets van vroeger en was ontstaan doordat hij voor zich had gezien hoe hij samen met Aisa The Bowery binnenwandelde op weg naar een kamer.

Hij wilde het. Hij wilde niets liever. En hij ging het haar voorstellen ook. Waarom een paar uur lang netjes naast elkaar gaan zitten terwijl hij eigenlijk iets heel anders van plan was? Hij sprong op en maakte een rondje om de fontein.

Ze stond met haar rug naar hem toe. Ze had geen jas aan en droeg een laag uitgesneden jurk. Haar schouderbladen waren deels zichtbaar, deels verstopt achter het mintgroene katoen. Hij bleef een tijdje naar haar gestalte kijken. Ze draaide zich niet om. Ze keek recht voor zich uit.

'Aisa,' riep hij.

Ze keek half om, lachend – en op dat moment wist hij aan wie ze hem deed denken. Het was een verschrikkelijke fout geweest om met haar af te spreken.

Terwijl hij snel wegliep – nog voordat ze hem had kunnen zien – had hij te doen met deze jonge vrouw die hij bij de fontein zou laten staan. Hij haastte zich terug naar Columbus Avenue, keek naar het restaurant dat nu helemaal leeg was omdat iedereen bij de opera was, en hield een taxi aan. 'Sorry,' sms'te hij terwijl de chauffeur wegreed. Bernhard wierp nog een laatste blik op het plein waar ze, te midden van de slinkende mensenmassa, nog altijd moest staan. Hij had het eigenlijk al geweten voordat hij haar naam riep, besefte hij nu. Door de ontroering die hij voelde toen hij haar daar zag staan, zo alleen. Het was een ontroering die je alleen kon hebben als je heel veel van iemand hield – en hij kende Aisa nauwelijks.

De taxi reed *crosstown* door Manhattan en hij herinnerde zich een antikernafvalbetoging in Velsen, begin jaren tachtig, waar ze met z'n allen naartoe waren gegaan: Olga en Bronno, Ralf en Wijnie, Felix en Hester, Liza en Tristan, Laurens, Wiebe, Renate en hijzelf. Op een bepaald moment zei Liza dat ze even een eindje ging lopen. Hij bleef nog een poosje staan en luisterde naar de gesprekken om zich heen. Daarna glipte hij ook weg. Hij vond haar pas na een kwartier of misschien nog wel langer. Minutenlang zag hij alleen maar onbekenden. Hij zag mensen die hij nooit eerder had ontmoet en die hij nooit nog eens zou zien en die helemaal niets te maken hadden met zijn leven. En toen ineens zat ze daar, op een stoepje. Misschien kwam het door de anonimiteit van de plek, door het contrast met al die volslagen onbekenden, dat hij het op dat moment besefte. Hij wist het onbewust al langer, maar nu zag hij in dat het onontkoombaar was. Dat het gevoel niet zomaar weg zou gaan en, sterker nog, dat het hem misschien wel nooit zou verlaten. Hij ging naast haar zitten en het enige wat hij zei was: 'Hee.' Ze keek hem aan en merkte dat er iets was. 'Hee,' zei ze terug, met eenzelfde overtuiging.

Was dat het moment geweest? Het hoogtepunt van zijn leven?

Ze hadden elkaar omhelsd, gezoend, in de handen geknepen, terwijl ze naar elkaar keken en steeds maar weer dat 'hee' herhaalden, alsof het hen telkens dichter bij elkaar bracht.

De taxi zette hem af bij de residentie. De deur werd voor hem opengehouden en hij nam de lift naar boven. In het stille appartement zocht hij naar zijn koptelefoon en verruilde hij de avondkleding voor zijn hardlooptenue: een korte broek, een witte polo en sportschoenen met witte sokken. Een paar minuten later stond hij weer buiten.

Sinds een paar maanden was hij in de ban van een filmfragment. Hij had op een avond verveeld televisie zitten kijken, zappend, toen hij ineens in een film belandde en gefascineerd bleef kijken. Pas later kwam hij erachter dat het de film *Shame* was geweest. In de scène die hem zo had aangegrepen, zag je een man 's nachts door New York hardlopen. Het beeld werd soms helemaal donker, zo nu en dan zag je iets van het straatbeeld: een vrachtwagen in een verlichte garage, een donkere winkel, geparkeerde taxi's. En ondertussen keek je alleen maar naar hoe die man door Manhattan rende. En het was schitterend, eenvoudigweg schitterend. De man had een heel elegante manier van lopen: hij hield zijn rug volmaakt recht terwijl zijn benen bijna in cirkels over de stoep voortgingen. Wat het fragment zo onweerstaanbaar maakte was de combinatie met de muziek: 'Prelude & Fugue nummer 10 in e-mineur' van Bach.

In de dagen nadat hij de scène op televisie had gezien, zocht hij die steeds weer op internet op. Hij bekeek het fragment vijf keer op een dag. Het werd een obsessie. Het was een vorm van schoonheid die hem volkomen uit het lood sloeg. En terwijl hij vroeger weleens hardliep op Roosevelt Island, gewoon overdag, ging hij sindsdien af en toe 's nachts de straat op, luisterend naar Bach, rennend over First Avenue, van stoplicht naar stoplicht.

Zo begon hij ook nu te rennen. Hij passeerde de wasserette die schuilging achter een rolluik. Hij negeerde een paar stoplichten en rende net zo lang door tot hij ver in de Upper East Side was, ter hoogte van het Guggenheim. En al die tijd dacht hij aan haar.

Deel twee

Haarlem, Amsterdam, 1982-1983

1

Bernhard zocht zijn schermspullen bij elkaar. Toen hij eindelijk alles had gevonden, nam hij de tas op zijn rug, het masker onder zijn arm en de floret in zijn rechterhand. Hij liep de deur van zijn appartement uit. In de gang zocht hij een weg tussen de oude kranten en lege flessen. Over de krakende wenteltrap wandelde hij naar beneden.

De deur naar het huis van zijn hospita stond open. Ze zat aan tafel de krant te lezen, met haar drie poezen dicht in de buurt, terwijl vioolklanken de kamer vulden en door de open deur naar buiten glipten. Bernhard bleef even in de gang staan luisteren. Zo nu en dan sloeg mevrouw Verschuur een pagina van de krant om. Ze schraapte een keer haar keel. Op een gegeven moment, terwijl de violen zich even stilhielden, miauwde een van haar poezen.

Bernhard opende de voordeur en stapte het bordes op. Een fietser rammelde voorbij over de loszittende klinkers. Door het raam keek hij nog even naar het fijne tafereel van mevrouw Verschuur met de krant en haar poezen.

Op zijn gemak wandelde hij langs de gracht, terwijl hij met zijn floret steeds even tegen een amsterdammertje tikte. Bij de Palmstraat sloeg hij links af.

Aan het begin van de straat hoorde hij al het gekletter van wapens.

In het portiek van De Palm zat dezelfde junk als altijd. Hij miste een paar tanden en had heel donkere wimpers, waardoor het leek alsof hij zijn ogen had opgemaakt. Bernhard gaf hem een rijksdaalder en ging het gebouw binnen.

Hij kleedde zich om en liep, om de andere les niet te verstoren, langs de muur naar een van de open ramen. Met zijn handen op de vensterbank hing hij naar buiten. In de verte kwam Felix aanfietsen. Zijn floret droeg hij in een pvc-buis op zijn rug. Bernhard bekeek hem rustig terwijl hij zijn fiets parkeerde en op slot deed. Pas toen hij daarmee klaar was, riep hij: 'Felix!'

'Ha! Bernhard!' Hij keek omhoog, lachte en tastte vervolgens naar zijn zakken terwijl hij naar de ingang liep. Hij keek weer omhoog. 'Heb jij misschien een piek voor me? Ik heb alleen maar een paar kwartjes en dat komt zo onaardig over.'

Bernhard liep weer terug naar de kleedkamer, nu dwars door de zaal omdat de les was afgelopen, en zocht naar zijn portemonnee. Even later gooide hij een gulden naar beneden.

'Ik kan het toch niet over mijn hart verkrijgen,' zei Felix boven, terwijl ze elkaar de hand schudden. 'Zomaar langs zo'n man lopen zonder iets te geven.'

Hij keek Bernhard energiek en monter aan. Aan weerszijden van zijn ogen verschenen vrolijke kraaienpootjes, die uitwaaierden naar zijn oren. Hij had halflang blond haar en droeg een iets donkerder gekleurde baard.

'Uiteraard. We moeten denken aan onze medemens.'

'Ah! Als jij dat ook vindt, wordt het tijd dat je eindelijk lid wordt van de Saamhorigheidsgroep.'

Felix maakte deel uit van een Haarlems groepje wereldverbeteraars, dat geld doneerde aan projecten in de derde wereld.

'Ik stem al PvdA,' zei Bernhard.

'Ja, natuurlijk! Dat is wel het minste!'

Hij liep met Felix mee naar de kleedkamer en begroette de andere schermers.

'Wat kost het me precies?'

'Tien procent van je inkomen.'

'Dat is niet gering.'

'Noblesse oblige, vriend. We zijn de derde wereld een hoop verplicht.'

Bernhard lag zelden wakker van de derde wereld. 'Hoe vaak komen jullie bij elkaar?' vroeg hij toch maar.

'Eens per maand is er een vergadering. In het weekend doen we ook van alles, maar daar hoef je niet bij te zijn als je niet wil.'

'Ik zal erover nadenken.'

'Doe dat,' zei Felix. 'Ik weet zeker dat de anderen je er ook graag bij willen hebben.' Hij stapte in zijn schermbroek en trok zijn kousen tot vlak onder zijn knieën. 'Ik heb ze weleens over je verteld en ze vinden het heel interessant dat je diplomaat bent.'

'Weten ze dat ik de diplomatie vooral als een mogelijkheid zie om tegen betaling te borrelen?'

Felix lachte. Hij dacht dat hij een grapje maakte.

Ze liepen de zaal binnen. Alle anderen waren de kleedkamer al uit.

'Het is ook een sociaal gebeuren, hè,' zei Felix nog. 'We maken wandelingen, organiseren muziekavonden...'

'Ik denk niet dat het iets voor mij is, maar ik zal erover nadenken,' beloofde Bernhard nog een keer.

2

In de schemering slenterden ze met z'n tweeën naar het huis van Bernhard, Felix met zijn fiets aan de hand. Bernhard had de junk nog maar eens een gulden gegeven, wat hij niet had gedaan als Felix er niet bij was geweest.

Ze sloegen rechts af, de Brouwersgracht op. Hoewel het maar een korte wandeling naar zijn huis was, genoot Bernhard ervan om samen met Felix door de stad te lopen. Het herinnerde hem aan de tijd dat ze hele middagen doelloos door het centrum dwaalden, af en toe stoppend bij een café, om na één biertje weer door te wandelen.

Ze liepen de trap op naar zijn appartement. Felix pakte twee flesjes Amstel uit de ijskast, terwijl Bernhard de haard aanmaakte. Ze gingen allebei zitten, in de stoelen aan weerszijden van de schouw. Af en toe stond Bernhard op om het vuur op te rakelen. Of om er een nieuw blok bij te leggen. Na een poosje haalde hij twee nieuwe flesjes bier. En na nog een poosje deed hij dat nog een keer. En al die tijd praatten ze niet zo gek veel. Felix was moe van zijn drukke leven en viel op een gegeven moment zelfs in slaap. Bernhard bleef zitten, maakte hem niet wakker en staarde naar het vuur, terwijl hij af en toe zijn blik verplaatste naar zijn slapende vriend.

Ik heb geen vrouw nodig, dacht Bernhard, laat staan een gezin. Zolang wij eens in de week zo samen bij het vuur kunnen zitten, ben ik tevreden.

Het was wel jammer dat ze elkaar niet vaker konden zien, maar daar was geen ruimte voor in Felix' agenda. Dit was op zich wel een overweging om toch eens te gaan kijken bij die Saamhorigheidsgroep. Al vermoedde Bernhard dat de leden een heel andere achtergrond hadden dan hij. Tijdens het huwelijk van Felix en Hester, dat werd beklonken in het raadhuis van Heemstede, had de groep een lied gezongen voor het bruidspaar. Hij herinnerde zich een man met een staart tot op zijn billen. En een vrouw met een enorme bos rood haar, die vol overgave had staan zingen, bijna alsof ze in extase was. Alle mannen droegen net als Felix een baard. De vrouwen hadden veelkleurige jurken aan. Ze straalden zoveel vrolijkheid en geluk uit, dat het een beetje intimiderend was.

De Saamhorigheidsgroep zong een zelfgeschreven lied, vol met grapjes die Bernhard en de anderen in de zaal niet begrepen maar waar ze zelf – tussen het zingen door – hard om moesten lachen.

Ze waren waarschijnlijk wat te links voor hem. En ze waren misschien ook wel wat te goed voor hem. Felix gaf hem al regelmatig het gevoel dat hij tekortschoot, dat hij te weinig oog had voor de zwakkeren in de maatschappij. Al deed hij dat niet door hem dat onder de neus te wrijven. Hij deed dat door het goede voorbeeld te geven. Door zelf een goed mens te zijn.

Het was kwart over tien en hij aarzelde om Felix wakker te maken. Hij wist dat hij, zoals altijd, de trein van halfelf wilde nemen en dat hij de volgende ochtend vroeg opstond. Maar het was zo aangenaam bij het vuur, dat Bernhard besloot dat Felix een trein later zou nemen. Hij legde een plank die hij op straat had gevonden tussen de vlammen. Het was een oud onderdeel van een kinderbed. Hij haalde nog een nieuw biertje en legde zijn voeten behaaglijk dicht bij het vuur. Felix bewoog even in zijn slaap.

3

De enige plek in het huis waar Felix aan studeren toekwam, was de wc.

Als om vijf uur in de ochtend zijn wekker ging, sloop hij de slaapkamer uit, daalde zo stil mogelijk de trap af, opende de wc-deur en ging aan het werk.

Na zijn afstuderen was zijn leven razendsnel volgestroomd. Hij was advocaat geworden en had vier kinderen gekregen. Hoewel er geen tijd over was voor andere dingen, probeerde hij toch zijn proefschrift af te ronden. En omdat het aantal uren van de dag niet te verlengen viel, haalde hij er enkele van de nacht af.

Ze woonden eigenlijk te klein voor een gezin met vier kinderen. Felix droomde al jaren van een huis met meer kamers, zodat zijn zoon en dochters niet meer bij elkaar hoefden te slapen. Nu ging het nog wel, nu waren ze nog jong. Maar over een paar jaar, als Wierd naar de middelbare school ging, dan moest hij zijn eigen kamer hebben. Tijdens zijn dagdromen over dit grotere huis was er één ruimte die hij met zijn verbeelding al helemaal had ingericht: een studeerkamer. Hij stelde zich een mooi eikenhouten bureau voor zoals Bernhard had, een hoge mahoniebruine boekenkast en een aangename stoel om in te lezen.

Maar voorlopig zou die studeerkamer annex bibliotheek er niet komen. Want hijzelf deed – deels uit idealisme, deels uit noodzaak – veel pro-Deoklussen, waar ze niet bepaald rijk van werden. En Hesters cursussen werden steeds populairder maar ze brachten nog niet veel op. Waardoor zijn proefschrift waarschijnlijk was afgerond tegen de tijd dat ze ruimer konden gaan wonen. En dan had hij helemaal geen studeerkamer meer nodig.

Toch was er een scenario waarin die studeerruimte en extra slaapkamer op korte termijn realiteit werden. Maar dat was een scenario waar hij niet aan wilde denken.

Felix gaapte, ging zitten en nam de typemachine op schoot. Op een tafeltje naast de pot lag een opengeslagen wetboek.

Een enkele keer kwam het voor dat hij zijn dag niet had. Dan staarde hij maar een beetje naar de verjaardagskalender aan de deur en gingen de uren in ledigheid voorbij, terwijl hij aan van alles en nog wat dacht.

Even na zevenen klonk boven hem het eerste gestommel. Zijn zoon denderde de trap af en wenste hem goedemorgen door met zijn vuist tegen de wcdeur te slaan. Vervolgens kwamen zijn dochters naar beneden.

'Goedemorgen, pap.'

'Goedemorgen, lieverd.'

'Goedemorgen, pap.'

'Goedemorgen, lieverd.'

Zijn vrouw daalde de trap af, met Josefien. 'Papa?' vroeg zijn jongste dochter. 'Papa?'

De afspraak was dat hij tot halfacht doorwerkte en dan naar buiten kwam.

4

De bel ging. Hij deed de deur open.

'Heeft u geld over voor de kindertjes in Afrika, oom Ralf?' Op de stoep stond Wierd, het zoontje van Felix en Hester. Hij leek even te schrikken maar deed vervolgens alsof er niets aan de hand was. Hij keek nadrukkelijk omhoog, met zijn hoofd in zijn nek.

'Nou, dat weet ik nog niet, hoor. Om welke kindertjes gaat het precies?'

'Die in Somalië, oom Ralf.'

'O ja. Ja, die hebben het niet makkelijk inderdaad. Goed dat je aan ze denkt, jongen.'

Wierd was een grote knaap geworden, vond hij. Ralf bestudeerde hem wat nader terwijl hij op de drempel stond. Hij hield met zijn ene hand een tijdschrift vast. De andere leunde tegen de open deur.

'Wilt u dan ook iets geven?'

'Ik wil best iets geven, maar ik heb zoals je ziet geen portemonnee op zak.'

'Nee.'

Wierd leek een beetje ongeduldig te worden. 'Wilt u dan niet even naar binnen lopen, oom Ralf, om uw portemonnee te pakken?'

'Nou, liever niet eigenlijk, Wierd. En is dat niet een beetje brutaal van je om dat te suggereren?'

Wierd kreeg een kleur. Het jongetje werd steeds ongemakkelijker. Maar dat hoorde erbij op die leeftijd. Kleine jongetjes moesten leren met volwassenen om te gaan. En volwassenen konden nu eenmaal soms moeilijk doen.

'Sorry, zo bedoelde ik het niet. Nou, u wilt dus niets geven aan de kindertjes in Somalië?'

'Dat heb ik helemaal nooit gezegd, Wierd. Ik heb gezegd dat ik mijn portemonnee niet wil halen, dat is iets heel anders. Misschien omdat ik nu even geen kleingeld heb,' voegde hij eraan toe.

'Zal ik dan later nog eens terugkomen?'

'Dat is niet nodig. Ik zal er nog eens over nadenken en als ik heb besloten om jou wat geld te geven voor de kindertjes in Somalië, dan overhandig ik dat vanavond aan jouw papa en mama als ik ze zie.'

'Dank u wel, oom Ralf.' Hij was duidelijk toch wat teleurgesteld.

Om het gesprek niet al te zeer in mineur te laten eindigen, zei hij nog: 'Wees gerust, ik zal een mooi bedrag bijdragen. De toestand in Somalië is zeer zorgelijk. Het is goed dat je je best voor ze doet.'

Het jongetje klaarde op. Door de opluchting liet hij zijn blik zakken, waardoor hij bij het weggaan toch nog een beetje van slag leek. Hij klom op zijn fiets, die slordig tegen de muur van het huis stond geparkeerd, en reed zo snel als hij kon weg.

Ralf stapte de stoep op en riep hem vrolijk en zwaaiend met het tijdschrift na. 'Groetjes thuis, Wierd! En kom nog eens langs!'

Een vrouw passeerde uit tegengestelde richting, met in haar hand een tas boodschappen. 'Goedemiddag!' riep Ralf uitgelaten.

Ze keek hem misprijzend aan. Daarna wendde ze haar blik af.

Ralf ging zijn huis weer binnen en knalde lachend de deur dicht. Hij stapte op een punaise, riep 'au!' zonder dat zijn humeur erdoor werd aangetast en wandelde verder door de koele woonkamer in de richting van de openstaande tuindeuren.

Wijnie lag nog steeds te zonnen in het gras.

'Heb je zo opengedaan?' vroeg ze. Ze tilde haar zonnebril even op.

'Ja, waarom?'

'Je hebt geen kleren aan, Ralf.'

'Nee, ik weet dat ik geen kleren aanheb.'

5

Wiebe stond in de tuin. Achter zijn rug ging er een raam open van het huis. 'Rotzak! Ontzettende rotzak!' werd er geroepen. Wiebe draaide zich om en keek omhoog. Het raam knalde weer dicht, zo hard dat er wat verf van het kozijn viel. Hij zag nog een fractie van het woedende gezicht van zijn vrouw voordat het gordijn wild werd dichtgetrokken.

Omdat hij nog steeds het huis niet in mocht, slenterde hij maar een beetje door de tuin. Hij keek naar de hoge, slanke pruimenboom, die aan het afsterven was als gevolg van de zure regen.

Er klonk weer gescheld. Eerst negeerde hij het maar toen liep hij toch maar in de richting van het huis. Zijn vrouw bevond zich in haar kamerjas (als ze boos was trok ze altijd haar kamerjas aan) op het verhoginkje voor de voordeur. 'Klootzak!' riep ze en herhaalde ze, terwijl ze driftige armbewegingen maakte. Toen Wiebe bijna bij haar was, ging ze naar binnen en knalde de voordeur dicht.

Hij klopte op de deur. 'Laat me alsjeblieft binnen.'

'Nee! Ga maar lekker naar dat wijf van je toe.'

'Laat me binnen, Annelies. Dan kunnen we praten.'

'Praten? O, nu wil je ineens praten?'

'Ja.'

'Nou, ik dacht het niet! Je blijft maar lekker buiten!'

Deze kleine woordenwisseling gaf enige hoop. Er was kans dat hij, als hij nog even doorzette, bijna weer naar binnen mocht.

'Annelies... Lieve Annelies...'

'Ik ben je lieve Annelies niet!'

'Laat me alsjeblieft naar binnen,' smeekte hij. 'Dan kunnen we rustig praten. Ik heb bovendien niet zo heel veel tijd meer, want ik moet zo naar de Saamhorigheidsgroep.'

Dat laatste had hij beter niet kunnen zeggen.

'O, nu hebben we in één keer haast? Omdat je weer naar dat wijf moet?'

'Kun je alsjeblieft niet "dat wijf" zeggen? Ik vind het zo ontzettend ordinair, dit.'

Ze antwoordde niet meer.

'Ik heb alleen maar een stukje gefietst met Renate,' zei hij tegen de deur. 'Dat moet gewoon kunnen, Annelies, een stukje fietsen met een andere vrouw.'

'Je bent zes uur weg geweest! Dat noem jij "een stukje fietsen"?'

'We zijn via Kraantje Lek naar Bloemendaal aan Zee gefietst en daar hebben we gezellig een kopje koffie gedronken en een stukje appeltaart gegeten bij Parnassia. Als vrienden. Dat moet gewoon kunnen, Annelies.'

'Waarom was je dan zo laat terug?'

'Omdat Renate een lekke band kreeg toen we net weer de duinen in waren gefietst. En omdat het even duurde voordat ik die had geplakt.'

'Jaja, je hebt zes uur gedaan over het plakken van een band... Nou, ik zie je er nog voor aan ook!'

'Ben je dan niet meer boos?'

'Ik ben wel nog boos. Ga alsjeblieft naar die Saamhorigheidsgroep van je. Lekker met Renate over Zaire praten. Dat wil je toch zo graag?!'

'Waarom ben je nou eigenlijk boos, Annelies?'

Het was even stil. 'Omdat ik me niet gelukkig voel,' zei ze.

'Dat vind ik naar om te horen.'

'Ik krijg nooit eens een bos bloemen of een doos bonbons van je.'

'Sinds wanneer wil jij bonbons?'

'Het was maar een voorbeeld. Ik wil uitstapjes maken. Ik zit hier maar de hele dag in dit rothuis. Waarom gaan wíj nooit appeltaart bij Parnassia eten?'

'Omdat je niet van fietsen houdt.'

'We kunnen toch met de bus gaan? We kunnen toch een auto kopen?'

'Met de bus? Als je ook kunt fietsen?'

'Er reizen anders zoveel mensen met de bus. En waarom kunnen we niet in een normáál huis wonen? Ik haat het hier. Altijd maar die verschrikkelijke stilte de hele dag. Nooit eens iemand om mee te praten. En dan is mijn man een keer op een doordeweekse dag thuis en dan gaat hij de hele dag fietsen! Met een andere vrouw! Godverdomme!'

Hij keek op zijn horloge. Hij moest over drie kwartier bij Bronno en Olga zijn. Hij gaf de hoop op dat hij nog naar binnen mocht.

'Annelies, ik ga zo weg. Zou ik alsjeblieft mijn jas mogen hebben? Het begint een beetje af te koelen. En ik heb alleen mijn T-shirt aan.'

‘Vanmiddag was het toch ook warm genoeg om in je T-shirt te fietsen?’

‘Ja, maar dat zeg ik: het begint nu af te koelen. Als ik vanavond naar huis kom, dan zal het koud –’

‘Je komt niet naar huis. Je gaat maar lekker naar dat wijf van je.’

Hij wilde nog iets zeggen maar besloot dat het geen zin zou hebben. Hij liep naar de schuur, vond daar nog een oude trui en knoopte die om zijn nek.

Met de fiets in zijn hand keek Wiebe nog even naar het huis en de gesloten voordeur. Hopelijk mag ik vanavond naar binnen, dacht hij.

6

De bel ging. Felix liet Wiebe binnen. ‘Sorry, makker in de strijd tegen het onrecht in de wereld, we lopen een beetje achter op schema...’

‘Geen probleem. We hebben geen haast. Hebben jullie misschien een boterham voor me?’

Hester kwam de gang in met een stapel borden. Ze gaf Wiebe drie zoenen. ‘Dat doet me denken aan Ralf. Die belt weleens ’s avonds aan en dan vraagt hij: “Kan ik hier misschien een boterham en wat liefde krijgen?”’

‘Dat heb ik hem anders nog nooit horen zeggen,’ zei Felix.

‘Nee, hij komt natuurlijk alleen als jij er niet bent. Altijd op woensdag, want hij weet dat je dan schermt.’

‘En geef je hem dat dan?’

‘Een boterham kan-ie wel krijgen, ja.’

‘En dat andere?’

'Wat?'

'Die liefde?'

'Ach, hij zegt het meer voor de gein, geloof ik. Ralf is nu eenmaal een enorme charmeur.'

Felix vond deze kennis toch niet zo prettig. 'Kom mee, Wiebe, dan geef ik je een boterham.'

In de keuken besmeerde hij een boterham met pindakaas, terwijl de vraag van Ralf nog door zijn hoofd zeurde.

'Goede dag gehad?' vroeg hij aan Wiebe. Hij gaf hem de boterham.

'Dat kun je wel zeggen. Vanochtend lekker in de tuin gewerkt. En vanmiddag gefietst.'

'Ik ben jaloers. Op de universiteit vinden ze het goed dat je dat op een dinsdag doet?'

'Ik had me ziek gemeld. Werd ook wel een beetje verkouden wakker, hoor. Maar het was zo'n stralende dag, dat ik dacht: ik ga lekker fietsen.'

'Ook gezellig voor Annelies.'

'Ja... Al is die niet meegegaan.'

'O? Waarom niet?'

'Die heeft het niet zo op fietsen.'

'Die heeft het niet op fietsen? En ze is getrouwd met een lid van de Saamhorigheidsgroep!'

'Ja, dat is soms wel lastig. Maar goed, dan ga ik alleen fietsen. Of met iemand anders. Dat is geen ramp.'

'Alles verder wel goed tussen jullie?'

'Zeker! Nee hoor, tussen mij en Annelies gaat het uitstekend.'

De bel ging opnieuw. Felix liet Douwe binnen, de zeventienjarige zoon van Ralf en Wijnie. Hij zag er bleek en ongezond uit. Zijn kop zat onder de puisten. Hij paste regelmatig op hun kinderen.

Hij had een dik boek bij zich.

'Wat lees je?'

'*Misdaad en straf* van Dostojevski.'

'Ah! Ja, dat heb ik ooit ook gelezen. Niet heel luchtige kost toch?'

'Een geweldig boek,' antwoordde Douwe serieus. 'Een van de hoogtepunten uit de wereldliteratuur.'

Felix had van Ralf begrepen dat Douwe van plan was om Nederlands of Algemene Literatuurwetenschap te gaan studeren, niet helemaal naar de zin van zijn vader.

'O, nou, veel plezier ermee dan. Ik hoop dat je een beetje aan lezen zal toekomen vanavond. Wierd moet om uiterlijk halfnegen naar bed. We hopen rond tienen terug te zijn.'

Hij liet Wiebe en Hester voorgaan naar buiten en sloot daarna de voordeur. Ze pakten alle drie hun fiets. Vanaf de stoep keken ze nog even over de heg naar binnen. Douwe stond in het midden van de woonkamer, met zijn ongewassen haren en zijn zwarte kleren aan. Hij zwaaide somber.

'Gaat het wel goed met die jongen en onze kinderen?' vroeg Hester.

'Vast wel. Het is een heel prima jongen.'

'Maar Wierd klaagt toch altijd dat Douwe nooit lacht? En dat hij alleen maar zit te lezen en nooit met ze wil spelen?'

'Ach, dat zal allemaal wel meevallen.'

'En waarom denk je dat Lieke en Marlies bang voor hem zijn? Die liggen nu al in bed, hè? Terwijl het nog niet eens halfacht is.'

'De kinderen overdrijven vast. Douwe is een hartstikke aardige jongen. Hij is alleen wat zwaar op de hand.'

Felix begon te fietsen. Wiebe en Hester kwamen achter hem aan.

Via de Pijlslaan reden ze naar de Wagenweg. Daar probeerden ze met z'n drieën naast elkaar te fietsen, terwijl ze over het conflict tussen Israël en Libanon praatten. Telkens als er een auto aankwam, liet Wiebe zich zakken. Ze fietsten langs De Hout, passeerden de verlaten voetbalvelden van HFC en wachtten een poosje voor het stoplicht. Bij de abortuskliniek fietsten ze de bloemenbuurt binnen. De SRV-wagen draaide net, uiterst traag, dezelfde straat in. Ze wachtten tot hij voorbij was. In de woonkamers zaten gezinnen voor de televisie. Op de stoep wandelde een man met een hond.

7

Bernhard parkeerde zijn bordeauxrode Volvo 244 in een stille laan in Heemstede.

'Laat vooral niet merken dat je een auto hebt,' had Felix hem op het hart gedrukt. 'Zeg maar dat je met de trein bent gekomen.'

Nadat hij de goede straat had gevonden, was hij nog een eindje verder gereden en had zijn auto ten slotte voor een huis met gesloten gordijnen neergezet. Uit gewoonte maakte hij de radio los en legde die onder de bijrijdersstoel, al was dat in deze buurt waarschijnlijk niet nodig.

Her en der loerde hij bij de huizen naar binnen. Alles was zo netjes in Heemstede: het gras in de voortuinen was keurig gemaaid, er groeide geen onkruid tussen de tegels en alle kozijnen en daklijsten zagen eruit alsof ze net waren geschilderd.

Hij kwam in de laan waar hij moest zijn. Langs de heg van het hoekhuis stonden acht fietsen op hun standaard. Felix had gezegd dat ze met z'n elven waren. Twaalf, als hij zich aansloot.

Twee kinderzitjes, drie fietstassen, een sticker van Greenpeace op de lamp van een herenfiets. Vier mannen en vier vrouwen. Het waren allemaal degelijke, goed onderhouden tweewielers, onvergelijkbaar met de barrels die door Amsterdam reden.

De meeste sleuteltjes staken nog in het slot. In een van de fietstassen lag een beurs mandarijntje.

Hij duwde het hek open. Terwijl hij luisterde naar autogeruis in de verte, bedacht hij dat hij nu nog weg kon. Hij betwijfelde sterk of dit wel iets voor hem was. Maar hij had Felix beloofd om te komen. Al bleef het bij één bezoek. Hij kon het nu niet meer maken om weg te blijven.

In het huis hielden ze zich opvallend stil. Er was geen enkel stemgeluid te horen. Over een stenen pad liep hij naar de voordeur.

BRONNO EN OLGA KOOLMEES stond er op het naamplaatje. Hij belde maar er klonk geen geluid. Na toch even gewacht te hebben, trok hij aan de schoenveter die uit de brievenbus hing.

Hij sloot de deur achter zich. In de hal stond een piano. Op een tafeltje ernaast, waar ook een uitgave van het Palestina Komitee lag, bevond zich de telefoon.

Ook binnen hoorde hij niemand praten. Bernhard liep naar de deur van de woonkamer. Net boven ooghoogte was een glas-in-loodraam. Hij wilde al op zijn tenen gaan staan om naar binnen te spieden, toen er vanuit een andere hoek in de gang aanzwellend babygehuil klonk.

Hij ging op het geluid af. Een open deur leidde naar een kinderkamer. In een houten wieg met spijlen lag een baby met een donkerbruine huid en amandelvormige ogen, waar de ene na de andere traan uit rolde. Het jongetje droeg een gebreide trui met daarop de bekende Opland-afbeelding, van een actievoerder die een raket omverschopt. Het gehuil werd luider toen Bernhard zich over het bedje boog.

Een beetje gehaast liep hij terug naar de deur van de woonkamer. Hij duwde hem open en stapte naar binnen, maar aanvankelijk werd hij door niemand opgemerkt. De mannen en vrouwen in de kamer omhelsden elkaar. Er stond zachte newagemuziek op. Het rook naar wierook.

Een vrouw in een groengeel gewaad maakte zich los uit de omarming van een kalende man met een dik achterwerk. De man opende heel traag zijn ogen. Hij bewoog zijn hoofd even naar links en rechts en slaakte een zucht, alsof hij net was wakker geworden uit een heerlijke, bedwelmende slaap.

De vrouw liep naar Bernhard. Alle andere aanwezigen gingen door met waar ze mee bezig waren.

'Jij bent Bernhard toch?'

'Ja klopt. Ik had met Felix afgesproken dat ik een keer...'

'Sstt.' Ze legde haar vinger tegen haar mond. 'Niet zo hard praten. Je haalt de anderen uit hun moment.'

'Pardon,' fluisterde hij. 'Dat was niet mijn bedoeling. In de kamer hiernaast –'

'We beginnen altijd met een knuffelronde, dan weet je dat vast.' Ze wees naar een vrouw die hij nog helemaal niet had gezien en die op een houten stoeltje tegen de muur zat. 'Renate is nog vrij. Ga maar naar haar toe.'

'In de kamer hiernaast huilt een baby. Ik denk dat u er even naartoe moet,' fluisterde hij.

'O, nee hoor.'

'Ik had het idee dat er iets aan de hand was.'

'Ach, welnee. Ga maar naar Renate toe. Kijk, ze staat al op je te wachten.' De vrouw was inderdaad opgestaan en keek afwachtend naar hem.

Bernhard liet zich in de richting van Renate dirigeren. Omdat hij dwars door de knuffelende mensen moest, was het even zoeken naar de juiste route. Links van hem was de man met de lange staart die hij zich herinnerde van de bruiloft. Hij knuffelde met een andere man. Bernhard zag nu ook de vrouw met het rode haar.

Hij passeerde Felix, die zijn hoofd op de schouder van zijn knuffelpartner had gelegd. Hij had niet in de gaten dat Bernhard langsliep.

Toen hij bij Renate aankwam, werd hij onmiddellijk omhelsd, alsof ze elkaar al jaren kenden. Haar borsten hechtten zich aan hem vast. Ze plantte haar rechtervoet op zijn tenen maar dat had ze misschien niet door, omdat ze met haar aandacht bij haar armen en handen was. Die streelden zijn rug, aaiden hem over zijn haren en oren en gingen zelfs over zijn billen heen. Het was alsof ze de gemiste knuffeltijd zo snel mogelijk wilde inhalen.

Aanvankelijk was Bernhard te zeer van zijn à propos om haar strelingen plezierig te vinden. Maar na een poosje, misschien ook onder invloed van de newagemuziek en de bedwelmende wierookgeur, slaagde hij erin om te ontspannen. Hij begon Renate nu ook terug te aaien. Lager dan haar onderrug wilde hij echter niet gaan. Dat scheen ze jammer te vinden, want ze maakte zo nu en dan onverwachte sprongetjes, waardoor zijn handen alsnog haar billen raakten.

Het volume van de muziek werd lager gedraaid. Hester, de vrouw van Felix, nam het woord. Ze gaf spirituele cursussen over numerologie, chakra's, mandala's en meditatie en was daar, had hij begrepen, behoorlijk succesvol in. 'We laten elkaar nu langzaam allemaal weer los,' zei ze. Her en der klonken wat onduidelijke keelklanken. 'We laten onze armen lekker naar beneden bungelen... we laten onze hoofden zakken... en we denken en we zeggen even helemaal niets.'

Bernhard kende Hester niet zo goed. Ze was wel een mooie vrouw, vond hij. Lang en slank en met een enigszins hangende gezichtsuitdrukking: haar oogleden, haar mond en ook haar oren zagen eruit alsof iemand ze net nog naar beneden had getrokken. Hesters gezicht maakte daardoor een wat apathische indruk die echter werd gecompenseerd door haar krachtige oogopslag.

'Er wordt al genoeg gepraat op de wereld. Hier in Heemstede zwijgen we lekker,' zei ze nog.

Het krijsen van de baby nam toe in volume maar de anderen leken het niet te horen.

Er werd erg lang gezwegen.

'Dank jullie wel,' zei Hester eindelijk.

De hele groep liet zich op de grond zakken. Er ontstonden drie rijen, waarin drie of vier leden naast elkaar zaten. De kalende man nam in zijn eentje tegenover de rest plaats. Bernhard schoof aan bij de achterste rij, naast Felix.

Die kneep hem even in zijn been. 'Fijn dat je er bent. Hartstikke goed.'

Bernhard vroeg zich af of hij zich niet moest voorstellen aan de anderen, maar daar was geen kans meer toe. De vergadering was al begonnen.

8

'Ik zal zoals altijd beginnen met het voorlezen van de notulen van vorige maand,' zei de man tegenover hen ernstig.

'Dat is Bronno, de voorzitter,' fluisterde Felix.

Hij las de notulen voor. Daarna hield hij een langdurige monoloog over de verschillende activiteiten van de groep, die zich afspeelden, had Bernhard de indruk, in zo'n beetje alle uithoeken van de derde wereld. Net als Chriet Titulaer had de voorzitter een kabouterbaard. Hij droeg een geruit overhemd met opzetstukken op de ellebogen, een corduroy broek en witte sokken met enkele gaten erin.

Bernhard was de enige die zijn schoenen nog aanhad. Naast de deur lagen op een hoopje die van de anderen. Voornamelijk sandalen.

Bronno was vrijwel de hele vergadering aan het woord. De rest van de groep zweeg terwijl hij sprak en er werd geen enkele keer gelachen. Zo nu en dan gaf hij een van de anderen het woord. Een man met een PSP-button op zijn wollen trui vertelde over een weeshuis in Liberia, dat donaties van de Saamhorigheidsgroep ontving. De vrouw met het rode haar gaf een verslag van haar bezoek aan een naaiatelier in Joegoslavië. Uit dankbaarheid voor het geld dat ze kwam brengen, hadden ze in het dorp een haag voor haar gemaakt en bloemen voor haar voeten gegooid. Ze had zich net de koningin gevoeld, zei ze.

Hoewel er op geen enkel moment gewag werd gemaakt van zijn aanwezigheid, had Bernhard niet het idee dat hij werd genegeerd. Ze deden eerder alsof het volkomen vanzelfsprekend was dat hij er ook was. Alsof hij al jaren onderdeel uitmaakte van de groep.

Na afloop was er weer een ontspanningsoefening onder leiding van Hester. Ze moesten allemaal in foetushouding op de grond gaan liggen terwijl zij met een stok in een klankschaal roerde. Daarna begon de borrel.

Zo serieus als de stemming tijdens de vergadering was geweest, zo vrolijk en uitgelaten werd de sfeer nu, ook al werd er aanvankelijk alleen maar brandnetelthee geschonken. Felix stelde de anderen aan hem voor.

Een van Bernhards goede eigenschappen was dat hij erg goed namen kon onthouden. Als hij aan iemand werd voorgesteld, registreerde hij snel een uiterlijk kenmerk en koppelde dat aan de naam. Door deze succesvolle methode kwam het zelden voor dat hij bij een volgende ontmoeting iemands naam niet meer wist.

Omdat Felix bij ieder lid van de Saamhorigheidsgroep vertelde wat hij of zij voor werk deed, ontstond er in Bernhards hoofd het volgende lijstje:

– Ralf, button, radioloog
– Wijnie, rode krullen, hospicedirectrice
– Bronno, kabouterbaard, ambtenaar
– Olga, forse borsten, secretaresse
– Wiebe, neushaar, socioloog
– Laurens, bril, leraar
– Tristan, staart, portretschilder
– Liza, sproeten, verloskundige

Bernhard stelde zich ook nog maar aan Renate voor, ook al voelde dat na hun geknuffel als mosterd na de maaltijd. Ze was psycholoog.

Hij gaf Hester drie zoenen.

Het waren stuk voor stuk ingoede, vriendelijke mensen. Zoals Bronno de leider was geweest tijdens de vergadering, zo leek Ralf de spil van de groep tijdens de borrel. Hij straalde een aanstekelijke levenslust uit. Vooral door Ralf voelde hij zich onmiddellijk buitengewoon welkom tussen deze mensen, ook al waren ze zo anders dan hij.

Na twee rondes thee verscheen eindelijk het bier. Bronno liep tussen de anderen door, terwijl hij twee flesjes uitschonk. Ook Bernhard kreeg een half glas, dat hij na twee slokken had geleegd. Olga serveerde ondertussen blokjes kaas met een zilverui erop.

'Dus je werkt voor BuZa, begreep ik van Felix.' Hij stond in een kringetje met vier leden van de Saamhorigheidsgroep, terwijl Ralf het woord tot hem richtte. Hij had een dermate laag voorhoofd, dat Bernhard zich even afvroeg of er wel genoeg ruimte voor hersenen was. Maar hij maakte geen domme indruk.

'Dat klopt.'

'Is mijn idee juist dat BuZa nog steeds een tamelijk ouderwets instituut is?'

'Wat bedoel je?'

'Laat ik zeggen: dat het helpt als je de juiste vriendjes hebt.' Hij keek even lachend het kringetje rond, verder bestaande uit Bronno, Tristan en Liza. Tristan droeg een spijkerpak en had geen sokken aan. Zo nu en dan verscheen de onderkant van zijn staart links of rechts van zijn onderrug. Zijn vrouw Liza stond recht tegenover Bernhard. Ze was tenger en haar huid had een geelbleke kleur. De sproeten op haar wangen en hals waren lichtbruin, ze had donkerblauwe ogen, bijna geen wimpers en rossige, graanhalmachtige wenkbrauwen. Haar walnootbruine haren kwamen tot vlak boven haar sleutelbeenderen. Er ging iets vertederends en grappigs uit van haar wipneus.

Hij antwoordde Ralf dat het wel meeviel met die ouderwetsheid. 'Dat is meer iets van vroeger,' zei hij. Wat natuurlijk onzin was, want BZ (buitenstaanders hadden het vaak over 'BuZa') had weinig meegekregen van de democratiseringsgolven in Nederland. BZ was nog steeds een bolwerk van nepotisme.

'Ik heb weleens andere verhalen gehoord,' zei Bronno zuinig.

'Maar Bernhard, dan ga je dus ook in het buitenland wonen,' merkte Ralf op. Hij had een zeer lage en op de een of andere manier nogal bronstige stem.

'Inderdaad. En ik zou dus ook niet zo lang lid kunnen zijn van de Saamhorigheidsgroep. Tenminste, als jullie me erbij willen hebben...'

'Maar natuurlijk willen we dat. We beschouwen je als een aanwinst,' zei Ralf, precies zoals Felix had voorspeld.

'Het zou maar voor een klein jaar zijn. Over elf maanden is mijn eerste uitzending.'

'Waar ga je naartoe?'

'Naar Angola.'

'Machtig interessant! Ja, ik hoop dat ze die rechtse Zuid-Afrikanen eronder gaan krijgen. Het is geweldig wat de Cubanen daar allemaal voor goed werk uitrichten...'

'Nou, zo eenduidig goed is het niet wat ze doen,' kwam Bronno tussenbeide. 'Ik las vorige week in *De Groene Amsterdammer*...'

'Je woont daar neem ik aan prachtig,' zei Ralf, Bronno negerend. 'Ik stel me een villa voor met uitzicht op de Atlantische Oceaan.'

'Inderdaad zijn de omstandigheden voor diplomaten in het buitenland wel aangenaam,' zei Bernhard afwerend.

'Man, je gaat een luxeleven tegemoet!'

'Het is te hopen,' zei Bronno corrigerend, 'dat Bernhard namens Nederland iets kan doen aan het conflict tussen de UNITA en de MPLA. Het is mooi dat ze de Portugezen er na meer dan een eeuw hebben uit gewerkt. Maar ik maak me grote zorgen over de toestand.'

'Natuurlijk, natuurlijk, dat is zo...'

Ze keken met z'n vijven naar de grond. Bernhard had het idee dat niemand nu nog iets vrolijks durfde te zeggen. Ze dachten allemaal aan de burgeroorlog in Angola.

'Ik loop weer even een rondje,' zei Ralf. Hij sloot zich aan bij een ander kringetje en Bernhard hoorde hem algauw weer luid en geanimeerd praten. Vervolgens werd er hard gelachen. Maar Bernhard stond nog te zwijgen met Tristan en Bronno. Liza was 'm al bij het woord 'UNITA' gesmeerd.

'Ralf heeft een verhouding met Els Appelhof,' zei Bronno samenzweerderig. 'Daar schept hij graag over op.'

'De bekende PSP-politica?' vroeg Bernhard.

'Inderdaad.'

Bernhard verwachtte dat er nu nog iets kwam, maar Bronno zweeg verder. Het was duidelijk dat hij en Tristan niet de lachebekjes van de groep waren. Bernhard keek even verlangend naar het andere kringetje, waar Ralf en Felix stonden te lachen.

'Zeg, Bronno, zou ik misschien nog een pilsje mogen?' vroeg hij toen maar.

'Nog een pilsje! Nee, sorry, ik had er twee in huis gehaald. Maar die heb ik inmiddels uitgeschonken... Ik kan wel kijken of er misschien nog wat thee in de pot zit?'

'Doe geen moeite. Ik ga zo maar eens terug naar het station lopen. Dan ben ik niet al te laat weer in Amsterdam.'

'Ach ja, je moet nog met de trein. Je komst is zeer op prijs gesteld,' zei hij ernstig. Hij stak zijn hand uit.

Bernhard gaf ook Tristan een hand, die hem al die tijd zwijgend had aangekeken.

Toen hij Liza gedag zei, vroeg ze: 'En? Wat vind je van de Saamhorigheidsgroep?'

Hij had niet eerder de kans gekregen om met haar te praten. Nadat ze was overgelopen naar het andere kringetje, hadden ze af en toe naar elkaar gekeken en zelfs naar elkaar gelachen. En op die momenten had hij gedacht: wat is dat een sympathieke, opgewekte vrouw. Maar hij had haar niet begeerlijk gevonden.

‘Ik vind het heel nobel wat jullie doen,’ antwoordde hij stijf.

‘Denk je dat het ook iets voor jou is?’

‘Ja, dat denk ik wel,’ begon hij aarzelend. ‘Dat denk ik zeker,’ voegde hij er snel aan toe.

Hij had dit nooit eerder meegemaakt. Het leek wel alsof zijn zintuigen in de war waren.

‘Al moest ik een beetje wennen aan de knuffelronde.’

Ze lachte. Ze leek niet door te hebben wat er gebeurde. ‘Dat was een idee van Ralf,’ vertelde ze terwijl ze een pluk haar van haar voorhoofd streek. ‘Bronno en Olga knuffelen altijd met elkaar, maar de rest knuffelt iedere vergadering met iemand anders.’

Je hoeft dus niet altijd met Renate te knuffelen, leek ze te zeggen.

‘Dat is goed om te weten,’ zei hij lachend. ‘Voor de volgende keer.’

Hij vroeg hoelang ze al bij de groep zat.

‘Vier jaar,’ antwoordde ze. Ze droeg een spijkerbroek en had een te korte trui aan, waardoor haar buik zichtbaar was. ‘De meesten zitten erbij sinds de oprichting. Alleen Laurens, Tristan en ik werden later lid.’

Hoe is het mogelijk, dacht hij. Kan het dat ze echt niets in de gaten heeft?

‘Hebben jij en Tristan elkaar ontmoet in de Saamhorigheidsgroep?’

Ze lachte alsof dat een absurde vraag was. ‘We zijn al twaalf jaar bij elkaar,’ zei ze.

‘En hoe hebben jullie de anderen leren kennen dan?’

‘Via het Nivon.’

'O ja. Wat is dat ook alweer?'

'Het Nederlands Instituut voor Volksontwikkeling en Natuurvriendenwerk. Tijdens een vakantie deelden we een Nivon-huis met Ralf en Wijnie. Via hen hebben we de rest leren kennen.'

Omdat hij zo gauw geen nieuwe vraag kon bedenken, kwam er een einde aan hun gesprek. Liza liep naar de anderen. Bernhard keek haar na, wachtte tot ze nog een keer naar hem zou kijken (wat ze niet deed) en wilde zijn contributie het liefst nog op datzelfde moment overmaken.

Felix begeleidde hem naar de deur. 'Wat vond je?' vroeg hij in de gang.

De baby huilde nog steeds, wel wat minder luid inmiddels.

'Waarom heb je me niet eerder uitgenodigd?'

Felix lachte. 'Dus je wordt lid?'

'Natuurlijk word ik lid!'

'Dat is geweldig nieuws, ik ga het ze meteen vertellen. Vers bloed! Tot woensdag, vriend.'

'Tot woensdag!' riep Bernhard. Hij wandelde over het tuinpad naar de stoep. Nadat achter zich Felix de deur had gesloten, bleef hij nog even in de Heemsteedse laan staan. In een huis aan de overkant opende iemand een venster met een piepend scharnier. Er waren al een paar sterren te zien.

9

Was het mogelijk, vroeg Bernhard zich af terwijl hij in zijn Volvo zat, dat je verliefd werd op een stem? Hij was net voorbij Halfweg en reed nu over de Haarlemmerweg. Hij had het raam opengedraaid en zijn elleboog op het portier gelegd. Omdat hij zich aan de snelheidslimiet hield, werd hij voortdurend door andere auto's ingehaald.

Aan de andere kant van de trekvaart kwam hem een trein tegemoet, waarvan de verlichte ramen werden weerspiegeld in het water. Uit een auto schuin voor hem gooide iemand een peuk naar buiten. Het roodgloeiende stipje werd meegenomen door de wind en spatte in vonken uiteen op het asfalt.

Tegen zijn gewoonte in had Bernhard de radio niet aangezet, alsof hij bang was door het horen van andere stemmen de herinnering aan die van haar kwijt te raken. Hoeveel woorden had ze nou helemaal uitgesproken? Het konden er niet meer dan honderd zijn geweest. Nee, het kon niet alleen haar stem zijn geweest.

En toch had de klank van die paar zinnen iets bij hem losgemaakt. Als hij die probeerde terug te roepen in zijn hoofd, dan gebeurde er hetzelfde als toen ze tegenover hem had gestaan: ergens onder in zijn buik nestelde zich een ongemakkelijk en tegelijk behaaglijk gevoel, dat gek genoeg het midden hield tussen opwinding en complete ontspanning. Nee, dat was niet correct. Opwinding en ontspanning waren elkaars tegenpolen en als het effect van haar stem het midden daartussen hield, dan zou ze hem onverschillig laten. Het was juist dat die stem hem *tegelijkertijd* opwond en rustig maakte.

Maar opnieuw hield hij zichzelf voor, terwijl hij stopte voor een verkeerslicht in Amsterdam-West, dat honderd uitgesproken woorden niet genoeg waren voor een verliefdheid, als het dat al was (hij sloot niet uit dat het een bevlieging was en dat hij Liza en haar stem morgen alweer vergeten was). Hij had haar onmiddellijk een sympathieke vrouw gevonden, die hem bovendien, alleen maar door naar hem te kijken met haar donkerblauwe ogen, vrolijk had gemaakt. Maar ze had geen verlangens bij hem opgeroepen. Die kwamen pas later, toen ze in gesprek raakten. Bernhard wist zeker dat hij niet deze hele autorit aan haar zou hebben gedacht als hij niet haar stem had gehoord. Dus ja, concludeerde hij terwijl hij de binnenstad penetreerde, het kon blijkbaar wel: verliefd worden op een stem.

Hij sloeg rechts af, de gracht op en parkeerde zijn auto langs het water, niet ver van zijn huis. Het was inmiddels helemaal donker buiten. Een zwaan gleed voorbij over de Brouwersgracht. Mevrouw Verschuur lag al te slapen. Een verdieping hoger brandde het licht in zijn zitkamer. Een poosje keek hij naar zijn huis alsof er iemand anders woonde. Of eigenlijk eerder alsof er net nog iemand anders had gewoond. Alsof hij verwijderd was geraakt van degene die 's ochtends vergeten had om het licht uit te doen. Hij pakte zijn sleutels en ging naar binnen.

10

Ze nam de bus naar Haarlem. Bij de halte in de Tempeliersstraat stapte ze uit en ze wandelde verveeld, met haar ogen op de grond gericht, naar de Grote Houtstraat. Bij de bloemenkraam bleef ze even staan. Ze twijfelde of ze straks, op de terugweg, een bos tulpen zou kopen.

Toen de bloemenverkoper op haar afkwam, liep ze snel door. Ze vroeg zich af of ze niet beter via de Gierstraat kon lopen. Maar omdat daar ook fietsers mochten rijden, die vaak totaal niet op voetgangers letten, koos ze toch voor de Grote Houtstraat. Ze keek af en toe in de etalages van de winkels en liep toen de steeg in. Bij de friettent kocht ze een kleine zak met mayonaise. Op een bankje at ze de friet op. Daarna liep ze naar Cinema Palace.

Er stonden geen mensen voor het loket.

'Mag ik een kaartje voor de film met dat rare mannetje,' vroeg Annelies.

'*E.T.* bedoelt u?' Het was de enige film die ze 's middags draaiden.

'Ja, die ja,' antwoordde ze geïrriteerd.

Ze kocht een Raider en een flesje sinas en ging in de lege zaal zitten. Ze hield ervan om alleen naar de bioscoop te gaan.

Ze nam een hap van haar Raider en staarde gedachteloos voor zich uit.

Vlak voordat de film begon, kwam er nog iemand binnen. Een lange man met krullend haar tot zijn oren. Hoewel hij overal kon gaan zitten, koos hij een stoel in haar rij. Hij droeg een zonnebril en hield die gewoon op. Toen hij even naar haar keek, wendde ze snel haar hoofd af.

Ook tijdens de film had ze af en toe het idee dat hij naar haar zat te kijken.

In de pauze stond ze op en liep naar de wc's. Pas toen de film bijna weer begon, kwam ze naar buiten en ging ze vlug de zaal weer in. Ze had overwogen om voor de tweede helft een andere rij te kiezen. Maar ze was bang dat hij dan wat tegen haar zou zeggen.

Tijdens de aftiteling wilde ze weer snel de zaal uit lopen. Maar hij was haar voor.

'Wilde je man niet mee naar de film?'

'Ik praat niet met mensen die hun zonnebril ophouden.' Ze pakte haar jas, die ze op de stoel naast haar had gelegd.

Hij lachte en nam zijn bril af. Schattige krulwimpers. 'Zo beter?'

'Mij best,' zei ze.

Ze liep de zaal uit. Hij kwam achter haar aan.

'Schoonheid!' Ze negeerde hem en liep door de deuren naar buiten. Daar treuzelde ze, want het was gaan regenen. In het portiek kwam hij naast haar staan. Hij droeg een groen T-shirt met daaroverheen een wit colbertje.

'Hè, regen...' zei hij.

Annelies had het niet op regen. Ze werd er altijd verkouden van en ze haatte het dat haar kleren nat werden. Maar ze vond het ook ongemakkelijk om met hem in het portiek te blijven staan.

'Hoe vond je de film?'

'Wel goed,' antwoordde ze onwillig.

Hij had de zonnebril in het borstzakje van zijn colbert geschoven. Hij droeg schoudervullingen maar die had hij eigenlijk niet nodig. Ze keek weer even naar die krulwimpers in zijn ooghoeken en begon te blozen.

'Je bent een mooie vrouw,' zei hij lachend. 'Mooie vrouwen moeten niet in hun eentje naar de bioscoop gaan.'

'Mijn man is werken,' zei ze. 'En bovendien: die houdt niet van naar de film gaan.'

'Wat?! Waarom niet?'

‘Kost geld. Hij houdt niet van geld uitgeven.’

‘Maar weet hij dan wel dat jij in je eentje naar de film gaat? Kost ook geld toch?’

‘Nee,’ antwoordde ze terwijl ze naar het gouden kettinkje om zijn nek keek. ‘Maar dan zorg ik dat ik wat goedkoper boodschappen doe.’ Ze had onmiddellijk spijt dat ze dat had gezegd.

Het begon harder te regenen.

‘Bryan,’ zei hij.

‘Annelies.’

Hij herhaalde haar naam, maar langzamer en heel zorgvuldig. ‘Annelies’ klonk ineens bijzonder. Ja, het was eigenlijk best een mooie naam.

‘Ik ga maar,’ zei ze. Ze wilde niet door de regen lopen maar het kon niet anders.

‘Niet weggaan.’ Hij pakte haar arm even vast. Ze merkte dat ze het niet vervelend vond. ‘Laat me je wat te drinken aanbieden bij Brinkmann zolang het regent.’

‘Dat kan echt niet, sorry.’ Ze dacht aan haar vader. Als die haar zou zien met zo’n type in het portiek van de bioscoop, of nog erger: aan een tafeltje bij Brinkmann, dan... Ze wist niet wat hij dan zou doen.

‘Eén drankje, schoonheid. Eén drankje maar...’

‘Als we naar Brinkmann lopen, word ik alsnog nat. Dan kan ik net zo goed naar huis gaan.’

‘Nee hoor, want we pakken mijn auto. Staat daar verderop.’

‘Je hebt een auto?’

Hij keek haar trots aan. ‘Ik heb een auto.’

‘Nou, oké. Als het niet te ver lopen is.’

Terwijl ze weer door de steeg langs de friettent liepen, hield hij zijn colbertje boven haar hoofd. Ze stopten bij een gele sportwagen met een uitschuifbaar dak. Hij hield de deur voor haar open.

Het was heerlijk om plaats te nemen op het zwarte leer. Het rook in de cabine naar iets uitermate zoets. Bubbelgum.

Bryan scheurde door de straatjes van Haarlem. Hij sneed een paar keer een fietser af en daar moesten ze allebei om lachen.

In Brinkmann gingen ze aan een tafeltje bij het raam zitten. Hij bestelde twee glazen wijn en al die tijd was hij haar voortdurend van alles en nog wat aan het vertellen. Ze genoot ervan. Als Annelies met Wiebe thuiszat, was zij altijd degene die praatte. En als ze daar geen zin in had, dan zwegen ze. Het was heerlijk om met een man te zijn die het woord voerde.

Bryan verdiende zijn geld met allerlei verschillende activiteiten. Hij handelde onder meer in auto's, begreep ze, en hij had een strandtent in Zandvoort. 'Maar die tent kost me meer dan dat hij me oplevert,' zei hij erbij. Zijn eigen auto had hij bij elkaar gegokt.

Hij bestelde nog twee glazen wijn en maakte grapjes tegen de serveersters. Ze had het gevoel dat ze een leven leidde dat niet haar eigen was.

'Welke strandtent is van jou dan?'

'Wendy's. Zo heette mijn ex.'

'O,' antwoordde Annelies. 'Heb je een ex?'

Daar moest hij hard om lachen, want hij bleek verscheidene exen te hebben.

'En jij?' vroeg hij.

'Ik heb geen ex. Ik ben getrouwd.' Het klonk zo ontzettend suf, dat ze zich schaamde.

Toen hij nog een derde glas wijn wilde bestellen, weigerde ze.

'Ik zal je naar huis brengen,' zei Bryan. Ze kreeg het idee dat ze hem teleurgesteld had.

Hij stond op en gooide achteloos een geeltje op de tafel. Snel ging ze achter hem aan.

Zwijgzaam liepen ze naar de auto. Ze vermoedde dat hij haar saai vond, met haar nul exen. Maar toen hij achter het stuur ging zitten, keek hij weer net zo naar haar als in het portiek van de bioscoop.

Er vielen nog een paar laatste druppels op het autoraam, terwijl hij voorstelde om haar op de terugweg zijn strandtent te laten zien.

'Graag,' zei ze. En pas toen dacht ze voor het eerst aan Wiebe, die bijna thuis zou komen. Maar het kon haar niet schelen. Als hij met een ander naar het strand mocht, dan mocht zij dat toch ook?

Ze genoot terwijl Bryan optrok en met een krankzinnige snelheid via de Zeeweg en de Boulevard naar Zandvoort reed. Behendig parkeerde hij tussen twee andere auto's. Hij legde zijn arm over haar stoel terwijl hij daarmee bezig was. Het kettinkje was nu vlakbij.

Een uur later bracht hij haar naar huis. Hij had het dak opengeschoven en de wind speelde met haar haren terwijl ze over de Zandvoorterweg door Aerdenhout reden. Toen ze in de Burgemeester den Texlaan kwamen, realiseerde ze zich met schrik dat ze nog geen boodschappen had gedaan.

Bryan bood aan haar naar de supermarkt te rijden. Normaal gesproken haalde ze groente bij haar vader, die een winkel had, maar dat was nu uitgesloten. Het hele winkelstraatje bij het station was te risicovol. 'Doe maar de Albert Heijn in Overveen,' zei ze.

Hij trok op. Terwijl ze over de Elswoutlaan scheurden en ze naar haar huis keek, dat ze tussen de weilanden kon zien liggen, vroeg ze zich af waarom ze zich helemaal niet schuldig voelde. Ze strekte haar arm, voelde de wind tegen haar hand blazen en keek lachend naar Bryan, die nog eens optrok en toen zijn hand op haar knie legde. Tot aan de supermarkt bleef die daar liggen.

Ze kwam naar buiten met een volle boodschappentas. Bryan had met draaiende motor op haar gewacht. Toen ze bij haar huis aankwamen, vroeg hij: 'Zie ik je nog eens?'

'Misschien,' zei ze lachend terwijl ze uitstapte. Ze opende het klaphek en luisterde naar het geronk van Bryans auto. Pas toen dat was weggestorven, hoorde ze weer de stilte die haar altijd en eeuwig omringde. Die stilte was haast in staat om haar uitstekende humeur te verpesten. Maar niet vandaag. Nee, niet vandaag.

Wiebe zat in de tuin de krant te lezen. 'Hallo!' riep ze vrolijk. Ze liep naar haar man en gaf hem een kus. In de Albert Heijn had ze besloten om zijn lievelingskostje te maken: zuurkool met worst en extra spek.

Tijdens het eten en tijdens de afwas bleef ze zich opgewekt voelen, euforisch bijna. Na het theezetten ging ze naast Wiebe op de bank zitten. Ze vlijde zich tegen hem aan.

'Dag lieverd,' zei hij. Hij was tentamens aan het nakijken.

'Zullen we niet toch een auto kopen,' vroeg ze.

'Een auto? Nou nee.'

'Waarom niet? Ik wil zo graag de deur uit! Ik wil uitstapjes maken!' Ze strekte haar arm weer en maakte zichzelf wijs dat ze de wind ertegenaan voelde blazen.

'Waar zou je heen willen dan?' vroeg hij afwezig.

'Naar de Keukenhof.'

'Naar de Keukenhof? Maar dat is toch niks voor ons? En bovendien: naar de Keukenhof kun je prima fietsen.'

Nu dreigde haar goede humeur toch verziekt te worden. 'Helemaal fietsen naar de Keukenhof? Ben je gek geworden?'

'Ik ga denk ik weer even verder werken.'

Ze onderdrukte haar ergernis en legde haar hoofd op zijn schouder. 'Ik wil een auto,' zei ze met een peuterstemmetje.

Wiebe legde de tentamens weg. 'Je weet dat ik geen auto wil. Patsers hebben een auto, wij niet. Wij denken aan het milieu. We hebben geen geld voor een auto. En bovendien heb ik geen rijbewijs dus we kunnen er helemaal niet in rijden.'

'Dan kan ik er toch in rijden?'

'Dus je wilt dat ik een auto koop zodat jij erin kunt rijden?'

'Ja!'

'Nee. Zoals ik al zei hebben we geen geld voor een auto.'

'We hebben geen geld omdat al ons geld naar zielige mensen in Afrika gaat.'

'Inderdaad ja,' zei hij boos.

'Ik wil autorijden.'

'Annelies, je kúnt helemaal niet autorijden.' Hij keek haar denigrerend aan en ze haatte hem.

'Ik kan toch lessen nemen?'

'Dat zou je kunnen doen, ja. Maar ik ga die niet betalen.'

'Dat hoeft ook helemaal niet. Mijn vader betaalt.'

'O?'

'Ja. Dat heeft hij net nog tegen me gezegd. Toen ik de zuurkool bij hem haalde.'

'Nou, dat is dan heel aardig van hem.' Hij ging verder met nakijken.

Annelies stond op en liep naar de keuken. De rest van de avond keek ze verlangend door het raam naar de autoweg in de verte.

11

Het bleek geen bevlieging. In de dagen die volgden bleef Bernhard aan Liza's stem denken, voor zover dat mogelijk was: denken aan een stem. Meestal dacht hij aan de sproeten op haar wangen, aan haar wipneus en aan haar graanhalmachtige wenkbrauwen, in de hoop dat hij zo de klank van haar stem gemakkelijker kon terugroepen.

Op de daaropvolgende woensdag bevestigde hij nog eens aan Felix dat hij graag lid werd. Een paar dagen later kreeg hij een telefoontje van Wiebe, de penningmeester, die hem discreet vroeg wat zijn inkomen was en snel uitrekende op hoeveel contributie dat per maand uitkwam. Bernhard vulde nog diezelfde avond een overschrijvingskaart van de Postbank in.

Hij ging vanaf dat moment iedere maand naar de vergadering maar hij sloeg ook de sociale activiteiten in het weekend niet over. Vaak gingen ze op zaterdag of zondag met z'n allen wandelen in de Kennemerduinen. Soms gingen de kinderen mee, meestal werden ze achtergelaten bij een oppas. Bernhard probeerde zo veel mogelijk in gesprek te komen met Liza, maar ze leek hem te ontwijken. Tijdens de wandelingen ging hij daarom net achter haar lopen, om haar te kunnen horen praten met degene die naast haar liep. Hij kon zich haast niet voorstellen dat hij de enige was op wie haar stem zo'n elektriserende werking had.

Het verbaasde hem niet dat ze verloskundige was. Hij kon zich goed voorstellen dat aanstaande moeders en ook pasgeboren baby's rustig werden als ze hun moed insprak. Maar Liza, hoorde hij van Felix, gebruikte haar stem ook op een andere manier. Ze sprak tekenfilms in. Bernhard verlangde vurig naar meer informatie maar omdat hij zijn vriend niets wilde laten merken van zijn interesse in haar, onderdrukte hij zijn nieuwsgierigheid en vroeg niet verder.

Tijdens de wandelingen liep hij vaak naast Laurens, de leraar Latijn. Hij werkte op het Stedelijk Gymnasium in Haarlem. Hij was alleenstaand en had een poes, wat Bernhard zich goed kon voorstellen bij deze wat eenzelvige man. Laurens, wiens kleren altijd onder de kattenharen zaten, droeg een achthoekige bril met een haast onzichtbaar montuur. Omdat zijn huid pindakaasbruin was, en omdat de bril twee roze neuspads had, zag je van een afstandje alleen die neuspads en geen bril. Hij had de merkwaardigheid dat hij zijn lippen nauwelijks van elkaar haalde als hij sprak. Laurens was prima verstaanbaar, maar zijn woorden kwamen door een uiterst dunne spleet naar buiten.

Ook liep hij regelmatig naast Wiebe, een wat slungelachtige leptosoom, wiens neushaar zo vanzelfsprekend overging in zijn snor, dat het leek alsof het niet naar buiten maar naar binnen groeide. Wiebe werd, zelfs in de buitenlucht, vergezeld door een zurige zweetgeur. Het was Bernhard al eens overkomen dat hij hem rook aankomen, nog voor hij hem had gezien.

Terwijl Laurens of Wiebe tegen hem praatte, luisterde Bernhard naar Liza. Af en toe moest hij zijn erectie achter zijn broekband klemmen. Als hij na deze wandelingen thuiskwam, trok hij zich af, de herinnering aan haar stem nog vers.

Het leek soms wel alsof ze doorhad wat haar stem met hem deed. Tijdens de borrels na afloop van de vergadering zorgde hij dat hij altijd in hetzelfde kringetje als zij belandde. Maar vaak liep ze al snel na zijn komst over naar een ander groepje. Als ze dan allebei met andere mensen stonden te praten, zocht ze wel steeds zijn blik.

Bernhard wist van zichzelf dat hij geen extreem knappe man was. Een Engelstalige tante had een keer over zijn gezicht opgemerkt dat het '*slightly on the handsome side*' was – en hij had dat onmiddellijk een heel treffende omschrijving gevonden.

In zijn jeugd en tijdens zijn studententijd was hij niet erg succesvol op het gebied van vrouwen geweest. Misschien, had hij later gedacht, hadden ze aangevoeld dat hij niet bijzonder geïnteresseerd in ze was. Voor hem waren de intense vriendschappen met jongens altijd veel belangrijker geweest, ook al waren die nooit erotisch van aard geworden. Op school was zijn beste vriend Lodewijk geweest, die Chinees was gaan studeren in Leiden en daarna was opgelost in de Volksrepubliek. Bernhard schreef zich na zijn diensttijd in voor Rechten aan de GU. Hij leerde Felix kennen bij het corps. Ze waren jaargenoten en werden onmiddellijk boezemvrienden, ook al voelde Bernhard zich veel meer op zijn gemak in die wereld dan Felix. Toen het moment kwam waarop Felix zélf moest gaan ontgroenen, trad hij uit en wilde hij ook niets meer met die hele tijd te maken hebben. Maar Bernhard en Felix bleven bevriend. Ze gingen samen naar colleges, schermden twee keer per week in de Palmstraat en maakten in opeenvolgende zomers reizen naar Griekenland, Spanje en Italië.

Bernhard had gedurende zijn studententijd twee keer een vriendin gehad (het zusje van een dispuutgenoot dat later lesbisch bleek en een verlegen freule). Beide keren duurde het niet langer dan twee maanden voordat er besloten werd om een einde te maken aan alle ongemakkelijkheid.

Maar het kon natuurlijk dat zijn gevoelens voor Liza wederzijds waren, ondanks zijn weinig opzienbarende uiterlijk en zijn beperkte succes bij vrouwen. Maar waarom ging ze hem dan uit de weg? Omdat ze getrouwd was met Tristan.

Bernhard kwam nog tot een ander inzicht. Om zijn eigen verliefdheid te voeden, was het noodzakelijk dat hij haar hoorde praten. Maar stel dat zij hem een aantrekkelijke man vond – wat hij zich een beetje moeilijk kon indenken, maar goed – dan was het voor haar veel belangrijker om naar hem *te kijken*. Dus hoefde ze helemaal niet bij hem in het kringetje te gaan staan. Sterker nog: Tristan zou minder argwaan krijgen als ze dat niet deed en ondertussen kon ze wel af en toe een blik en een lach in Bernhards richting sturen.

Deze laatste overpeinzingen waren zeldzaam. Veel vaker had hij totaal niet het idee dat ze geïnteresseerd in hem was en zag hij zijn obsessie voor haar, of liever: voor *haar stem*, als iets bespottelijks en zelfs iets verdachts. Ze gebruikte haar stem om baby's ter wereld te brengen en om kinderen te vermaken. En hij werd er opgewonden van. Het had iets pervers.

Op een middag aan het einde van de zomer maakten ze met de hele Saamhorigheidsgroep een wandeling over landgoed Leyduin. Ze waren er weer allemaal. Zelden ontbrak er iemand bij een activiteit. Nooit was er eens iemand ziek of op bezoek bij familieleden. Waarschijnlijk kwam dat, bedacht Bernhard, omdat de Saamhorigheidsgroep voor de meesten een soort familie wás.

Bernhard kon dit keer naar waarheid zeggen dat hij op de fiets was gekomen, want die ochtend had hij zijn auto achtergelaten bij de garagist voor een onderhoudsbeurt. Hij bracht zijn Volvo al sinds jaar en dag naar Robbie, een nogal merkwaardige figuur die een garage bestierde in Bennebroek. Zijn gezicht zat altijd onder de oliesmeer, hij rook indringend naar whisky en hij had voortdurend een onaangename herdershond om hem heen lopen. Ook wonderlijk was dat hij hem meestal midden in de nacht opbelde om te zeggen dat zijn auto klaar was.

Het was natuurlijk buitengewoon onhandig om zijn auto helemaal naar Bennebroek in plaats van naar een garage in Amsterdam te brengen, maar een collega die veel van auto's wist, had hem Robbie aanbevolen. En dus legde hij een paar keer per jaar zijn Amsterdamse fiets in de achterbak, bond die met een touw aan de klep vast, reed naar Bennebroek en fietste vervolgens naar het station in Heemstede.

Leyduin was ongeveer een kwartier fietsen vanaf

de garage. Nadat hij zijn Volvo had toevertrouwd aan een dronken Robbie (het was twaalf uur in de middag) reed hij op zijn krakende barrel tussen de bloembollenvelden naar het noorden. Na de Linnaeushof sloeg hij links af, de Manpadslaan op. Hij passeerde een paar kinderboerderijdieren: twee paarden, een stel eenden en drie kippen. Op de brug over de Leidsevaart bleef hij even staan kijken naar het landgoed aan de andere kant van het water. Over de Leidsevaartweg kwamen Bronno en Olga hand in hand aanfietsen. De verbondenheid tussen die twee was aandoenlijk en – ja, dat ook – jaloersmakend. Een bondgenootschap zoals zij hadden, had hij tot dusver alleen ervaren in zijn vriendschappen met Lodewijk en Felix, in het laatste geval totdat die Hester leerde kennen.

'Ha!' riep hij. Bronno en Olga zagen hem, lieten elkaars hand los en begonnen onmiddellijk enthousiast naar hem te zwaaien.

Hij was allang geen buitenstaander meer. Ze hadden hem zonder enig voorbehoud opgenomen in de familie.

Tijdens de wandeling liep hij weer naast Laurens en achter Liza. Het was Bernhard al snel duidelijk geworden dat de natuur voor de anderen veel belangrijker was dan voor hem. Zo nu en dan snoof iemand, bijvoorbeeld Wiebe, even de boslucht op en zei dan: 'Hè, wat is het toch heerlijk om buiten te zijn.' Ze wisten er ook veel meer van af dan hij. Af en toe wees een van de leden naar een boom en dan werd de naam van een of andere onzichtbare vogel genoemd: 'Kijk daar, een ...' Maar omdat Bernhard zo weinig belangstelling had voor dat soort dingen, vergat hij de naam van het beest onmiddellijk weer. Zo ging het ook met planten en paddenstoelen. Namen en kenmerken van biologische verschijnselen werden met veel bevlogenheid doorgenomen. Hij merkte wel dat het als lid van de Saamhorigheidsgroep min of meer verplicht was om van de natuur te houden. En dus snoof Bernhard ook weleens nadrukkelijk de boslucht in en dan zei hij, op zo'n zelfde verlekkerde manier als Wiebe had gedaan: 'Héérlijk.' Hij lette erop dat de anderen hem dit zagen doen.

Als het begon te regenen terwijl ze in het bos waren, leken ze dat niet in de gaten te hebben. Niemand in de groep zei er iets over en iedereen wandelde vrolijk en lachend verder, ook al stroomde het water over hun wangen. Als Bernhard opmerkte dat het toch wel een beetje onprettig was (hij vond het überhaupt raar dat niemand er iets over zei), kreeg hij als antwoord: 'Ach, een beetje regen...' Waarna het onmiddellijk weer over de Falklandoorlog of kernraketten ging.

Vaak werd er gezongen tijdens het lopen. Meestal (in canon) 'De uil zat in de olmen', maar ook wel 'Kumbaya My Lord', de Internationale en 'I Like the Flowers'. Op deze momenten spatte Bernhard bijna uiteen van opwinding, omdat Liza vol overgave meezong.

Aan het einde van de wandeling gingen ze met z'n allen in het gras in de zon zitten, niet ver van een enorme eik (dat het een eik was, wist hij omdat Wiebe zeker een kwartier lang, tot verveling van Bernhard, over deze 'heel bijzondere boom' had verteld).

Bronno en Olga haalden uit hun rugzak besmeerde broodjes en twee thermoskannen koffie. Ook Felix en Hester hadden allerlei eten meegenomen. Eigenlijk had iedereen wat meegebracht, behalve Bernhard.

'Sorry, ik wist niet –' begon hij, maar de anderen zeiden snel dat het niet erg was. Hester suggereerde dat Bernhard bij een volgende gelegenheid wat fruit zou meenemen, wat hij onmiddellijk braaf toezegde terwijl het gezang van Liza nog in zijn hoofd echode.

Na de lunch haalden Olga, Wiebe en Renate hun instrumenten tevoorschijn, respectievelijk een blokfluit, een ukelele en een tamboerijn. Iedereen ging onmiddellijk staan en terwijl de drie musiceerden, begonnen de anderen te volksdansen. De dans die ze uitvoerden hield het midden tussen de horlepiep, de kruispolka en de Spaanse wals. Of eigenlijk had Bernhard het idee dat ze maar wat deden, terwijl ze rondsprongen, hun armen in de lucht gooiden en met gelukzalige gezichten naar elkaar keken. Renate leek haast in extase. 'Leven!' riep ze steeds, met een hoofdletter. 'Leven!' En ook de anderen begonnen het te roepen, terwijl ze pirouettes maakten, huppelden en de armen op elkaars schouders legden.

Allemachtig, dacht Bernhard die in het gras was blijven zitten, wat zijn deze mensen toch gelukkig.

Toen Ralf hem dansend tegemoetkwam en omhoogtrok, kon hij niet weigeren en even later had hij zijn armen in die van Olga en Wiebe gehaakt en danste hij mee. Twee keer kreeg hij Tristans staart vol in het gezicht. Het leek wel alsof die het erom deed.

Op initiatief van Ralf trokken ze op een gegeven moment allemaal hun kleren uit. Aan het eind van het grasveld stopten twee fietsers, die vanaf het pad naar hen bleven kijken. Omdat alle anderen binnen de kortste keren naakt waren, inclusief de drie muzikanten die trouwens geen moment stil waren gevallen, trok Bernhard ook maar zijn kleren uit. Hij voelde zich opgenomen in een rare bossekte maar het voelde niet onplezierig. En hoewel Ralf zichtbaar opgewonden werd van al die naakte vrouwen, keek Bernhard naar de dansende Liza zonder dat hij bang hoefde te zijn dat hij zichzelf verried. Haar sproeten waren overal: op haar buik, op haar dijbenen en ook haar hele rug was ermee bedekt. Ja, hij vond haar best mooi. Een jongen bijna, met haar onopvallende heupen en haar volstrekt afwezige boezem. Maar haar ware schoonheid lag verborgen in haar keel.

12

De Saamhorigheidsgroep was opgericht in 1975, door Bronno. Zoals wel meer linkse idealisten wilde hij 'de wereld, al was het maar voor 0,01%, eerlijker en rechtvaardiger maken' (precies zo had Bernhard het hem een keer horen zeggen). Hij steunde verschillende goede doelen, maar dat vond hij toch te vrijblijvend. Hij wilde meer doen. Hij wilde een organisatie. Hij had bovendien de behoefte om met gelijkgestemden zijn doel te verwezenlijken.

Ralf en Wijnie kende hij al. Hij wist dat ze links-progressief waren en bereid waren zich in te zetten. Bij de lokale afdeling van de PPR had hij hier en daar geïnformeerd of er mensen waren die belangstelling hadden om zich aan te sluiten. Zo kwamen Felix en Hester erbij. Niet veel later werden Wiebe en Renate lid, toen de oprichting al een feit was. Renate en Olga kenden elkaar via een muziekclubje voor linkse vrouwen. Wiebe hadden ze ontmoet via het kraampje op de Botermarkt. Eens in de twee weken verkochten ze spullen om geld in te zamelen voor de Saamhorigheidsgroep. In de zomer groentes uit de verschillende moestuinen, in de winter oude kleren en boeken.

Toen de groep al een paar jaar bestond, sloten zich nog Laurens, Liza en Tristan aan. Laurens hadden ze net als Liza en Tristan via het Nivon leren kennen.

De hoogte van het inkomen leek niet uit te maken. Iedereen was gelijk, iedereen had evenveel te zeggen. Bernhard vroeg zich soms af of hij met zijn salaris werd gezien als een goede vangst. Maar daar werd nooit een toespeling op gemaakt.

Niet iedereen kon zomaar lid worden. Daarvoor was de homogeniteit van de groep te belangrijk. Bernhard mocht erbij omdat hij de beste vriend van Felix was en daarom werd er niet aan getwijfeld dat hij erbij paste. Maar ieder ander zou naar zijn geloofspapieren worden gevraagd. Ook al was hij of zij miljonair, er zou een uitvoerige ballotage plaatsvinden.

Toch was niet iedereen even activistisch als Bronno en Olga. Laurens bijvoorbeeld leek vooral behoefte te hebben aan een sociale gemeenschap. En Bernhard had Ralf een keer horen zeggen dat hij erbij zat omdat hij het nu eenmaal prettig vond om met linkse mensen om te gaan.

Die tien procent van zijn inkomen kon Bernhard gemakkelijk missen. Dat was het probleem niet. Maar zo nu en dan, als hij hun bevlogenheid zag, hun betrokkenheid met de zwakkeren in de wereld en hun vastberadenheid om hun lot te veranderen, dan voelde hij zich bezwaard vanwege zijn valse motieven. Alsof hij een oplichter was.

13

Laurens stond voor het raam van zijn huis aan het Klein Heiligland. Hij was een beetje uit zijn humeur omdat hij net de rekening had gekregen voor het opknappen van de gevelsteen boven de voordeur. Het was een afbeelding van een mol die boven de grond kwam. D'OUDE MOL stond erboven, wat ook de naam van zijn huis was. Laurens woonde in een voormalige paardenstal, wat nog te merken viel aan de straatstenen die achter de hoge houten deur in zijn gang doorliepen. Het was altijd koud in die gang.

Om zijn humeur te verdrijven had hij zichzelf een glas advocaat ingeschonken. Hij ging op de bank naast de telefoon zitten, legde zijn bril even op de leuning en wachtte tot zijn kat Vergilius op schoot sprong. Hij aarzelde even maar nam toen de hoorn van de haak.

'Wijnie, met Laurens hier, zou je me Douwe even kunnen geven?'

Ze klonk een beetje slaperig. Ralf en Wijnie gingen altijd vroeg naar bed.

'Is er iets aan de hand?' vroeg ze bezorgd. 'Heeft hij iets gedaan op school?'

'Nee, hoor,' suste Laurens terwijl hij Vergilius aaide. In de stilte die hij even liet vallen, hoorde hij de staartklok tikken. 'Douwe is een heel brave leerling. Maar ik moet 'm even over iets belangrijks spreken.'

'O. Ja. Ja, natuurlijk...' Hij hoorde haar de hoorn wegleggen en vervolgens toch weer oppakken. 'Maar Laurens, het is halftwaalf. Douwe ligt al te slapen. Is het echt zo belangrijk dat ik hem ervoor moet wakker maken?'

Hij schrok. Hij had zich niet gerealiseerd dat het al

zo laat was. Laurens wierp een snelle blik op de klok. 'Ik weet dat het al laat is,' antwoordde hij rustig, met de autoriteit van een leraar. 'Maar maak 'm toch maar even wakker. Het is belangrijk dat ik 'm spreek.'

Ze legde de hoorn weer neer.

Hij wachtte tot Douwe aan de lijn zou komen.

'Hij is er niet,' zei Wijnie.

'Wat bedoel je?'

'Hij ligt niet in zijn bed.' En een beetje paniekerig: 'Wat moet ik nou doen? Hij ging om tien uur naar boven.'

Laurens duwde Vergilius van zich af. Hij ging gealarmeerd rechtop zitten. 'Jij en Ralf hebben hem niet weg horen gaan?'

'Ralf is er niet. Die gaat op woensdagavond vaak de deur uit. O, wat moet ik nou doen?' vroeg ze voor een tweede keer.

'Hij komt vast snel weer terug. Je weet zeker dat hij niet ergens anders in het huis is?' Ze woonden, vanwege Ralfs radiologensalaris, buitengewoon ruim.

'Hij is hier echt niet. Wacht even.' Ze legde de hoorn weer neer. 'Zijn fiets staat wel in de schuur,' zei ze even later.

'Weet Frida niet waar hij is?'

Wijnie ging het vragen aan haar dochter. Laurens wreef onrustig over zijn baard. Jongens van zeventien moesten niet 's avonds laat verdwijnen. Zou hij een vriendinnetje hebben? Of een vriendje?

'Frida weet ook niet waar hij is.'

'Ik kom naar je toe, Wijnie. Ben er over tien minuten.'

'Dank je wel, Laurens. Tot straks.'

'O, en Wijnie?'

'Ja?'

'Maak je niet te veel zorgen. Douwe is al bijna volwassen. Hij doet geen rare dingen.'

'Ik hoop het maar. Ik krijg geen hoogte van die jongen.'

Ze had opgehangen. Hij zocht zijn jas en fietssleutels. Terwijl hij de voordeur opende, ging de telefoon. Hij liep terug, nam de hoorn op en hoorde Wijnie zeggen dat hij terug was.

'Gelukkig,' zei Laurens. 'Waar was hij?'

'Weigert-ie te zeggen. Wil je hem nog spreken?'

'Ja, graag. Of wacht...' Hij kreeg ineens een idee. 'Nee, laat maar. Vraag maar of hij morgen na het eten even naar D'Oude Mol komt. Dan bespreek ik het wel met hem hier bij mij thuis.'

'Ik zal het doorgeven. Dank je wel voor je steun vanavond.'

Laurens hoorde iemand aan de andere kant van de lijn heel hard 'hoelaai' roepen.

'Ralf is thuis, ik ga ophangen.'

'Dag Wijnie.'

'Dag Laurens.'

14

Wijnie lag in bed. Douwe had niet met haar willen praten en was onmiddellijk naar zijn kamer gegaan. Ralf lag, zoals wel vaker 's avonds, in bad. Hij maakte er altijd een heel ritueel van: op de rand van de badkuip stonden meer dan dertig waxinelichtjes, die hij een voor een aanstak. Vervolgens ging hij te midden van al die kaarsjes in het water liggen. Als ze naar binnen wandelde om haar tanden te poetsen, had ze vaak de associatie met een opgebaard lijk, zeker als hij zijn ogen had gesloten. Maar dat kwam misschien omdat ze beroepsmatig zoveel te maken had met de dood.

Wijnie was trots op wat ze had bereikt met haar hospice. Het was een gerenommeerd instituut in Haarlem geworden en het was nog altijd het enige hospice in Nederland. Sinds de opening was het huis altijd vol geweest; er stonden steevast mensen op de wachtlijst. Maar zo succesvol als ze was in haar werk, zo ingewikkeld en moeizaam vond ze het gezinsleven. Ze voelde zich eigenlijk altijd tekortschieten.

In het hospice streefde ze een zo huiselijk mogelijke leefsituatie na. Er was een gezellige woonkamer op de begane grond, de kamers van de patiënten had ze zo aangenaam mogelijk ingericht en op de zolder van de villa aan de Schotersingel in de Kleverparkbuurt was een stilteruimte, met bijbels en dichtbundels in de kasten. Ze zei altijd dat ze voor de mensen tegelijk een moeder, een dochter, een zus en een zuster wilde zijn. En ze hoopte dat de patiënten zich opgenomen voelden worden in een tijdelijk en bijzonder gezin.

Waarom lukte het dan wel in het hospice om een aangename en ontspannen woonomgeving te creëren, en in haar eigen huis niet? Ze had geen flauw idee wat er in Douwes hoofd allemaal omging. Frida maakte eigenlijk altijd ruzie. En Ralf was de beste echtgenoot die ze zich kon wensen, maar hij was nauwelijks een vader voor zijn kinderen te noemen. Het leek wel alsof hij zich totaal niet voor ze interesseerde. Hij gaf haar alle liefde die hij in zich had, bedacht ze weleens, en daardoor bleef er weinig over voor zijn kinderen.

Ze wist dat Ralf verhoudingen had, zoals zij die ook had. Maar ze had nooit het gevoel gekregen dat die hun relatie ondermijnden. Sterker nog: ze had bij haar eigen ouders gezien hoe funest het was voor een huwelijk als man en vrouw alleen maar oog voor elkaar mochten hebben. Ze waren weliswaar nog altijd bij elkaar, maar ze had nooit het gevoel gehad dat haar ouders gelukkig waren samen.

Ralf kwam de slaapkamer binnen, met – opmerkelijk genoeg – een onderbroek aan. Ze vroeg niet waar hij die avond geweest was. Hij gaf haar een zoen en daarna begonnen ze allebei te lezen: hij *Vrij Nederland*, zij *Niets te verliezen en toch bang*, een boek van Renate Rubinstein dat haar was uitgeleend door Olga. Rubinstein schreef over het failliet van de vrije liefde, die in haar geval had geleid tot een echtscheiding. Ze wees inmiddels seks buiten het huwelijk af.

Wijnie legde een gedroogde bloem op de bladzijde waar ze gebleven was en klapte de paperback dicht. Het was wel duidelijk waarom Olga haar dit boek had uitgeleend. Ze wist hoe zij en Bronno dachten over de manier waarop Wijnie en Ralf hun liefdesleven inrichtten.

Ze begon Ralfs gezicht te strelen. Hij maakte even een tevreden geluid terwijl ze met haar vingers over zijn kaak gleed. Ze hield zo ontzettend veel van deze man. Hij was het beste wat haar ooit was overkomen.

15

‘Wil je ook een glas advocaat?’

Douwe keek naar het dikke gele goedje dat in het wijnglas van meneer Overweel dreef. Het zag er niet heel aantrekkelijk uit maar hij wilde niet weigeren. ‘Ja, graag,’ zei hij.

Terwijl meneer Overweel naar de keuken liep, keek Douwe de kamer rond. Hij voelde zich meteen op zijn gemak in deze kleine woonkamer. De gaskachel was aan. Van de vloer tot aan het plafond stonden boekenkasten, tegen alle vier de muren. Voor de ramen hingen dikke rode gordijnen, waardoor deze kamer volledig afgesloten leek te zijn van de rest van de wereld.

Meneer Overweel was geen populaire leraar op school. Hij maakte zelden grapjes, ging nooit op een familiaire manier met zijn leerlingen om en werd weliswaar nooit boos maar hij deed ook nooit erg aardig. Als een klasgenoot een enkele keer probeerde om hun leraar uit de tent te lokken door ongehoorzaam te zijn, dan stuurde meneer Overweel die leerling simpelweg de klas uit.

Hij nam een slok van de advocaat. Meneer Overweel ging tegenover hem zitten op eenzelfde fluwelen fauteuil als waarop Douwe zat. De kat had zijn baas naar de keuken gevolgd en sprong onmiddellijk op zijn schoot nadat hij was gaan zitten.

Douwe vroeg zich af waarom hij hier was.

‘Ik hoorde van meneer Manders dat je weigerde om te dansen bij gym.’

‘Eh, ja, dat klopt.’ Was hij daarom hier?

‘Hij vertelde het tijdens de lerarenvergadering.

Waarom wilde je niet dansen?'

'Ik weet het niet, ik houd er niet van.'

Meneer Overweel keek hem vriendelijk aan. Zo keek hij nooit als hij voor de klas stond.

Douwe staarde naar de grond.

'Dansen is heerlijk,' zei meneer Overweel gelukzalig.

Douwe keek verbaasd naar zijn leraar. Zijn baard was net iets langer dan die van zijn vader. Er hing een geel druppeltje in, niet zo ver bij zijn rechtermondhoek vandaan.

'Maar ik weet denk ik wel wat je bedoelt,' vervolgde hij begripvol. 'Sommige mensen kennen geen schaamte. Voor hen is dansen iets volkomen vanzelfsprekends. Terwijl introvertere mensen... mensen zoals jij en ik... moeite hebben om zich te laten gaan.'

Douwe zei niets.

'Ikzelf hield ook nooit van dansen. Ik heb jarenlang niet gedanst. Als ik naar dansende mensen keek, voelde ik altijd een mengeling van onbegrip, ontroering en afgunst. Het is pas sinds een aantal jaar, dankzij onder meer je ouders, dat ik durf te dansen. Inmiddels vind ik niets heerlijker. Het is zo ontzettend bevrijdend.'

Douwe zweeg en keek weer naar de grond. Hij begreep niet waar dit gesprek naartoe ging.

'Ik zeg nu wel, Douwe, dat ik het dansen van je ouders heb geleerd. En dat ís in zekere zin ook wel zo. Maar de allereerste keer dat ik danste, waren je ouders er niet bij.'

Douwe zei nog steeds niets, maar dat leek meneer Overweel niets uit te maken. Hij keek weemoedig naar het plafond terwijl hij de kat aaide, die min of meer dezelfde kleur haar had als zijn baasje. Beest en baard waren allebei kastanjebruin.

'Het was begin jaren zeventig. Ik was niet veel ouder dan jij nu bent en ik nam op een middag de trein naar de hoofdstad. In een drukke winkelstraat ergens in het centrum zag ik voor het eerst in mijn leven hare krisjna's, je weet wel, van die mannen en vrouwen in oranje gewaden met staartjes op hun hoofd. Ze dansten en zongen steeds weer dezelfde mantra. Sommige voorbijgangers bleven staan kijken. Twee gingen meedansen. Het was zo hypnotiserend, steeds weer diezelfde woorden die herhaald werden... Op een gegeven moment merkte ik dat ik met mijn heupen was gaan bewegen. Dat mijn armen wat losser aan mijn schouders hingen. En even later, zonder dat ik het in de gaten had gehad... alsof een hogere macht me had aangestuurd... danste ik met ze mee, alsof ik iemand anders was. We vormden met z'n allen een optocht in de winkelstraat en ik hield de handen vast van twee hare krisjna's... Ik had me nog nooit zo boven mezelf uitgetild gevoeld. Ik was niet meer alleen. Ik was opgenomen in een groter geheel. Het was een vergelijkbaar gevoel als wat ik later heb ervaren bij de Saamhorigheidsgroep.'

Douwe probeerde te bedenken waarom hij was uitgenodigd. Het kon niet alleen maar vanwege het dansen zijn.

'Ik heb je verdedigd tijdens de lerarenvergadering,' zei meneer Overweel opeens.

'Echt?'

'Ja. Ik heb gezegd dat de leerlingen met gymnastiek moeten volleyballen, niet dansen.'

Douwe bedankte hem ongemakkelijk.

Zijn leraar nam nog een slok van zijn advocaat, terwijl hij zwijgend naar hem staarde vanachter zijn bril. Het leek wel alsof hij twee roze wratten op zijn neus had. In de klas was dat hem nooit opgevallen. Hij zat altijd achteraan.

Douwe nam ook een slok. De klok tikte in de stille kamer.

'Meneer Overweel,' begon hij.

'Waar was je gisteravond?'

'Gisteravond?'

'Ik belde, maar je was er niet. Je moeder zei dat je niet thuis was. Ze maakte zich erg ongerust.'

Douwe zei niets.

'Wees gerust: ik zal niets tegen je ouders zeggen.'

'Ik ga soms 's avonds wandelen.'

'Waarheen?'

Douwe vroeg zich af of hij meneer Overweel in vertrouwen zou nemen. Hij keek naar zijn leraar, met de kat op schoot en het glas advocaat in de hand. Waarom was hij hier? Wat wilde hij van hem?

Hij besloot gewoon niet te antwoorden, zoals hij meestal bij volwassenen deed. Al had hij het idee dat meneer Overweel niet zoals de anderen was. Er was een mogelijkheid dat hij hem zou begrijpen.

Douwe keek opzij. 'Wat zijn dit voor brieven?' vroeg hij om van onderwerp te veranderen. Naast hem lagen verschillende vellen papier, beschreven met een groene pen. De laatste regel van de bovenste brief was nog niet afgemaakt. 'I hope that we can meet each other in the future, because,' stond er.

'Dat zijn brieven die ik schrijf aan mensen die in de gevangenis zitten.'

'Aan misdadigers?'

Meneer Overweel lachte even. 'Nee, niet aan misdadigers. Aan mensen die in de gevangenis zitten omdat ze anders zijn.'

Douwe vroeg wat hij bedoelde met 'anders', maar daar kreeg hij geen antwoord op.

'De mensen aan wie ik schrijf, wonen overal ter wereld. De brieven die ik bijvoorbeeld vandaag heb geschreven, gaan naar Marokko, Bangladesh, Botswana en Gambia. Sommige gevangenen schrijven me terug, de meeste niet. Met een paar voer ik al jarenlang een correspondentie.' Hij vertelde over Rafiq, een man die vastzat in Marokko en die hij inmiddels als een vriend beschouwde.

'Een penvriend?'

'Ja, zo zou je het kunnen noemen. We hebben elkaar nog nooit gezien maar hij weet dingen van mij die niemand anders weet.'

Douwe durfde niet te vragen wat voor dingen dat waren. Meneer Overweel schonk hem en zichzelf nog een glas advocaat in.

Gelukkig stelde hij de rest van de avond geen ongemakkelijke vragen meer. Hij was vooral zelf veel aan het woord. Hij vertelde roddels over andere leraren, die Douwe machtig interessant vond. Over de wiskundelerares die op vakantie was geweest met de conrector. Over de leraar aardrijkskunde die getrouwd was met een oud-leerlinge.

Het voelde raar en spannend tegelijk om bij zijn leraar thuis te zijn. Al was hij ook een vriend van zijn ouders. Maar dat maakte het eigenlijk nog veel gekker: zijn ouders waren er niet. Hij was hier alleen.

Meneer Overweel ging even naar de wc. Douwe luisterde naar de klok in de stille kamer en besefte ineens dat hij zich niet bedrukt voelde. Op school was hij altijd ongelukkig. Hij had er geen vrienden, al ging hij wel met twee jongens om die door de rest van de klas werden gepest. Hij voelde zich ongeliefd door zijn vader, onbegrepen door zijn moeder en zus en vooral buitengewoon eenzaam en somber. Die somberheid was er altijd al geweest, al zo lang als hij zich kon herinneren.

Maar vanavond niet.

Meneer Overweel kwam terug de kamer in. Kon het zijn, bedacht Douwe, dat ik me hier zo goed en rustig voel omdat in deze ruimte de rest van de wereld zo ver weg lijkt?

De telefoon ging. Hij schrok. Meneer Overweel nam op, met zijn rug naar Douwe toe. 'Ja, hij is hier nog,' hoorde hij hem zeggen. 'O, is het al elf uur? Ja, we zijn nog even aan het praten, maar ik zet hem zo op de fiets... Ja... Nee, het had met een proefwerk te maken, niets om je zorgen over te maken... Meefietsen? Maar dat hoeft toch niet?... Oké, ik vraag het hem.' Hij draaide zich om naar Douwe. 'Je vader vraagt of je wil dat ik meefiets,' zei hij, met zijn hand op de hoorn. Douwe voelde dat hij een rood hoofd kreeg, alsof zijn vader hem had betrapt op iets. Hij schudde resoluut zijn hoofd. Meneer Overweel begon weer in de hoorn te praten. 'Douwe zegt dat het niet hoeft,' zei hij. 'Goed. Dag Ralf... Ja, tot volgende week dinsdag... Bij mij, ja... Ja, ik zal zorgen dat de meubels een beetje aan de kant geschoven zijn.'

Douwe vroeg zich af waarom zijn vader dacht dat hij niet alleen naar huis kon fietsen. Hij was zeventien. Maar vooral: zijn vader had nog nooit laten merken dat hij zich zorgen over hem maakte. Douwe overwoog weleens niet terug te komen van zijn nachtelijke excursies, alleen maar om te kijken of het hem iets kon schelen.

Meneer Overweel zei dat hij maar het beste kon gaan. Hij liet hem uit en terwijl hij hem alvast welterusten wenste, voegde hij nog toe dat hij het een heel gezellige avond had gevonden. Douwe antwoordde dat hij dat ook had gevonden. Hij fietste de straat uit, over de Kampersingel en vervolgens over de Dreef in de richting van De Hout. Hoewel het een beetje om was, reed hij het donkere bos in. Hij luisterde naar het geluid van de dynamo, terwijl zijn voorlamp telkens een nieuw stukje van het bos verlichtte. Hij hoopte dat er iets zou gebeuren, maar er gebeurde niets. Toen hij er aan de andere kant weer uit kwam, fietste hij naar links, over de Spanjaardslaan. Hij was bijna thuis. Hij keek naar de maan en vroeg zich nog een laatste keer af waarom meneer Overweel hem bij hem thuis had uitgenodigd.

In de schuur gooide hij zijn fiets hard tegen die van Frida aan. De lichten beneden waren allemaal al uit. Zijn vader en moeder lagen al in bed. Hij hoorde zijn moeder lachen. Zonder ze te groeten liep hij naar zijn kamer.

16

Ralf zat naakt in de tuin. Wijnie was naar het hospice, de kinderen waren naar school. Hij hoefde pas in de middag in het ziekenhuis te zijn.

Hij genoot enorm van de aanblik van zijn geslacht. Zonder dat hij het in de gaten had, zat hij er soms minutenlang naar te kijken, terwijl hij eigenlijk van plan was geweest om bijvoorbeeld de krant te lezen of onkruid te wieden.

Wat zou het toch bevrijdend zijn, dacht hij vaak, als mensen altijd en overal naakt zouden zijn. De samenleving zou er veel verdraagzamer van worden. Afschaffing van het verbod op nudisme in het openbaar zou zelfs de wereldvrede kunnen bevorderen.

Hij ging in het gras liggen, terwijl de zon op zijn lichaam brandde. Vaak, als hij alleen was, mijmerde hij welke vrouw hij het liefst zou berijden. Meestal was dat uiteindelijk toch Wijnie, ook al was het een beetje saai om over je eigen vrouw te fantaseren. Op andere middagen stelde hij zich voor dat Els er was. Hij vond het enorm spannend om een verhouding te hebben met een vrouw die regelmatig op de televisie was te zien. Maar aan Els wilde hij nu niet denken, want die zag hij morgenavond al.

Hun ontmoetingen waren de laatste tijd spaarzamer geworden, sinds Els fractievoorzitter was geworden. Ze had tegen hem gezegd dat het zo goed ging met de PSP omdat hij haar kracht en zelfvertrouwen gaf. Daar was hij haar enorm dankbaar voor, voor die opmerking. Dat hij, met zijn lid, in zekere zin bijdroeg aan de democratisering, de socialisering en de antimilitarisering van Nederland! Van Agt, Lubbers, die walgelijke Hans van den Broek en al die anderen moesten eens weten! Els Appelhof kwam eraan! De PSP aan de macht! Door zíjn lid!

Om het spelletje voor zichzelf spannend te maken, mochten Wijnie en Els even niet meedoen. Eerst dacht hij een tijdje aan een blonde vrouw die hij een dag eerder bij het stoplicht op de Wagenweg had gezien. Een moment later dacht hij aan Renate. En meteen daarna aan Hester. Gek was dat. Hij slaagde er zelden in om langdurig aan dezelfde vrouw te denken. Dat kwam waarschijnlijk omdat hij polyamoreus was.

Van de vrouwen in de Saamhorigheidsgroep waren Wijnie en Hester verreweg het aantrekkelijkst. De andere drie stonden wat dat betreft in hun schaduw.

Hij dacht terug aan een kanotochtje op de Linge, een zomer eerder. De hele groep zat al in de boten en hield zich vast aan de kant, terwijl hij nog moest instappen. Ineens bedacht hij dat dit een unieke gelegenheid was om de borsten van de vrouwelijke leden van bovenaf en bovendien in stilstand te beoordelen. Met een autoritaire stem zei hij dat alle vrouwen hun bovenstukjes moesten uitdoen. Er werd gegiecheld maar niemand protesteerde, ook de mannen niet. Armen gingen in de lucht, T-shirtjes werden hem lachend aangereikt. Een voor een liep hij ze langs: de vertrouwde borsten van Wijnie, de spitse tietjes van Renate, de nauwelijks waarneembare welvingen van Liza, vervolgens die tamelijk uitzinnige voorgevel van Olga en ten slotte de oost-westborsten van Hester, met naar buiten gerichte tepels. Terwijl hij de bovenstukjes aannam, gaf hij de vrouwen een voor een een zoentje.

Ralf glimlachte tevreden terwijl hij terugdacht aan deze in zoveel opzichten geslaagde middag op de Linge (Wijnie had hem later, tijdens het zwemmen, ook nog heel prettig afgetrokken).

De telefoon ging. Hij liep het huis binnen. Hij pakte de hoorn op en noemde zijn naam.

Een telefoniste vroeg of hij een collect call uit Afghanistan accepteerde.

'Jazeker,' zei Ralf. 'Verbind maar door.' En hij dacht: wat een geluk dat ik thuis ben.

Er klonk wat gekraak en toen hoorde hij de stem van Lotte. 'Ralf?'

'Lotte! Wat enorm leuk dat je me belt. Hoe gáát het met je?'

'Het spijt me dat ik via collect call bel,' zei ze. 'Maar ik wist even niet –'

'Geen énkel probleem. Echt: geen enkel probleem. Vertel eens: hoe gaat het met je?' vroeg hij nog een keer. Hij was op de bank gaan zitten en draaide vrolijke rondjes met zijn voet.

'Met mij gaat het best. Maar het land is compleet in chaos. In het dorp waar ik nu ben, zijn gister de Sovjettroepen aangekomen. Er worden hier vlakbij raketten afgevuurd. Ik weet niet of je de schoten kunt horen?'

Hij meende wel iets te horen, maar dat kon ook het geplof van de slechte verbinding zijn.

'En te midden van al dat geweld houd jij dus moedig stand?'

'Ja, ik probeer...'

'Je moet een énorm moedige vrouw zijn, Lotte. Ik denk dat de meesten allang in het vliegtuig naar huis zouden zijn gestapt.'

'Ik kan nu onmogelijk weg. De mensen hier...'

'Ik heb veel bewondering voor je.'

'Dank je wel. Waar ik eigenlijk voor belde...'

'Hoelang kennen wij elkaar nu, Lotte? Vier jaar? Vijf jaar?'

'Jullie steunen ons sinds '79. Net voordat Andropov het land binnenviel en president Amin werd vermoord.'

'Nog maar zo kort eigenlijk dus. Het voelt alsof we al jaren contact hebben!'

'O, is dat zo?'

'Voor mij wel! Hee, en die Amir, hè?'

'Amin.'

'Wat las ik nu laatst voor een fascinerend gerucht? Ze wilden hem vergiftigen met een glas Coca-Cola maar door het zuur werkte het gif niet?'

'Dat klopt. Uiteindelijk hebben de Sovjets hem doodgeschoten. Ralf, waar ik voor belde... Ik wil je niet op kosten jagen met dit gesprek, dus misschien...'

'Weet je wat het malle is?'

'Wat bedoel je?'

'Ik heb geen kleren aan.' Het kwam er door zijn enthousiasme een beetje plompverloren uit.

'Sorry, ik heb je geloof ik niet goed verstaan.' Inderdaad was de lijn flink gaan kraken.

'Ik heb geen kleren aan,' zei hij nog een keer. 'Ik zit hier in de woonkamer, het is heerlijk weer bij ons, een graadje of twintig, tweeëntwintig, en ik heb helemaal niks aan. Zelfs geen onderbroek. Hoe vind je dat?'

'O. Nou. Dat kan natuurlijk.'

Hoewel ze elkaar nog nooit hadden ontmoet, ging hij ervan uit dat Lotte een extreem mooie vrouw was. Ze was in ieder geval onvoorstelbaar dapper. Dat moest wel, als je als twintiger helemaal naar de andere kant van de wereld reisde om je in te zetten voor mensen die het moeilijk hadden. En dat je dan bleef als er een oorlog uitbrak. Hij vond het allemaal enorm erotiserend.

'Vind je het niet een giller? Jij belt me op uit Afghanistan en ik zit hier naakt op de bank.'

Aan de andere kant van de lijn bleef het stil, maar het kon dat de verbinding was weggevallen.

'Ralf, nogmaals. Ik wil het niet te lang maken. Dit gesprek kost vast veel geld, dus misschien kan ik je vertellen waar ik voor bel.'

'Een en al oor, Lot!'

'Het is nog veel moeilijker geworden om het analfabetisme te bestrijden. Onderwijzers worden door de Russen weggejaagd en wij worden voortdurend tegengewerkt. Ik vroeg me af of er een mogelijkheid is dat de donatie wordt verhoogd. We zijn heel dankbaar voor de genereuze giften die we nu al twee jaar van jullie ontvangen.'

Ze vertelde heel precies en uitgebreid waar ze de extra inkomsten voor nodig had. Ralf liet haar helemaal uitpraten. Soms kon hij haar even niet goed verstaan, maar dat gaf niet. Toen ze ten slotte klaar was met haar verhaal, liet hij een stilte vallen.

'Ralf? Ben je daar nog?'

'Jazéker ben ik er nog en ik heb je uitstekend kunnen verstaan!'

'Gelukkig.'

'Wat denk je dat ik ga antwoorden?'

'Geen idee.'

'Drie keer raden!'

'Ralf, het spijt me, maar zo heel veel tijd heb ik niet meer.'

'Nou?'

'Ik weet het niet, ik hoop...'

'Het is goed, Lotte. We verhogen de donatie.'

'Echt?' vroeg ze verbluft. 'Dat is geweldig! Maar

moet dit niet eerst worden besproken in een vergadering van de Saamhorigheidsgroep?'

'Welnéé, Lotte! Welnee! Je onderschat mijn positie. Als ik zeg dat er meer geld jullie kant op moet, dan gebeurt dat ook. Hoeveel extra per maand is er nodig?'

Ze noemde een bedrag.

'Komt voor elkaar. Als jij de volgende keer naar de Western Union wandelt, ligt er een flinke som geld op je te wachten.'

Ze bedankte hem uitvoerig. 'Je kunt je niet voorstellen hoe blij ik ben met dit nieuws, Ralf.'

'Als jij blij bent, ben ik dat ook.'

'Dan ga ik nu ophangen. Het is niet helemaal veilig waar ik nu sta.'

'Moedig voorwaarts, Lotte! En als je een keer in Nederland bent, dan bel je me, hè? Drinken we hier thuis een kopje thee samen.'

'Dat is goed. Ik moet nu echt...' Er klonk een explosie.

De verbinding was verbroken.

Ralf liep de tuin in en ging weer in het gras liggen, terwijl hij voor zich zag hoe een dappere jongere vrouw zich staande hield te midden van de Afghaanse slagvelden.

17

Ze zetten hun fiets neer en liepen zwijgend onder het poortgebouw van Elswout het landgoed op. Er waren weinig andere wandelaars. Hoewel het niet koud was, regende het zacht. De bomen aan weerszijden van de oprijlaan hadden al wat blad verloren. Ze bleven even staan bij het begin van de Monsterbaan, die helemaal doorliep tot aan de Zijweg. Daar kwamen eerst twee fietsers en vervolgens een gele auto voorbij. De beuken die links en rechts van het lange gazon stonden, waren onlangs vervangen. Tussen alle nieuwe groene beuken stond één rode. Ze liepen verder, langs het huisje dat bewoond werd, en kwamen bij de witte brug die naar de grote weide leidde. Hier waren ze onbeschut voor de regen.

'Hoe weet je zeker dat het aan mij ligt?'

'Geloof me. Dat weet ik zeker.' Liza keek naar het natte gras aan haar voeten. Ze hoopte dat hij niet door zou vragen.

Tristan vroeg niet verder.

Zwijgend bereikten ze de andere kant van het weiland. Ze liepen door het hek en Liza had een kort moment het gevoel dat ze een kathedraal betraden, zo reusachtig hoog waren de beuken hier. Ze legde haar hoofd even in haar nek en keek naar het bladerdak alsof het een gewelf was en naar de gladde, takloze stammen die op pilaren leken.

'Laurens?' zei Tristan.

Ze zette zichzelf in beweging. 'Nee, niet Laurens.'

'Bronno dan?'

'Dat zou Olga nooit toestaan. Ik denk ook niet dat Bronno het zou willen doen.'

'Nee, je moet het hem natuurlijk ook niet voorstellen. Het moet een ongelukje lijken. Iets wat nooit gebeurd is.'

Ze probeerde het zich voor te stellen met Bronno. Ze voelde zich koud worden. 'Bronno niet,' zei ze stellig.

'Nee, je hebt gelijk ook eigenlijk. Ik moet er niet aan denken. Een kind van Bronno... O, jezus.'

Ze lachten allebei. Liza kon tussen de stammen de kleine vijver al zien liggen.

'Ralf zou het zo willen,' zei Tristan.

'Denk je? Dat weet ik nog niet zo zeker.'

'Natuurlijk zou Ralf het willen. Hij wil het met alle vrouwen.'

'Ja... Ja, dat is zo. Maar toch...'

'Wat?'

'Ik heb soms het idee dat Ralf me niet zo aantrekkelijk vindt.' Ondanks die ene middag in de duinen had ze dat altijd zo gevoeld.

'Kan je dat wat schelen dan?'

'Nee. Nee, natuurlijk niet,' zei ze snel. Ze pakte zijn hand. 'Maar weet je wel zeker dat je een bekende wil? We kunnen toch ook nog steeds naar zo'n bank?'

Tristan keek nadenkend voor zich uit. Ze bukten voor de lage tak van de grote eik die tot boven het water reikte. Het pad ging verder langs de oever van de vijver.

'Maar is dat anoniem dan?'

'Dat weet ik niet. Dat zouden we moeten uitzoeken.'

'Het móét anoniem zijn.' Hij keek haar fel, bijna dreigend aan. 'Ik wil niet...'

'Wat?'

'Ik wil niet dat onze zoon over zestien jaar zijn echte vader wil leren kennen.'

'Maar dat gaat hij toch helemaal niet willen? Jij bent toch zijn echte vader?'

'Ja... Ja, dat is zo.' Hij leek niet helemaal gerustgesteld. 'Maar als het niet anoniem is,' zei hij peinzend, kijkend naar het mos langs het pad, 'dan zou zo'n man in theorie later contact kunnen gaan opnemen. Dan weet onze zoon dat we hem zijn hele jeugd bedrogen hebben. Of eigenlijk dat zijn hele bestaan een leugen is.'

Ze pakte zijn hand. 'Dat gaat niet gebeuren. We laten het idee van de spermabank vallen, goed?'

Tristan zei niets. Hij liet haar voorgaan op de Zwitserse brug. Hun voetstappen op de houten planken echoden zacht.

'Ik wil iemand die van niets weet,' zei hij beslist. 'Een onbekende. Iemand die jij...' Hij maakte een boos geluid. 'Iemand die ik daarna in ieder geval nooit meer hoef te zien.'

'Ik weet misschien wel iemand.'

'Wat? Wie dan?'

Het pad werd zo smal dat ze weer even achter elkaar moesten lopen. Toen het breder werd, zei ze: 'Ik dacht aan die Bernhard.'

'Die bal?'

'Je weet toch wat hij zei tijdens zijn eerste vergadering? Dat hij er maar een paar maanden bij is. Over acht maanden gaat hij al naar Angola.'

'Ja, dat is waar.' Hij zweeg terwijl ze weer dieper het bos in liepen. 'Ik weet het niet. Ik moet erover nadenken.' Hij liep een eindje voor haar uit.

Ze kwamen bij het weiland waar een paar schapen graasden. Verderop landde een rotgans met gespreide poten in het gras.

'Je weet hoe graag ik een kind wil,' zei hij uiteindelijk. 'Ik heb er veel voor over.'

'Ik ook,' zei ze.

'Maar ik weet niet of ik de gedachte aankan dat jij en Bernhard...'

'Nee, dat vind ik ook lastig,' zei ze snel.

'Hij komt helemaal niet links over.'

'Nee hè? Hij past er niet echt bij, hè?'

Ze zwegen en ze bedacht dat ze beter niet kon aandringen.

'Hoe weet je eigenlijk zo zeker dat het een zoon wordt?' vroeg ze.

'Geen idee. En toch weet ik het.' Hij trok wat gras uit de aarde en probeerde een van de schapen te voeren. Het schaap draaide net zijn kont naar hem toe en slenterde weg. Tristan gooide het gras weer op de grond.

'We hebben natuurlijk nog niks besloten,' zei Liza, 'maar stel, hè...' Ze pauzeerde even. 'Stel dat we dit echt gaan doen. Hoe zullen we hem dan noemen?'

'Ik dacht aan "Melle".'

'Mooie naam,' zei ze alleen.

Ze begonnen weer te lopen. Ze kwamen langs een beuk en een eik die vlak naast elkaar stonden en waarvan de takken dwars door elkaar groeiden.

'Moeten we niet toch naar de spermabank?' vroeg Tristan, terwijl hij haar hand pakte.

Het was opgehouden met regenen. De zon brak enigszins door.

'Nee. Ik wil weten wie de vader is,' zei ze stellig. 'Ik wil niet dat een of andere maniak zijn genen doorgeeft aan onze zoon.'

'Dat wil ik ook niet. Maar hoe weet je zo zeker dat Bernhard geen maniak is?'

'Dat weet ik zeker. En bovendien: je ziet toch dat hij homofiel is?'

'Wat? Bernhard een homofiel?'

'Natuurlijk. Dat je dat niet ziet! Laurens ook trouwens.'

'Laurens ook?' Hij schudde zijn hoofd. 'Ongelooflijk dat ik dat nooit gezien heb. Maar goed, als je gelijk hebt wat betreft Bernhard...'

'Wat dan?'

'Dan kan ik er misschien wel vrede mee hebben.' Hij lachte opgelucht.

Ze liepen om de vervallen oranjerie heen. De ruiten van de halfronde serre waren verdwenen. Hier en daar hingen nog stukken glas. Het gebouw, dat vroeger een gymzaal van een school had gehuisvest, bood nu een treurige, spookachtige indruk.

'Denk je niet dat het erfelijk is?'

'Nee toch? Volgens mij niet, hoor.'

Ze wandelden verder naar de herten en vervolgens in de richting van de Elswoutlaan. Toen ze bij de sloot en vlak bij de weg stonden, konden ze het huisje van Wiebe en Annelies zien liggen. Er kringelde rook uit hun schoorsteen. Tristan hurkte neer bij een paar bijzondere stinsenplanten aan de waterkant. Toen hij weer opstond, gaf hij haar een kus. Hij pakte haar hand en ze wandelden naar hun fietsen. Vlak voordat ze bij het poortgebouw kwamen, draaide ze zich nog even om en keek naar Elswout, terwijl Tristan op haar wachtte. Over een paar jaar, dacht Liza, lopen we hier samen met Melle.

18

'Hoe laat is het?' vroeg Tristan.

'Iets over vier.'

Ze stonden nog bij de uitgang van Elswout, met hun fietsen aan de hand, op het punt om weg te gaan.

‘Zullen we nog even bij Wiebe en Annelies langs?’

Ze stemde in en in plaats van in de richting van Aerdenhout te fietsen, staken ze de Elswoutlaan over. Ze reden door de poort van Duinvliet en sloegen in het bos links af.

‘Maar als het waar is wat je zegt... Hoe weet je dan of hij met jou...?’

Ze kwamen bij het huis van Wiebe en Annelies.

‘Natuurlijk wil hij dat,’ zei ze lachend. ‘Ik ben toch net een jongen?’

Hij lachte ook. ‘Maar dan wel de mooiste en de vrouwelijkste jongen die ik ken!’

In de tuin stonden de fietsen van Felix en Hester. Ze zagen hen bij de voordeur.

‘Ha!’ riep Felix. Hij had een ribfluwelen wortelbroek aan. Hester droeg een gele rok tot aan haar kuiten.

‘Zijn ze niet thuis?’ vroeg Liza.

‘Ik bel nog wel een keer.’ Hij pakte de trekbel en gaf er een ruk aan. In de hal klonk geklingel.

‘Er komt wel rook uit de schoorsteen,’ zei Tristan.

Ineens hoorden ze gedempt gepraat aan de andere kant van de deur. Het klonk alsof ze ruzie hadden. ‘Waarom komen die mensen altijd onaangekondigd langs? Kunnen ze niet even bellen van tevoren?’ zei Annelies.

‘Ssttt! Straks horen ze je nog.’ Wiebe.

‘Doe gewoon niet open. Dan gaan ze vanzelf wel weg.’

‘Misschien moeten we maar gaan,’ zei Felix.

‘Ik kan toch nu niet meer niet opendoen? Ze weten toch dat we er zijn?’

‘Je doet niét open, hoor je me? Je waagt het niet!’

De deur ging open. Wiebe lachte ongemakkelijk naar ze. 'Ha!' riep hij. 'Wat gezellig dat jullie er zijn.'

'Als het niet gelegen komt,' zei Felix, 'dan komen we wel een andere keer...'

'Welnee! Het komt áltijd gelegen, dat weet je. Kom, we gaan lekker in de tuin zitten. Annelies heeft een beetje hoofdpijn, maar die is vast wel bereid om wat thee te zetten. En misschien komt ze er zo ook nog wel even bij zitten.' Hij stapte naar buiten en sloot snel de deur achter zich.

'Kijk toch eens, wat een appels!' riep Hester. Er stonden drie oude appelbomen in de tuin. In het gras lagen honderden dofgele goudrenetten.

'Ik moet ze nodig verzamelen,' zei Wiebe, 'anders gaan ze rotten. Als jullie trouwens nog wat appels willen voor thuis...'

Hester zat al gehurkt in het natte gras. Ze gooide de appels in de schoot van haar rok. Felix en Tristan begonnen ook onmiddellijk appels te verzamelen. Liza keek van een afstandje toe.

'Wat een rijkdom, mensen!' riep Hester terwijl ze om zich heen graaide. 'Wat een leven! Dat groeit hier maar gratis aan de bomen...!' Ze zwierde rond, terwijl de appels in haar omhooggehouden rok stuiterden. Haar paarse onderbroek was zichtbaar.

Felix begon te jongleren met de appels.

De deur van het huis viel in het slot. Annelies kwam met een chagrijnig gezicht aanlopen. In haar handen droeg ze een dienblad.

De uitgelatenheid van zo-even was ineens weg. Terwijl Annelies thee inschonk, gingen ze met z'n allen zitten. Felix begon een gesprek over de uitslag van de Tweede Kamerverkiezingen. Liza luisterde maar half. Ze dacht aan het gesprek met Tristan.

Al op die allereerste vergadering waar Bernhard bij was geweest, was ze op het idee gekomen om hem te kiezen. Hij was alleenstaand, hij maakte geen ingewikkelde indruk en hij was zo onverbloemd in háár geïnteresseerd – wat in de weken daarna alleen maar duidelijker was geworden – dat hij een ideale kandidaat was. En zoals ze met Tristan had besproken: hij was maar even in hun leven, daarna verdween hij weer.

Tristan maakte zich kwaad over de Centrumpartij, die een zetel in de Tweede Kamer had bemachtigd. En ondertussen dacht ze: je kunt in je leven maar één liefde hebben. Eén échte liefde.

Ze hadden elkaar leren kennen op de middelbare school. In de tweede klas raakten ze bevriend en halverwege de vierde kregen ze wat met elkaar. Sindsdien hadden ze altijd alles samen gedaan.

Annelies stond op en zei: 'Ik moet binnen nog het een en ander doen.' Even later hoorden ze haar stofzuigen.

Toch had het vroeger weleens aan haar geknaagd dat ze in haar leven maar één man had gekend. Ralf had daar een einde aan gemaakt, op nogal ontluisterende wijze.

Zo'n vier jaar geleden, in de zomer, maakten ze met de Saamhorigheidsgroep een wandeling door de Waterleidingduinen. Tijdens het lopen – ze wist zelf niet goed waarom ze het deed – had ze af en toe een beetje gekeken en gelachen naar Ralf. Het was een benauwde dag en ze hadden allemaal nauwelijks kleren aan. Ze stond toe dat hij haar een paar keer vasthield en zijn hand op haar rug liet liggen. Daarna, terwijl de rest doorwandelde, lieten ze zich steeds wat meer zakken. Tristan en de anderen draaiden zich om bij een bocht. 'Loop maar door, hoor!' riep Ralf. 'Wij halen jullie wel weer i-in!'

Toen ze uit het zicht waren, trok Ralf haar een eindje mee de duinen in. Hij knoopte zijn broek los en kroop op haar te midden van wat bosviooltjes. Hij deed denigrerend en het was al met al nogal onprettig (ze lag niet aangenaam en hij kwijlde in haar hals).

Een paar weken na de wandeling bleek ze zwanger. Heel snel daarna verloor ze de vrucht.

'Ach, die Centrumpartij...' zei Felix, 'hoe meer domme dingen die Janmaat roept, hoe sneller hij weer van het politieke toneel verdwijnt. Over een paar jaar weten we waarschijnlijk niet eens meer wie hij was.'

Liza dacht aan Bernhard, aan hoe hij altijd naar haar keek.

'Heeft Bronno nou op de CPN gestemd?'

'Hij doet er geheimzinnig over, maar ik geloof van wel.'

Over het pad langs de tuin kwamen Ralf en Wijnie aanfietsen. 'Hoelai!' riepen ze. 'Hoehoe!'

Op hetzelfde moment ging de deur open en verscheen Annelies. 'Wiebe, we gaan zo eten,' zei ze zonder naar de anderen te kijken. 'Het is al zes uur geweest.'

'Ik kom zo,' antwoordde Wiebe. Boos deed Annelies de deur weer dicht.

'Willen jullie appels?' vroeg Felix.

'Graag!' zei Ralf. Hij droeg een heel kort afgeknipte spijkerbroek, een groen hemd en een grauw geworden alpinopet. Hij wandelde met zijn fiets de tuin in en hield lachend de fietstassen open, terwijl Wijnie er appels in gooide.

Tot in de avond bleven ze met z'n allen in de tuin zitten. Honger kregen ze niet, want ze hadden appels. De zon ging mandarijnkleurig onder achter Elswout. Tristan en Liza gingen als eersten weg. Annelies had zich niet meer laten zien.

19

Bernhard was altijd gefascineerd geweest door het verschijnsel synesthesie. Het werd gezien als een afwijking, een foutje in de hersenen, waardoor iemand in staat was om geluiden te proeven, kleuren te horen en geuren te zien. Maar Bernhard had het nooit als een afwijking gezien. Het had hem geweldig geleken als hij het ook had gekund.

Toen hij de eerste keer met Liza sprak, aan het einde van die eerste vergadering van de Saamhorigheidsgroep, dacht hij even dat de gave zich ook aan hem had geopenbaard. Zijn leven lang had hij de schoonheid van vrouwen met zijn ogen geregistreerd: het was altijd hun lichaam, of liever: hun uiterlijk, geweest dat een flits van begeerte had opgeroepen. Bernhard had niet zo lang geleden in de krant gelezen dat uit onderzoeken was gebleken dat een man gemiddeld tien keer per dag met een vrouw naar bed wilde. Bij hem waren die verlangens er altijd veel minder geweest, ook in de jaren dat zijn libido biologisch gezien op zijn hoogtepunt was geweest. Maar toch, het gebeurde een enkele keer dat hij een vrouw zag en onmiddellijk niets anders wilde dan haar beminnen.

Hij wist dat geur, als het ging om aantrekkingskracht, minstens zo belangrijk was. Als er weleens een dierenfilm werd uitgezonden op televisie, keek hij altijd geamuseerd naar beesten die elkaar uitvoerig besnuffelden voordat ze tot de geslachtsdaad overgingen.

Maar er waren ook diersoorten waarvoor geluid natuurlijk wel degelijk van wezenlijk belang was. Mannetjesvogels zongen zo mooi mogelijk om vrouwtjes te imponeren. Bernhard wist niet veel van biologie maar zo ver reikte zijn kennis nog wel.

Maar bij de mens ging selectie over het algemeen toch via de ogen.

Vrouwelijk schoon dat gehóórd werd, dat moest haast wel iets uitzonderlijks zijn.

Tijdens de wandelingen door de Kennemerduinen informeerde hij eens bij Laurens of hem in de klassieken een voorbeeld bekend was van begeerte die via de oren, dus door te *luisteren*, tot stand kwam. Hij was niet bang dat Laurens zou doorhebben dat het onderwerp hem persoonlijk aanging. Hij bracht het als iets waar hij toevallig laatst over mijmerde toen hij hoorde van het verschijnsel synesthesie.

Laurens noemde onmiddellijk de sirenen. Daar had Bernhard, als gymnasiast, zelf ook wel aan kunnen denken. De halfgodinnen die reizigers op zee met hun stem verleidden, waarna hun schepen te pletter sloegen op de rotsen. Odysseus ontkwam pas aan ze door zich te laten vastbinden aan de mast van zijn schip en de oren van zijn mannen te vullen met was.

Toch was Bernhard niet helemaal tevreden met dit voorbeeld. Er ging een desastreuze, vernietigende werking van de stem van de sirenen uit. Alsof verleid worden door een stem automatisch tot je ondergang leidde.

Hij mijmerde er nog wat verder over door terwijl hij, met de handen in de zakken van zijn regenjas, over de Prins Hendrikkade wandelde. Hij was onderweg naar het stamppotrestaurant van Haje, bij wie hij drie, soms wel vier keer per week ging eten. Haje was een goede kok maar als mens kende hij een tekortkoming: hij kon niet voor zichzelf opkomen. Zijn stamppotrestaurant was tijdenlang een groot succes geweest. Iedere avond had het vol gezeten. Maar sinds een aantal jaar had het te lijden onder een onaangename vaste klant, genaamd Jacques, die alle andere bezoekers wegjoeg. Om te beginnen at deze Jacques, een rechtse journalist die ooit links was geweest, buitengewoon smerig. Hij kwijlde, hij maakte smakgeluiden, hij veranderde het tafeltje waaraan hij at binnen de kortste keren in een slagveld. Hij stonk bovendien en hij viel de andere klanten lastig. Omdat het zich allemaal in de kleine tjalk van Haje afspeelde, kon je de man onmogelijk negeren. Haje was echter te vriendelijk en te conflictvermijdend om Jacques de deur te wijzen. Met als gevolg dat de klandizie ernstig was teruggelopen.

Bernhard passeerde het Centraal Station en liep verder langs de basiliek en even later de Schreierstoren. Voor de telefooncel op de brug stond een rij van vier mensen. Toen hij de Kromme Waal afdaalde, kon hij de tjalk van Haje al zien liggen. Uit de aluminium schoorsteen stegen wolkjes op. De mast stak in het gebladerte van een boom en kwam er enkele meters hoger weer uit. Boven een andere boot krijsten en cirkelden meeuwen. Haje stond met een bezem op het dek en veegde bladeren in het water.

Bernhard begroette hem, daalde de trap af en ging de kajuit binnen. Zijn vaste tafeltje stond aan de zijkant, onder een openstaande patrijspoort. Door het raam waren de kade en nummerborden te zien. Er dwarrelden nog een paar laatste blaadjes voor het uitzicht en toen kwam ook Haje naar binnen.

Boven iedere tafel hing een bronzen olielamp. Terwijl Haje in de kombuis zijn maaltijd bereidde, dronk Bernhard rode wijn en dacht na. Er was een probleem dat hem nu al een paar weken bezighield en waarvoor hij geen oplossing had: van ieder lid van de Saamhorigheidsgroep werd verwacht dat hij of zij zo nu en dan een nieuw project aandroeg. De meeste plannen kwamen uit de koker van Bronno. Maar ook de anderen stelden geregeld projecten voor, die soms wel en soms niet werden aangenomen. Bernhard had nog nooit een initiatief genomen.

Tijdens de laatste twee vergaderingen, of eigenlijk tijdens de borrels na afloop, had hij er al enkele opmerkingen over gekregen. Bernhard was bang dat ze erachter zouden komen dat hij alleen maar lid was geworden vanwege Liza. Dat was weliswaar niet de hele waarheid, want bij wijze van bijvangst had hij er een hele groep vrienden bij gekregen. En hij genoot oprecht van de sociale omgang met de anderen. Maar één ding was zeker: hij was niet lid geworden omwille van de derde wereld.

Hoe kon hij geloofwaardig een project aandragen dat hem nauwelijks aan het hart ging? De anderen barstten weleens in tranen uit als ze vertelden over een of andere behoeftige minderheidsgroep in Latijns-Amerika of Afrika. Zo betrokken en bevlogen zou hij nooit een praatje kunnen houden. En waarover zou dat praatje in godsnaam moeten gaan? Waar in de derde wereld moest hij beginnen? Op zoveel plekken was er ellende...

Door zijn huidige functie bij BZ was hij nauwkeurig op de hoogte van de situatie in Zuidoost-Azië (de burgeroorlog in Cambodja, de nasleep van de Vietnamoorlog, de corruptie en de problemen op de Filipijnen, om nog maar te zwijgen van de terreur in Birma). Hij kon daar tijdens vergaderingen wel over vertellen maar hij kon moeilijk het initiatief nemen voor bijvoorbeeld een project in Cambodja, want dat zou leiden tot een ingewikkelde belangenverstrengeling. Zijn werk en de Saamhorigheidsgroep konden maar het best zo veel mogelijk gescheiden blijven.

Haje zette hem de stamppot van de dag voor. Bernhard at, keek door de patrijspoort naar de golfjes in de gracht en dacht aan het plan dat Ralf tijdens de laatste vergadering had voorgedragen. Ralf was erachter gekomen dat er in Papoea-Nieuw-Guinea een bevolkingsgroep leefde, de Baining, die niet aan spelen en niet aan seks deden. Volgens antropologen vormden de Baining de saaiste gemeenschap ter wereld. In de jaren twintig waren zo nu en dan antropologen naar ze toe gegaan om ze te bestuderen. Van pure verveling hadden ze het werk op een bepaald moment opgegeven. De Baining organiseerden geen feesten, ze roddelden niet, ze vertelden nooit eens een interessant verhaal. Ze waren eigenlijk alleen maar in eten geïnteresseerd.

Tijdens de vergadering had Ralf voorgesteld om een paar mensen uit de gemeenschap naar Zuid-Kennemerland te halen, om ze plezier in het leven en in het bijzonder in seks bij te brengen. Bernhard had het buitengewoon geestig gevonden hoe serieus het plan door de anderen in overweging werd genomen. Renate was onmiddellijk groot voorstander. Als psycholoog had ze betoogd hoe belangrijk 'spel' was voor de geestelijke gezondheid. Wiebe had, terwijl hij wat neushaar terugduwde, opgemerkt dat de Baining blijkbaar zo nu en dan wel degelijk aan seks deden, want anders waren ze inmiddels uitgestorven. Ralf had dit bevestigd maar erbij gezegd dat in het artikel had gestaan dat het alleen bij hoge uitzondering gebeurde en louter om zich te garanderen van nageslacht. Vervolgens hadden ze zeker een uur lang in alle ernst de voor- en nadelen van het project besproken. Na rijp beraad werd besloten om het plan te verwerpen, omdat het waarschijnlijk ingewikkeld zou worden om de Papoea's plezier in seks bij te brengen als ze daar, op basis van hun overtuigingen, geen enkele belangstelling in hadden.

Bernhard was klaar met eten. Hij at het toetje op (hopjesvla in een glazen bakje), legde twintig gulden op tafel en maakte nog een praatje met Haje voordat hij door het luik naar buiten klom.

De Montelbaanstoren tekende zich donker af tegen de roze lucht. Alleen de wijzers van de klok waren verlicht. Over de brug kwam Jacques aanlopen. Bernhard haastte zich om een ontmoeting te vermijden, liep de steiger af en was net op tijd weer op de kade.

Terwijl hij naar huis wandelde, dacht hij aan de antropologen die hadden samengeleefd met de Baining. Hijzelf voelde zich de laatste tijd ook vaak een antropoloog. Als buitenstaander was hij geïnfiltreerd in een besloten gemeenschap vol ongeschreven regels en wetten. Zo was het hem de laatste tijd steeds meer opgevallen dat het optimisme van de Saamhorigheidsgroepleden een zeker afgedwongen karakter had. Het leek wel alsof je alleen maar positieve gedachten móćht hebben. Als een enkele keer iemand iets negatiefs zei, dan werd daar onmiddellijk heel veroordelend op gereageerd.

Toch waren ze het gemakkelijkst te typeren in hun gemeenschappelijke afkeren. Ze waren (onder andere) tegen de monarchie, kernwapens, de Verenigde Staten, Shell, het leger, snelwegen, de NAVO, vliegtuigen en de strafbaarstelling van pedofilie, euthanasie en abortus.

Automobilisten, VVD-stemmers, TROS-leden, Zwitsers, *De Telegraaf*-lezers en hondenbezitters golden in hun ogen als de vertegenwoordigers van het Kwaad op aarde. Daarentegen konden minderheidsgroepen rekenen op hun onbegrensde sympathie. Als iemand bijvoorbeeld én arbeidsongeschikt én allochtoon én homofiel was, dan kon die wat hen betreft eigenlijk al niks meer fout doen. Als zo iemand ook nog eens in de derde wereld woonde, dan kwam diegene in aanmerking voor financiële steun uit Haarlem.

Stuk voor stuk waren ze begaan met mensen die waar ook ter wereld aan de rand van de maatschappij leefden. Dat was wat hen bond. De Saamhorigheidsgroep was niet iets wat ze erbij deden. Ze legden hun hele ziel en zaligheid erin.

Ze geloofden in de maakbaarheid van een betere wereld. Hoewel geen van de leden nog naar de kerk ging, hadden ze bijna allemaal een gereformeerde achtergrond. Hun calvinisme uitte zich bijvoorbeeld in de boterhammen die hij weleens te verstouwen kreeg tijdens de wandelingen: dit waren gortdroge sneetjes, met een extreem dun laagje boter en een plakje erg oude kaas erop (witbrood en bijvoorbeeld ook vanillevla vonden ze voor rechtse mensen). Bij wie hij ook thuiskwam, er stond altijd een raam open, ook al vroor het buiten. Hij geloofde niet dat ook maar een van de Saamhorigheidsgroepleden in staat zou zijn om een insect te doden. Ze droegen oude kleren en vonden het geen enkel probleem om zich een paar dagen niet te wassen. Hun levensstijl was sober en het leek zelfs alsof ze daar een zeker behagen in schepten.

Bernhard had de indruk gekregen dat ze zich meer om kinderen in Afrika dan om hun eigen kroost bekommerden. Hij vergat bijvoorbeeld af en toe dat Ralf en Wijnie kinderen hadden. Als ze het een enkele keer over hen hadden, klonk er weinig liefde in hun woorden door ('Douwe was een ongelukje'). Ze vonden hen vooral 'erg lastig'. Felix en Hester hielden duidelijk meer van hun kinderen. Maar hun levens waren zo vol, en ze waren allebei altijd zo druk, dat ook zij hun ouderlijke taak leken te verwaarlozen. Niet vanwege een tekort aan liefde maar vanwege tijdgebrek. En dan had je ook nog Olga en Bronno. Zij hadden een jongetje uit Ethiopië geadopteerd, omdat ze geen bijdrage wilden leveren aan de overbevolking. Maar ze leken hem nog altijd als een kind uit Ethiopië en niet als hun eigen zoon te zien. Alsof Takele het levende bewijs was dat ze nobele mensen waren. Bernhard moest weleens denken aan wat hij Wiegel een keer had horen zeggen, namelijk dat linkse mensen zo bezig zijn met het onrecht in de wereld, dat ze vergeten dat ze ook nog dierbaren hebben voor wie ze moeten zorgen.

Geen van de leden rookte. In kunst waren ze niet geïnteresseerd. Ze spraken bijna uitsluitend over politiek of misstanden in de samenleving, zoals de werkloosheid, het lerarenoverschot of de discriminatie van gastarbeiders. Ook de kraakbeweging had hun belangstelling. Tijdens fietstochten werden weleens leegstaande villa's aangewezen die ze met de Saamhorigheidsgroep wilden bezetten, zodat ze er een commune konden beginnen.

Niet de vrouwen maar de mannen in de Saamhorigheidsgroep breiden. Ze maakten mutsen, sjaals, truien en handschoenen, die door de hele groep en hun kroost werden gedragen. Bernhard had ook een keer een muts aangeboden gekregen (een paarse met een groen bolletje erop) maar die had hij beleefd afgeslagen.

Zijn enthousiasme over Ralf was hij een beetje kwijtgeraakt. Diens levenslust bleef aanstekelijk maar hij kon zo verschrikkelijk slijmen bij de vrouwen, dat Bernhard er haast onpasselijk van werd. Vooral als hij dit bij Liza deed, kon hij er erg slecht tegen.

Hij kwam thuis. Hij stak de haard aan en zette een opera op (*Il trovatore*). De rest van de avond zat hij in zijn stoel bij het vuur, te luisteren naar de muziek en te denken aan Liza. Zo nu en dan stond hij op om de plaat te verwisselen of om te draaien. Om elf uur ging hij naar bed.

Een paar uur later schrok hij wakker van de telefoon. Hij keek op de klok. Het was bijna twee uur 's nachts.

De telefoon bleef maar overgaan. Hij stapte uit bed en wandelde naar de woonkamer. Hij nam de hoorn op.

'Ja, met Robbie!!!!!'

'Ah, ha Robbie. Is de auto klaar?'

'Er kan er maar één winnen en dat ben ik!!!'

Bernhard trok de hoorn een paar centimeter van zijn oor af. 'Wat bedoel je precies?'

'Gepiep bij remmen is eruit!!!'

'Wat fijn. Dank je wel. Ik kan 'm dus morgen ophalen?'

'Nee!!!! Nee, morgen ophalen kan niet!!'

'Waarom dan niet?'

'Er zijn nog een paar dingetjes waarnaar ik moet kijken!!'

Bernhard had de gewaarwording, alsof hij echt synesthesie had, dat hij Robbies alcohollucht door de hoorn kon horen. Op de achtergrond blafte de herdershond.

'Maar waarom bel je me dan al op?'

'Gepiep bij remmen is eruit!!! Er kan er maar eentje winnen en dat ben ik!!!'

'Ja. Nou, heel erg bedankt, Robbie. Bel maar als de Volvo klaar is.'

'Doe ik!!!!'

Het was wel vervelend want hij reisde nu al twee weken met de trein naar Den Haag.

'Goedenavond!!!'

'Goedenavond, Robbie.'

Het duurde een uur voordat hij weer kon slapen.

20

‘Nou, dan ga ik maar.’

Ze stonden op perron 1 van station Heemstede-Aerdenhout. Onder hen reden auto’s naar Zandvoort.

‘Weet je zeker dat ik niet mee zal gaan naar Amsterdam?’

‘En dan?’

‘Ik kan in een café aan de gracht gaan zitten.’

‘Nee,’ zei ze. ‘Ik ga alleen.’

De deuren van de trein gingen open.

Ze gaf Tristan een zoen, liet zich omhelzen en stapte in. Hij zwaaide naar haar vanaf het perron, maar ze was in gedachten al in Amsterdam. Onderweg staarde ze verdoofd naar buiten. De zon scheen en de wereld leek alleen maar te bestaan uit harde basiskleuren: het groen van de weilanden, het blauw van de lucht en van de Liede en binnen het rood van het treinmeubilair. Tegenover haar zat een man het katern ‘Mens & Bedrijf’ van NRC *Handelsblad* te lezen.

Op Amsterdam Centraal stapte ze uit. Ze stak het stationsplein over en volgde het water. Ze liep door een tunneltje waar het stonk naar bier en urine. Her en der in de schemer lagen fietswrakken. Een groepje junks zat bij elkaar. De zon schitterde in haar ogen terwijl ze omhoogliep, terug de drukte in. Van links en rechts kwamen er fietsers aan. Ze wandelde door naar de Brouwersgracht en passeerde drie punkers.

Toen ze zijn huis aan de overkant van het water in het oog kreeg, stopte ze even met lopen. Daar woont hij dus, dacht ze. En daar gaat het gebeuren.

Zenuwachtig liep ze over de brug. Ze vroeg zich af hoe hij zou reageren maar ze maakte zich geen zorgen. De signalen waren maar al te duidelijk geweest.

Ze belde aan. Terwijl ze wachtte, pakte ze een kam uit haar broekzak en haalde die nog even snel door haar haar.

Een oudere vrouw deed open. Liza zei dat ze voor Bernhard kwam.

'Die is boodschappen doen. Ik zag hem een uur geleden de deur uit lopen. Hij zal zo wel weer terug zijn. Verwacht hij u?'

'Nee, dat niet. Maar we zijn goede vrienden.'

'Dan is hij vast blij om u te zien. Wilt u binnen wachten?'

'Graag,' zei ze, nog zenuwachtiger dan eerder. 'Dank u wel.'

De vrouw liet haar binnen en ging haar voor door de marmeren gang. Via een krakende wenteltrap kwamen ze een verdieping hoger. In het kleine gangetje voor de deur van zijn kamer lagen oude kranten. Onder de overvolle kapstok stonden lege flessen.

Ze deed de deur voor haar open. Liza liep naar binnen en draaide zich om naar de vrouw. 'Ik vind het verder wel, dank u.'

De vrouw sloot de deur. Liza was in haar eentje in het huis van Bernhard.

Onder haar voeten lag een blauwgeverfde houten vloer. Rechts van haar was de deur naar de slaapkamer. Het rook er muf. De gordijnen waren gesloten.

Ze liep verder, kwam langs de wc en ging de woonkamer binnen. De iepen langs de gracht groeiden bijna het huis binnen. Een tak hing tegen het raam aan. Groene en gele bladeren ontnamen een deel van het zicht.

De woonkamer was op een gezellige manier rommelig. Ze hield van dit soort huizen, waarvan de charme werd bepaald door een nog halfvol kopje thee op een porseleinen schoteltje, een opengeslagen krant op de tafel en een trui die languit op het tapijt lag. Ieder onderdeel van het appartement was erop gericht om het de bewoner, en alleen hem, zo aangenaam mogelijk te maken. Het was Liza onmiddellijk duidelijk dat hier zelden iemand anders kwam dan Bernhard.

Ze besefte bovendien dat ze, door onaangekondigd langs te gaan, de kans had gekregen om zijn woning op zijn ware aard te betrappen. Als ze eerst een afspraak zou hebben gemaakt, dan zou Bernhard hebben opgeruimd en dan zou de kamer iets van zijn waarachtigheid hebben verloren.

Aan de wand hingen schilderijen. Er stond een eikenhouten bureau en er was een open haard, waarin enkele zwartgeblakerde blokken smeulden. In de kleine boekenkast zag ze voornamelijk detectives: Rechter Tie, Maigret, Sjöwall en Wahlöö. Op de grond naast de bank lag een opengeslagen pocket: *De moorddadige motormaniak* van een zekere Paul van Mook.

Bernhard had een gigantische operacollectie. De muur tussen de keuken en de gang was in z'n geheel gevuld met platenkasten. Aan de gevel bij het middelste raam hing een spion. Ze trok een stoel bij en ging zitten wachten.

Hoe zou ze het straks aanpakken? Moest ze zich uitkleden? Ze dacht hier een tijdje over na en liep toen naar de slaapkamer. Ze knipte het licht aan. Het bed was niet opgemaakt. Ze liep ernaartoe en rook aan het deken en het kussen. Een groen-gele kimono hing aan de kledingkast.

Zonder nog langer te aarzelen kleedde ze zich uit. Eenmaal naakt, trok ze zijn kimono aan, die veel te groot voor haar was.

In de gang beneden klonken voetstappen. De trap kraakte onder het gewicht van iemand. Snel liep ze naar de woonkamer, waar ze onmiddellijk spijt kreeg. In de donkere slaapkamer had het haar nog een goed idee geleken om zich uit te kleden en zijn kimono aan te trekken. Maar in het licht van de woonkamer schaamde ze zich. Ze wachtte tot hij binnen zou komen. Liza hoorde hem de deur openen. Zou de oude vrouw hebben gezegd dat ze er was? Bernhard floot een deuntje. Hij had nog geen idee.

Hij kwam de kamer binnen met in allebei zijn handen een zware boodschappentas. Hij schrok. Vervolgens keek hij haar verbijsterd aan.

Ze vroeg zich af wat hij dacht. Maar hij zei niets, hij bleef haar maar ongelovig aankijken.

'Je mag me hebben,' zei ze.

Hij zette de tassen neer en ging naar haar toe. Hij ontknoopte de kimono en schoof hem met zijn duimen van haar schouders. Ze wachtte tot hij haar zou vastpakken maar dat deed hij niet. Met haar mond reikte ze naar de zijne. Hij bracht zijn gezicht dichterbij en ze zoenden elkaar, een beetje onhandig.

Omdat ze niet voor het raam wilde blijven staan, trok ze hem mee naar de slaapkamer. Ze deed het licht weer uit. In het donker ontspande ze een beetje. Ze ging voor hem staan en maakte de knoopjes van zijn overhemd los. Ze durfde zijn broek niet aan te raken en liet hem die zelf uittrekken.

Liza ging op het bed liggen en wachtte op hem. Toen ze hem naakt zag, begon ze te blozen van ongemakkelijkheid. Hij zoende haar en ze gleed met haar handen over zijn rug en billen en nog gebeurde er niets. Met haar tong gleed ze langs zijn rechteroorlel. Ze hijgde een beetje.

Toen ze hem vastpakte, wist ze zeker dat ze een vergissing had gemaakt. Het was vernederend.

'Kun je alsjeblieft wat zeggen?' vroeg hij.

'Iets zeggen? Wat bedoel je?' Ze was bang dat ze moest huilen.

'Maakt niet uit wat. Vertel maar wat we aan het doen zijn.'

Hij had zijn hoofd naast dat van haar in het kussen gelegd, alsof hij haar niet aan durfde te kijken.

'Het spijt me dat ik gekomen ben,' zei ze. 'Ik dacht...'

Hij tilde zijn hoofd op en keek haar liefdevol aan. 'Je hoeft je niet te verontschuldigen,' fluisterde hij. 'Het helpt me als je praat...'

Haar hand lag nog steeds tussen zijn benen en terwijl ze hem antwoordde, kreeg ze het idee dat er iets gebeurde.

'Je ligt op me,' begon ze onwennig, 'met je hoofd naast dat van mij. Ik fluister in je oor omdat je me hebt gezegd dat je dat fijn vindt.'

Veel zelfverzekerder ineens ging ze verder: 'Je zoent me nu, je trekt een beetje met je tanden aan mijn onderlip, terwijl ik ondertussen door probeer te praten. Ik aai over de haartjes op je armen, over je rug en over je billen en jij legt je handen op mijn borst. Je streelt mijn tepels en ik heb mijn mond weer bij je oor, fluister erin, terwijl je me streelt en nu mijn vingers naar je toe trekt.'

'Praat door alsjeblieft. Vertel wat we aan het doen zijn.'

'Je houdt me vast, terwijl je langzaam...'

'Praat door. Vertel wat je voelt.'

'Ik vóél je,' zei ze, bijtend in zijn oor.

In een flits dacht ze aan Ralf en aan Tristan. Hoe anders het nu was.

'Je mag alles met me doen wat je wil,' zei ze.

'Vertel wat we aan het doen zijn,' zei hij weer.

'Je glijdt steeds helemaal in me en dan trek je je langzaam weer terug. Je kust mijn nek, mijn schouders en mijn armen.'

'Ik doe alles wat je wil,' zei hij. 'Zolang je maar tegen me praat.'

Ze ging door met het beschrijven van wat ze deden, vooral wat hij deed en soms wat zij deed. Het was vreemd om te moeten nadenken over wat ze vertelde, terwijl hij haar...

Ineens was het gebeurd. Ze was bijna vergeten dat dit het doel van deze hele onderneming was geweest.

Hij lag ontspannen op haar en keek haar verliefd aan. Tijdens de afgelopen minuten hadden ze af en toe getongzoend, iets wat Tristan en zij al jaren niet meer deden. Toen Bernhard daarmee was begonnen, had ze zich gerealiseerd dat hij óók wilde dat ze praatte. Hij vroeg iets van haar wat ze niet kon waarmaken: praten en tongzoenen tegelijk. En de onmogelijkheid om aan die beide wensen tegelijk te voldoen, had haar om de een of andere reden opgewonden. Het was tergend geweest om toch te proberen om iets te zeggen, terwijl hij haar met zijn tong de mond snoerde. Waarom had die dynamiek haar zo geprikkeld? Was dat omdat hij haar had uitgedaagd? Omdat hij daarmee het uiterste van haar had gevraagd? Haar volledige toewijding en inzet? Ja, misschien was dat het wel geweest. Nooit eerder had ze zich met zoveel concentratie gegeven.

Als ze erin was geslaagd om dwars door zijn kus een paar woorden naar buiten te persen, ontstond er iets buitengewoons. Ze zag het in zijn ogen en ze voelde het gebeuren. Het was een volkomen nieuwe ervaring.

Ze rook zijn scheerzeep. In het plafond liep een barst. Hij was nog altijd in haar.

'Wat een verrassing is dit,' zei Bernhard. 'Op een zaterdagmiddag...'

Ze zei niets. Ze lachte alleen maar.

'Je stem... Je hebt zo'n goddelijke stem.'

'Dank je wel,' zei ze onzeker. 'Maar dat is mijn stem... Vind je mij ook een beetje mooi?'

'Je bent prachtig,' antwoordde hij. Maar het klonk minder overtuigend. Hij begon weer haar schouders en in het bijzonder haar sleutelbeenderen te kussen. En toen vroeg hij of ze weer wilde vertellen wat ze aan het doen waren.

'Eh, nou. We hebben net...' Maar ze had geen inspiratie meer. Ze wist niet wat ze moest zeggen.

'Of vertel anders wat je vanochtend gedaan hebt. Toen je wakker werd.'

Hij was nog steeds in haar, hoewel hij bijna naar buiten gleed. En al die tijd bleef hij haar overal strelen, alsof hij op zoek was naar iets.

'Eens even kijken... vanochtend... Ik werd wakker. Tristan lag nog te slapen. Ik liep naar de keuken op mijn blote voeten en zette koffie. Ik keek door het raam naar de tuin, naar een distelvink die op een tak vlak bij het raam zat.' Ze voelde hoe hij weer hard werd. Waarom ook niet, dacht ze. Twee keer zoveel kans. 'Moet ik verdergaan?'

Hij knikte alleen maar, wanhopig haast, alsof hij alles wilde weten over haar ochtend.

'Ik sneed een stuk brood af en ging eten, terwijl ik aan de tafel zat en nadacht.'

'Waarover?'

'Over dit. Over ons.'

'Ga door.'

Ze vertelde dat ze had geaarzeld om te komen, maar dat ze toch besloten had om het te doen. Omdat ze... Daar moest ze even over nadenken. Omdat ze naar hem had verlangd, zei ze, en dat was een leugen die inmiddels niet eens meer echt als een leugen voelde. Ze beschreef de fietstocht naar het station, de treinreis. De wandeling naar zijn huis. En toen mevrouw Verschuur opendeed, kwam hij klaar.

'Ik doe alles voor je, Liza. Alles wat je van me vraagt.'

21

De volgende dag keek hij tussen één minuut voor zeven en tien over zeven naar het kinderprogramma *Slakje en de paarse kabouters*. In het radio- en televisieoverzicht had hij die ochtend met een pen het programma omcirkeld. Vervolgens had hij er uitroeptekens bij getekend en pijlen die van boven aan de pagina naar het Teleac-programma wezen. Toen hij een paar uur later geconfronteerd werd met zijn maniakale gekras op de opengeslagen krant, besefte hij hoe erg hij eraan toe was.

De tekenfilm was gebaseerd op feministische dierenverhalen van een Tsjecho-Slowaakse schrijfster. De stem van Slakje werd in de Nederlandse bewerking ingesproken door Liza. Slakje en de paarse kabouters beleefden allerlei avonturen. Er deden geen mannelijke paarse kabouters mee, iedereen in deze droomwereld was vrouwelijk. Al werden de kabouters zo nu en dan bedreigd door een vijandige groep trollen en dat waren dan wel weer allemaal mannetjes.

Terwijl de Westerkerk zeven keer sloeg, trok Bernhard zich af. Hij besefte dat op datzelfde moment overal in het land kindertjes naar het programma keken.

Een week later herhaalde het zich. Wederom voorzag hij het televisieoverzicht in de zaterdagkrant van cirkels, uitroeptekens en pijlen. Het leek nog het meest op het werk van een driftige dreumes. En wederom keek hij op zondagavond vanaf één voor zeven naar *Slakje en de paarse kabouters* terwijl hij masturbeerde.

Maar het was niet genoeg. Twee weken lang kon hij alleen maar aan haar denken. Op de een of andere manier kon hij haar stem sinds die zaterdagmiddag veel gemakkelijker oproepen, alsof die nog ergens in zijn appartement zweefde. Maar het leek wel alsof diezelfde stem – de primaire of eigenlijk zelfs de *enige* reden waarom hij op haar was gevallen – een minder prominente plek in zijn verliefdheid begon in te nemen. Alsof hij niet meer alleen maar verliefd was op een stem, maar echt op haar, op Liza, wier stem slechts een onderdeel van haar was. Hij dacht steeds weer aan haar beminnelijke wipneusje en aan haar dunne lippen die bijna leken te verdwijnen als ze ze op elkaar perste. Wanneer ze lachte, ontstonden er drie halvemaantjes in haar wangen. En hij moest denken aan haar onzekere en kwetsbare blik, toen ze in zijn kimono in zijn kamer had gestaan.

Hij belde Felix op en vroeg naar het adres van Liza en Tristan. Hij zei dat hij Tristan wilde vragen een portret te maken.

'Van wie?'

'Van mijzelf.'

'Wat? Waarom zou je dat willen?'

'Ik heb nu eenmaal geen vrouw en kinderen van wie ik een portret kan laten maken,' zei Bernhard met een licht verwijt in zijn stem. 'En ik vind het mooi wat hij schildert,' voegde hij eraan toe. In het huis van Hester en Felix had hij door Tristan gemaakte portretten van hun kinderen zien hangen.

'Sorry, ik wilde je niet...'

'Welnee, je hebt me niet beledigd. Nou, waar wonen ze?'

Felix vertelde dat ze in een houten schuur van een douairière in Aerdenhout woonden. 'Het huisje staat in de tuin van de villa. Je moet dus niet bij het grote huis aanbellen, maar via de tuin naar achteren lopen. Waarom bel je hem niet op trouwens?'

'O, ja, dat kan ook. Heb je hun nummer?' Felix noemde uit zijn hoofd de zes cijfers op. 'En doe voor de zekerheid toch ook maar hun adres,' zei Bernhard.

De volgende middag, precies twee weken nadat ze bij hem thuis was geweest, stapte hij in de Volvo en reed naar Aerdenhout. De auto had hij na drie weken eindelijk kunnen ophalen. Maar de remmen piepten nog steeds.

Hij parkeerde zijn auto in een van de schaduwrijke en verlaten straten van Aerdenhout. De wegenkaart, die hij tegen het stuur had gehouden terwijl hij de weg had gezocht, gooide hij op de bijrijdersstoel. Hij stapte uit.

Het landhuis van de douairière was gigantisch. Het stond op een duin, waardoor hij het vanaf de weg in de verte kon zien liggen. Een grindpad leidde ernaartoe. Rond het huis lag een omvangrijk grasveld, maar daar hield de tuin niet op. Een privébos omringde dit imposante landhuis dat de naam DE RANSUIL droeg. Dat stond op een van de twee pilaren bij de weg.

Mocht het zo zijn dat Tristan thuis was, dan zou hij zijn komst verklaren zoals hij dat ook tegenover Felix had gedaan: hij zou hem vragen om een portret van hem te maken. En als alleen Liza thuis was, dan... dan zou hij zich aan haar voeten werpen.

Het stoorde hem dat zijn schoenen in het grind zoveel lawaai maakten. Hij stapte op de strook gras aan de rechterkant ervan, alsof hij een inbreker was die niet ontdekt wilde worden.

Toen hij op het gazon was aangekomen, zag hij in de verte de houten schuur staan waar Liza en Tristan moesten wonen. Hij liep ernaartoe en keek even omhoog naar het grote huis – maar hij zag niemand achter de ramen. Aan de andere kant van het grasveld was een tuinman bezig te midden van bergjes bladeren en een kruiwagen. Hij zwaaide. Hij had immers niets te verbergen. De tuinman zwaaide terug.

Een 'schuur' was toch niet het goede woord. Hun huisje deed hem eerder denken aan een Zwitsers chalet, met geverfde luiken en bloemen onder de ramen. Hij klopte op de houten deur.

Liza deed open. Ze schrok en deinsde terug. 'Je had hier niet moeten komen,' zei ze meteen.

'Is Tristan thuis?'

'Nee, die is naar zijn atelier. Je kunt beter weggaan, Bernhard. Het spijt me. Het was een vergissing.'

Hij duwde de deur een beetje open en wilde haar vastpakken. 'Ik ben je slaaf,' zei hij, 'laat me alsjeblieft naar binnen. Ik heb twee weken lang naar je verlangd.'

Ze droeg een blouse en een spijkerbroek. Ze leek een beetje bang voor hem. Hij duwde de deur verder open. 'Ga weg, Bernhard. Het was iets eenmaligs.'

Buiten zinnen ineens beukte hij met zijn schouder de deur open. De deur kwam tegen haar hoofd en ze viel naar achteren. 'Het spijt me, o, het spijt me zo!' Hij hielp haar omhoog terwijl hij genoot van haar nabijheid. 'Dit was niet mijn bedoeling, Liza. Maar ik móést je zien. Wat er twee weken geleden tussen ons gebeurde...'

Ze maakte zich van hem los maar hij was binnen. Liza ging een paar passen bij hem vandaan staan, met haar hand bij haar voorhoofd. 'Je maakt me bang,' zei ze. 'Ga alsjeblieft weg.'

'Het spijt me. Dit was echt niet de bedoeling. Ik weet niet wat me overkwam. Ik ben mezelf niet.'

Ze keek hem angstig aan en hij dacht: zal ik haar gewoon overmeesteren?

'Kun je alsjeblieft weggaan,' vroeg ze langzaam, bijna smekend.

Hij kwam wat dichter naar haar toe. Ze zette een pasje naar achteren. Waar ben ik mee bezig? dacht hij ineens. Ben ik gek aan het worden? Zonder nog naar haar te kijken draaide hij zich om en liep weg. Over het grasveld rende hij naar het grindpad. Pas in de Volvo kwam hij een beetje tot bedaren.

22

Een paar dagen later besloot hij haar een brief te schrijven. Hij verontschuldigde zich voor zijn idiote actie en vroeg haar om hem te vergeven. Toen hij vond dat hij voldoende excuses had gemaakt, veranderde de brief van toon en schreef hij alleen nog maar over zijn liefde voor haar. 'Ik kan niet zonder je,' was de laatste zin, 'ik begrijp niet hoe ik al die jaren zonder jou geleefd kan hebben.'

Toen er op de daaropvolgende zaterdag een muziekavond werd georganiseerd bij Renate thuis, nam hij de brief mee. Renate was degene met wie hij, ondanks hun vliegende start, het minst contact had in de Saamhorigheidsgroep. Hij was niet bijzonder in haar geïnteresseerd en zij leek een zekere afstand tot hem te bewaren, behalve dan als ze in de knuffelronde weer tegenover elkaar belandden. Dan streelde en omhelsde ze hem alsof hij haar favoriete minnaar was. Maar Bernhard was erachter gekomen dat hij dit niet persoonlijk moest opvatten. Als ze met een van de andere mannen knuffelde, was ze net zo ongeremd. Het kwam waarschijnlijk omdat ze een alleenstaande vrouw was, die lichamelijk contact met een man (of vrouw) in haar dagelijks leven ontbeerde. Dat was waarschijnlijk eveneens de reden waarom ze ook buiten de knuffelronde nogal aanrakerig was. Ze kon blijkbaar niet iets zeggen zonder op hetzelfde moment haar hand op het been, de schouder of de arm van haar gesprekspartner te leggen. Ze droeg altijd een tuinbroek en altijd had ze een hoofdband in haar haar, die Bernhard op de een of andere manier bijzonder irriteerde. Hij had vaak de aanvechting om het ding van haar hoofd te rukken en weg te gooien. Geen idee waar het vandaan kwam.

Ze woonde in haar eentje in een mooi jarendertighuis in het Bosch en Vaartkwartier, met glas-in-loodramen boven de voordeur. Aan de muziekavond mocht iedereen meedoen, ook de minder muzikale leden. Bernhard kreeg een triangel aangereikt. Laurens hoefde alleen maar af en toe 'appel' te zeggen, zo langzaam mogelijk. Het was de bedoeling dat hij een minuut deed over het uitspreken van dit korte woord. Bernhard begreep niet goed wat deze appel op de muziekavond te zoeken had, maar de anderen hechtten enorm veel belang aan de uitvoering. Laurens moest een paar keer oefenen voordat ze tevreden waren. Tijdens het musiceren klonk er zo nu en dan vanuit de hoek van de kamer: 'Aaaaaaaaaaaaaappellllllllllllllll.'

Een uurtje of wat maakten ze muziek in Renates woonkamer en daarna bleven ze met z'n allen tot een uur of twaalf borrelen. Wederom werd er weinig alcohol gedronken. De Saamhorigheidsgroepleden hadden genoeg aan één glas wijn of één biertje op een avond. De rest van de tijd dronken ze thee of koffie uit een VPRO-mok of een Wereld Natuur Fonds-beker.

Liza ontweek hem. Hij meende nog altijd een kleine bult op haar voorhoofd te zien. Hij schaamde zich voor wat hij had gedaan en hij was de hele avond zwijgzaam.

Toen hij even naar de wc ging, schoof hij de brief in

de binnenzak van haar jas die in de hal aan de kapstok hing. Hij kwam terug de kamer in en kon zijn ogen niet van Liza afhouden. Ze deed alsof hij er niet was.

Hij praatte lang met Felix, wiens moeder waarschijnlijk op korte termijn ging overlijden. Ze lag in het hospice van Wijnie, die vol liefde en zorgzaamheid over haar sprak. Nadat Felix had aangegeven dat hij over een luchtiger onderwerp wilde praten, vroeg hij of hij Tristan nog had gesproken over het portret. Bernhard had er helemaal niet meer aan gedacht. 'Nee, nog niet,' antwoordde hij en snel liep hij naar Tristan, die niet erg happig op zijn verzoek reageerde. Met Renate had hij weliswaar het minst contact, maar met Tristan had hij het slechtste contact. Het leek wel alsof hij wist wat er gebeurd was, zo haatdragend keek hij hem soms aan. Maar Bernhard onderging die haat begripvol. Misschien voelt hij iets aan, dacht hij, en begrijpt hij zijn eigen antipathie niet. Hij kon zich niet voorstellen dat Liza het hem verteld had.

Uiteindelijk, na wat aandringen, stemde Tristan nukkig toe. Dat was nadat Bernhard akkoord was gegaan met zijn (nogal hoge) vraagprijs. Waarschijnlijk had Tristan verwacht dat hij het te duur zou vinden.

Rond middernacht ging iedereen tegelijk weg. In de hal zag Bernhard met schrik dat Hester de jas aantrok die hij voor die van Liza had aangezien. Hij omhelsde haar bij het afscheid overdreven, terwijl hij haar veel sterkte toewenste met haar zieke schoonmoeder. Ze had niet in de gaten dat hij haar ondertussen de brief ontfutselde.

Bij het naar buiten lopen liet hij hem in Liza's fietstas glijden. Zijn Volvo stond aan de overkant van de straat. Hij wilde er al naartoe lopen, toen Wijnie ineens vroeg: 'Maar Bernhard, hoe kom jij naar huis? Ik denk niet dat er nu nog een trein gaat?'

Hij was helemaal vergeten dat hij geen auto had. Hij had zonder nadenken zijn Volvo voor het huis neergezet, zoals hij dat de laatste twee vergaderingen ook had gedaan. Maar toen was hij alleen vertrokken.

'Daar dacht ik ook al aan,' zei hij terwijl hij zijn autosleutel snel weer wegborg. 'Ik loop wel naar de taxistandplaats op het Houtplein. Ik neem tenminste aan dat daar taxi's zijn te vinden.'

'Ja, daar zijn wel taxi's. Maar je gaat toch niet een taxi helemaal naar Amsterdam nemen? Dan ben je een vermogen kwijt.'

'Bernhard neemt wel vaker taxi's,' zei Felix snel.

'Echt?' zei Olga. 'Wij gaan nooit met de taxi.'

'Ik doe het ook liever niet,' zei Wiebe. 'Ik voel me altijd ongemakkelijk. Alsof ik een Shell-directeur ben die zich laat rijden door zijn chauffeur.'

'En ga je dan voorin zitten?' vroeg Olga geïnteresseerd. 'Of zit je, zoals Wiebe zegt, als een directeur op de achterbank de krant te lezen?'

'Nee, wel voorin natuurlijk,' zei Bernhard. Hij begon dit gezeur over de taxi een beetje vermoeiend te vinden.

'Het zijn vaak heel rechtse mannen, taxichauffeurs,' wist Bronno.

Wijnie en Ralf stelden voor dat hij bij hen bleef slapen. Bernhard kreeg het idee dat hij niet anders kon. Als hij nu een taxi zou nemen naar Amsterdam, dan zouden de anderen hem daarom veroordelen. En onopgemerkt naar zijn Volvo lopen kon nu helemaal niet meer.

'Dat is ontzettend aardig, dank jullie wel.'

De hele groep zwermde uit op hun fietsen, terwijl Renate hen uitzwaaide in het licht van de deuropening. 'Hoelai!' werd er van alle kanten geroepen. Bernhard wierp nog een laatste blik op zijn Volvo en sprong toen bij Ralf achterop. Wijnie fietste een paar meter voor hen, 'I Like the Flowers' zingend en zwierend, met één hand aan het stuur.

In hun logeerkamer kon Bernhard lang niet slapen. Hij sliep altijd slecht in een vreemd bed. Hij luisterde naar de onbekende geluiden van het huis en dacht aan Liza. Toen hij even naar de wc ging, hoorde hij Ralf en Wijnie de liefde bedrijven. Nadat hij had doorgetrokken, kwam hij weer langs hun deur. Ze waren luid en ongeremd aan het lachen, alsof er geen kinderen (en een logé) waren die in hetzelfde huis lagen te slapen. Hij verdroeg hun liefdesgeluk slecht. Hij mopperde terwijl hij in de koude kamer in het logeerbed stapte. Pas laat viel hij in slaap.

De volgende ochtend zei hij dat hij het ontbijt oversloeg vanwege een afspraak in Amsterdam. In de zondagmorgenstilte wandelde hij door Haarlem naar het huis van Renate. Ze sliep nog. De gordijnen waren althans gesloten. Bernhard startte de motor en reed zo stil mogelijk de straat uit. Plotseling stak er een kat over, twee huizen van dat van Renate vandaan. Hij remde hard, waardoor er een oorverdovend gepiep klonk. Robbie vervloekend draaide hij de Wagenweg op, zette de radio aan en reed luisterend naar Hilversum 4 naar huis.

23

Ze fietsten zwijgend naast elkaar door het Garenkokerskwartier. De lantaarnpalen brandden. In een enkel huis brandde licht. Via de Pieter Kiesstraat kwamen ze uit bij de Kinderhuissingel. Ze volgden het water een poosje en reden onder het spoor door naar Haarlem-Noord.

Thuis hadden ze een briefje achtergelaten voor Wierd, voor het geval dat. Maar hij werd zelden wakker 's nachts.

Vanaf de Verspronckweg konden ze tussen de bomen het hospice zien. Ze fietsten rond het park en knepen in hun remmen toen ze bij het imposante herenhuis aankwamen. Zijn moeder lag op de bovenste verdieping.

Ze hoefden niet aan te bellen, want Wijnie deed de deur al open. Ze omhelsde eerst Felix en daarna Hester.

Ze ging hun voor naar boven. Af en toe keek hij door een openstaande deur een kamer in en zag iemand in een bed liggen met de ogen dicht. Op de tweede verdieping zat de nachtzuster bij een lamp *de Volkskrant* te lezen.

Wijnie leidde hen naar de kamer van zijn moeder. Ze lag met haar hoofd op twee kussens en keek niet op toen ze binnenkwamen.

'Ze is heel zwak,' fluisterde Wijnie. 'Vanmiddag hebben we lang gepraat, maar ze is daarna heel snel achteruitgegaan. Ze wilde niets eten.'

'Dank je,' zei Felix terwijl hij haar hand vastpakte en ondertussen naar zijn moeder keek. Hester aaide hem over zijn rug.

Hij liep naar het bed toe. Zijn moeder merkte nog steeds niet dat hij er was.

'Mama,' zei hij, terwijl hij probeerde om niet te huilen.

Op haar gezicht viel geen enkele reactie te ontdekken, maar haar arm schokte even. Hij greep haar smalle hand vast.

Wijnie schoof een stoel bij en liet hem plaatsnemen. Ze trok zich discreet terug. Hester ging schuin achter hem zitten.

Zijn moeder zag er zo kleintjes uit in bed. Zo uitermate dun – alsof ze nu echt al haar lichaamskracht was kwijtgeraakt.

'Mama,' zei hij nog een keer.

Ze opende langzaam haar mond. 'Weh...' zei ze. En nog een keer: 'Weh...'

'Wat bedoel je, mama? Wil je water?'

'Ik denk dat ze "Wijnie" zegt,' zei Hester.

Hij draaide zich om naar Wijnie, die bij de deur stond. Ze kwam dichterbij en ging aan de andere kant van het bed staan. Ze pakte de andere hand van zijn moeder vast.

'Weh,' zei ze weer.

Wijnie leek onmiddellijk te begrijpen wat ze bedoelde. Zorgzaam haalde ze een van de twee kussens weg en draaide het lichaam langzaam naar de zij, zodat ze naar haar zoon kon kijken. Blijkbaar hervond ze door deze nieuwe houding kracht, want ze opende haar ogen en begon heel zwakjes te praten: 'Daar ben je,' zei ze. Ze sloot haar ogen weer even en haar gezicht betrok van de pijn die het praten haar schijnbaar deed.

'Mama. Is het nu echt? Ga je...?'

'Ja... Het is voorbij,' antwoordde ze. 'Maar het is... goed. Het is goed zo...'

Hij streelde haar hand en besefte dat hij nog nooit had gezegd dat hij van haar hield. Zoals zij ook nooit had gezegd dat ze van hem hield. Moest hij het nu zeggen? Voor het te laat was? Op de een of andere manier had hij het idee dat het iets zou verpesten. Alsof hij dan een geheimpje verklapte dat ze samen deelden.

Nee, hij zou niets zeggen.

'Wijhie... en ik... hebben goed gepraat... vanmiddag. Ze zal het je... wel zeggen.'

'Dat is goed, mama. Ik hoor het wel van Wijnie.'

'En...' Ze sloot haar ogen weer even met datzelfde van pijn vertrokken gezicht. 'Hester...'

'Hester is hier.'

Zijn vrouw boog zich naar het bed toe en legde ook haar hand op die van haar.

Zijn moeder probeerde te glimlachen, maar ze was er niet meer toe in staat. Ze zei niets meer.

Zo bleef hij zitten, naast het bed, kijkend naar zijn moeder die zo belangrijk was geweest toen hij een kind was. Wier goedheid en optimisme altijd een voorbeeld voor hem waren geweest.

Na het overlijden van zijn vader waren ze nog dichter naar elkaar toe gegroeid.

Ze bewoog niet meer maar hij hoopte dat deze tussenfase nog lang zou duren. Hij zou nog dagen zo kunnen blijven zitten en naar haar kijken, terwijl hij haar hand vasthield. Zo nu en dan perste hij zijn tranen terug. Geen sentimentaliteit, prentte hij zichzelf in. Een waardig afscheid. En al die tijd aaide Hester over zijn rug en stond Wijnie bij de deur te wachten.

Zijn vrouw moest terug naar de kinderen. Ze vroeg of ze nog... Maar hij schudde zijn hoofd, zijn moeder lag er zo vredig bij nu. Samen liepen ze naar de gang.

'Weet je zeker dat ik zal gaan?'

'Ja. Ja, ga maar.'

'En de kinderen?'

'Ik bel je als jullie gaan ontbijten.'

Ze keken elkaar een tijdje in de ogen en hij wist dat ze nu van alles tegen hem wilde zeggen, over dat de dood niet het einde was, dat alleen haar lichaam weg zou gaan. Ze wilde hem misschien zelfs vertellen in welk dier zijn moeder volgens haar zou reïncarneren. Maar ze zei niets van dat alles en dat waardeerde hij.

Ze omhelsden elkaar nog eens en toen liep ze de gang uit en de trap af. Hij bleef bij de leuning staan en keek naar beneden, naar hoe zijn vrouw afdaalde om naar hun kinderen te gaan. Vanaf nu word je belangrijker dan ooit, dacht hij, belangrijker dan je ooit geweest bent. Ze zwaaide nog eens naar hem en hij zwaaide terug; en het was gek maar hij voelde zich ineens gelukkig terwijl ze naar elkaar keken. Alsof hij, door al het verdriet, plotseling ook beter zijn eigen geluk onder ogen kon zien. Hij wilde haar narennen om haar nog iets te zeggen, of misschien om alleen nog even haar hand te pakken, maar hij aarzelde en toen hoorde hij beneden de voordeur dichtvallen.

Hij liep weer naar de kamer van zijn moeder. Wijnie had zijn plek tijdelijk ingenomen. Met een lieve blik stond ze haar stoel aan hem af. Hij ging zitten en sprong vervolgens weer op. Hij nam Wijnie in zijn armen en legde zijn hoofd op haar schouder. 'Dank je wel,' zei hij, 'dank je wel voor alles.' Hij zoende haar een paar keer op haar wang en toen liet hij haar los.

Ze had ontzettend veel voor zijn moeder gedaan en betekend. Hij zou dat nooit vergeten.

Wijnie zei dat ze even naar beneden ging maar dat ze snel weer terug zou zijn. Felix nam zijn plaats weer in naast het bed. Hij keek naar zijn moeder, hij aaide haar hand en hij dacht aan al die dingen die er gebeurd waren in haar leven en in zijn leven. Het waren stuk voor stuk mooie, dierbare herinneringen. En hij probeerde hetzelfde te voelen als zij: dat het goed was zo. De verdrietigste nacht in zijn leven was misschien ook wel zijn mooiste. Hij had zich nog nooit zo bezield gevoeld als op dat moment op de bovenste verdieping van het herenhuis aan de Schotersingel. Alsof hij alles ineens beter begreep. Dat het leven alleen maar draaide om liefde.

Langzaam werd het licht buiten. Hij keek op zijn horloge en besefte dat hij normaal gesproken op dit uur aan zijn proefschrift werkte. Hij luisterde naar het opkomende autoverkeer op de Verspronckweg. Zo nu en dan hoorde hij een trein. Beneden uit het gebouw klonken steeds meer geluiden. Maar zijn moeder zou deze nieuwe dag niet meer meemaken.

24

Bernhard voelde zich een slechte vriend. De hele oktobermaand was hij zo bezig met zijn eigen ongeluk, dat er in zijn gevoelsleven geen ruimte over was om er voor Felix te zijn. Tijdens en vooral na het schermen op woensdagavond, als ze met z'n tweeën bij het vuur zaten, sprak hij de gebruikelijke woorden maar hij voelde aan dat ze niet wezenlijk contact maakten.

En hij begreep, zonder dat het benoemd werd, dat Felix dat ook zo ervoer.

De uitvaart was in Driehuis geweest, op begraafplaats Westerveld. Na afloop had iedereen zich verzameld in paviljoen De Uitkijk op het Kopje van Bloemendaal. Toen hij Liza naar de wc had zien gaan, was hij snel achter haar aan gelopen. Tussen de jassen had hij haar vastgepakt.

'Liza, alsjeblieft.'

'Laat me los,' zei ze.

'Heb je mijn brief gevonden?'

Ze keek hem even aan, eindelijk, en zei dat ze 'm had gelezen. Er kwam iets zachts in haar blik. 'Ik vergeef je. Maar we moeten het vergeten.'

'Dat kan ik niet.'

'Het moet echt. Tristan...'

Ze keek even de zaal van het restaurant in, waar de andere Saamhorigheidsgroepleden stonden. Hij volgde haar blik maar niemand had in de gaten dat ze met elkaar praatten.

'Het was zo bijzonder, die middag dat je bij me was. Ik heb nog nooit...'

'Ik ook niet,' zei ze snel.

Voordat hij kon reageren, had ze zich losgemaakt. Ze verdween in de wc. De deur ging op slot.

Bernhard bleef nog even beduusd bij de jassen staan, starend naar de gesloten deur. In de weken daarvoor was hij zo nu en dan tot het inzicht gekomen dat hij haar misschien inderdaad moest vergeten, om zichzelf te beschermen. Hij had al overwogen om in Den Haag te vragen of hij niet eerder naar Angola kon. Maar die laatste woorden – 'ik ook niet' – gaven hem nieuwe hoop.

De condoleancebijeenkomst was een enigszins ongemakkelijk gebeuren. De andere leden schenen nauwelijks stil te staan bij het verdriet van Felix en konden het alleen maar over de sandinisten in Nicaragua hebben. Op een gegeven moment was Felix erbij komen staan. Uit ongemakkelijkheid of misschien omdat ze de strijd in Nicaragua echt interessanter vonden, zei niemand iets over de dood van zijn moeder. Ralf legde alleen even zijn hand op zijn schouder. Felix voelde zich zelfs genoodzaakt om ook een bijdrage te leveren aan de discussie. Bernhard kon dit allemaal maar moeilijk begrijpen. Maar hij was nog te zeer in beslag genomen door zijn gesprek met Liza om er iets aan te doen.

Een week later maakten ze met z'n allen een lange strandwandeling. Liza negeerde hem als vanouds en gaf hem het gevoel dat hij niets voor haar betekende. Bernhard verloor zijn optimisme weer.

Terwijl hij onderweg was naar de eerste vergadering sinds de begrafenis, besefte hij ineens dat hij Liza misschien wel nooit meer alleen voor zichzelf zou hebben. Altijd zouden de andere leden van de Saamhorigheidsgroep erbij zijn. Hij nam zich voor om haar nog één keer op te zoeken in haar huisje in Aerdenhout. En als ze hem dan weer zou afwijzen, zou hij – en nu echt – vervroegde aanstelling in Angola aanvragen. Of naar waar dan ook. Weg uit Nederland in elk geval.

Hij kwam aan in Haarlem en reed de stad door tot hij aan de westkant kwam. De vergadering was dit keer bij Wiebe thuis. Die had hem tot in details uitgelegd hoe hij zijn huis kon vinden.

Bernhard reed een spoor over en kruiste een drukke autoweg. Aan de andere kant waren weilanden te zien en de rand van een bos. Hij reed langs een voetbalveld, ging een heuvel over en parkeerde zijn auto bij landgoed Elswout. Vervolgens wandelde hij over een zandpad naar het huis van Wiebe. Ondanks diens instructies was dat nog niet zo makkelijk te vinden. Pas toen hij op het raam van een oude tuinderswoning een affiche van de PPR ontdekte, wist hij dat hij goed zat. Het raam keek uit op een weiland waar koeien stonden of lagen te slapen. Het effect van deze postercampagne was waarschijnlijk beperkt.

De knuffelronde was al achter de rug toen hij binnenkwam. Geërgerd vroeg Bernhard waarom ze niet op hem hadden gewacht (hij had gehoopt dat hij eindelijk een keer met Liza zou kunnen knuffelen). Ralf antwoordde dat Laurens ziek was en dat ze hadden gebruikgemaakt van het even aantal. Hij vertelde ook dat hijzelf heerlijk met Hester had geknuffeld.

Er waren dit keer geen ontspanningsoefeningen. De hele groep zat aan een lange houten tafel in de keuken. Bronno had plaatsgenomen aan het hoofd. De vriendin van Wiebe serveerde koffie en zat de rest van de tijd in de kamer ernaast.

Bernhard ging schuin tegenover Liza zitten. Hij keek smachtend naar haar. Ze deed alsof ze het niet doorhad. Toen Tristan hem een vuile blik toewierp, wendde hij zijn blik af.

Hij had nog altijd geen project ingebracht. Om geen wantrouwen te wekken bij de anderen, kon hij daar beter niet te lang meer mee wachten. Maar hij had nog altijd geen idee.

Bronno nam het woord. 'We moeten het hebben over het volgende,' begon hij. 'Zoals we allemaal weten is Felix' moeder kortgeleden overleden.'

Iedereen keek naar Felix.

'Hoewel dat in eerste instantie een persoonlijke aangelegenheid lijkt, en niet iets om hier in de Saamhorigheidsgroep te bespreken, heb ik toch, na overleg met Wijnie, besloten om het onderwerp te agenderen. Wijnie, ik geef nu het woord aan jou.'

Wijnie begon zenuwachtig op haar stoel te wiebelen. 'Moeten we het daar echt over hebben hier? Felix en ik hebben er al even met z'n tweeën over gesproken. Dit lijkt me eerlijk gezegd niet een onderwerp om met z'n allen...'

'Dat lijkt me juist wel,' zei Bronno. 'Door wat...' Hij leek te aarzelen over wat hij ging zeggen. 'Door wat mevrouw Hennis tegen jou heeft gezegd, is het een zaak van algemeen belang geworden.'

Bronno droeg weer zijn geruite overhemd met de opzetstukken op de ellebogen. Hij had zijn handen plat op de tafel gelegd, naast zijn papieren, en liet ze daar al die tijd liggen.

'Maar het is niet zo dat ik er voor was om het te agenderen. We hebben er wel over gesproken inderdaad, maar toen zei ik volgens mij...'

'Toen hebben we samen besloten dat we het op de agenda zouden zetten,' zei Bronno.

'Ja, zo had ik dat ook begrepen,' zei Olga. 'Dat jij en Bronno het daarover eens waren.'

Wijnie kreeg een blos op haar wangen. Ze pakte onrustig een van haar rode krulharen en legde die achter haar oor. Bernhard vroeg zich af waar dit allemaal over ging.

'Voor Wijnie is de situatie ook niet makkelijk,' zei Ralf. Hij had een paarse broek en een geel vest aan.

'Ze heeft ons anders wel een flinke rekening gestuurd,' reageerde Hester ineens fel. 'Met Wijnie hoeven we volgens mij nu even geen medelijden te hebben.'

'Het spijt me, Hester, maar zo zijn nu eenmaal de tarieven van het hospice. Die zijn nooit een geheim geweest.'

'Wij hebben die tarieven anders nooit mogen vernemen, toch, Felix?'

'Nee... Nee, daar hebben we het nooit over gehad. Maar ik wil daar nu geen ruzie over maken. Als dit nou eenmaal de tarieven zijn... Mijn moeder heeft heel goede laatste dagen gehad in het hospice. Ik ben je daar erg dankbaar voor, Wijnie.' Hij glimlachte even naar haar.

'Nog even hoor,' zei Hester. 'Maar je had er toch wel een briefje bij kunnen doen?'

'Ik wilde het juist zakelijk houden,' antwoordde Wijnie nog steeds ongemakkelijk. 'Onze goede band staat hier wat mij betreft los van.'

'Ik ga even naar het toilet.' Hester stond op en liep de kamer uit.

'Wil iemand nog koffie?' De vriendin van Wiebe stond ineens in de keuken.

'Ja, graag!' Bernhard hield zijn kopje omhoog. 'Sorry, wij kennen elkaar nog niet,' zei hij nadat ze had ingeschonken. Hij schudde haar vrije hand. 'Bernhard Wekman.'

'Annelies.'

Ze leek hem sympathiek. Bernhard had echter niet de indruk dat ze goed overweg kon met de anderen. Terwijl ze hier en daar nog wat koffie bijschonk, kreeg ze een gesloten, afstandelijke blik in haar ogen.

Hester kwam terug van de wc. Annelies begaf zich weer naar de andere kamer.

'Misschien moeten we de rest even inlichten,' zei Felix tegen Bronno. 'Dit klinkt allemaal als abracadabra voor ze, denk ik.'

'Dus je vindt het goed dat we het erover hebben?'

Felix knikte alleen. In de eerste week na het overlijden had hij nog een betrekkelijk montere indruk gemaakt. Maar het leek wel alsof hij steeds somberder werd, hoe langer zijn moeder dood was. Bernhard voelde zich opnieuw tekortschieten. Hij zat hier aan tafel met mensen die hij nog maar een paar maanden kende. En daartussen zat Felix. Zijn vriend die hij verwaarloosde.

'Mevrouw Hennis heeft aangegeven bij Wijnie dat ze graag postuum een schenking wilde doen aan de Saamhorigheidsgroep.' Bronno hield nog steeds zijn handen plat op de tafel. 'Dat is uiteraard heel verheugend nieuws. Of ik bedoel: verheugend nieuws dat zij aan zij gaat met... met het droevige bericht dat...'

'Het geeft niet, Bronno,' zei Felix. 'Ik weet dat je het niet zo bedoelt.'

'Ik wilde maar zeggen...'

'Het is goed.'

'Om hoeveel gaat het?' vroeg Tristan bot. Zijn staart hing over de stoelleuning.

Bernhard moest de laatste tijd weer af en toe denken aan wat ze zeiden in het leger: 'Een man met een staart is zijn ballen niet waard.'

'Dat is een beetje onduidelijk,' antwoordde Bronno. 'Dat heeft ze niet met zoveel woorden gezegd.'

'Is het dan niet het eerlijkst,' stelde Ralf voor, 'om

gewoon tien procent van de erfenis te doen? Hoeveel is het, Felix?'

'Dat weet ik niet precies. Dat moet ik nog horen van de notaris. Die maakt uiteraard ook kosten. En we hebben nog de rekening van Wijnie liggen...'

'Natuurlijk, natuurlijk, dat snap ik allemaal,' zei Bronno. 'Maar kun je ruwweg zeggen op hoeveel het zal neerkomen?'

'Ik denk zo'n zes ton,' antwoordde Felix.

Er werd geïmponeerd gezwegen. In de stilte hoorde Bernhard Annelies een bladzijde omslaan van een tijdschrift. De deur naar de andere kamer stond open.

'Maar zoals jullie weten willen Hester en ik graag groter gaan wonen. De kinderen liggen nu nog met elkaar op een kamer. En ik zou zo graag mijn proefschrift afmaken in een echte studeerruimte. Ik bedoel: ik zit nu te werken op de wc...'

'Ach ja, hoe gaat het met je promotiepoging?' vroeg Ralf. 'Ík moest wel. Van mij werd het min of meer verwacht. Van jou ook, denk ik, Wiebe?'

'Ja, maar goed, ik werk op de universiteit...'

'Ik ben al een heel eind,' zei Felix alleen.

'Misschien vinden jullie het gek dat ik het zeg, hoor,' begon Olga. Ze hing een beetje naar voren en had haar enorme borsten op de tafel gelegd. 'Maar vinden jullie niet dat er überhaupt tien procent van een erfenis naar de Saamhorigheidsgroep zou moeten gaan?'

'Ja, op zich...'

'Ja, daar heb je eigenlijk wel gelijk in, ja.'

'Ja, nu je het zegt...'

'Maar het gaat toch om tien procent van ons inkomen?' zei Bernhard, die het niet langer kon aanhoren. 'Een erfenis hoort niet bij je inkomen.'

'Nou, daar kan ik wel iets tegen inbrengen.' Bronno graaide in zijn papieren. 'In de statuten – overigens door menigeen hier aan tafel geapprouveerd bij de stichting – wordt gewag gemaakt van "inkomsten", niet "inkomen".'

'Geapprouveerd?' vroeg Renate. Ze zat naast Bronno en legde haar vinger even op zijn arm.

'Of nu ja, ik bedoel: goedgekeurd.'

'Dus dan valt een erfenis daar wel onder,' zei Olga. 'Als je een erfenis krijgt, dan hoort dat bij je inkomsten. Je moet er ook belasting over betalen.'

Hier en daar werd instemmend geknikt. Felix zei niets. Bernhard kon haast niet geloven waar dit heen ging. 'Maar dit menen jullie toch niet?' riep hij uit. Niemand van de anderen keek hem aan.

Liza nam het woord. 'Jouw ouders zijn toch niet zo lang geleden ook overleden, Bronno? Heb je toen ook tien procent afgestaan?'

'Nee, omdat ik me dat niet gerealiseerd had. Dat zal ik alsnog doen.'

'Maar goed, dat was heel weinig. Jouw vader was fietsenmaker,' zei Olga.

'Dat is toch niet van belang? Het gaat om het principe.'

'En als iemand,' vroeg Bernhard, 'ik zeg maar wat, de loterij wint. Moet die daar dan ook tien procent van betalen?'

'De loterij? Dat doen wij toch niet?' zei Renate.

'Hoe kom jij nu ineens bij de loterij?' vroeg Ralf. 'Ken jij mensen die loten kopen?'

'Nee, nee, natuurlijk niet. Sorry.' Een lot kopen

mocht blijkbaar ook al niet van de Saamhorigheidsgroep.

Bronno stelde voor om erover te stemmen.

'Mogen wij dan wel meestemmen?' Hesters stem trilde van emotie.

'Natuurlijk!'

'Uiteraard!'

'Ja, natúúrlijk. Dat zou wat zijn, zeg, als jullie niet mochten meestemmen over zoiets.'

'Alle leden hebben stemrecht,' zei Bronno ten slotte.

Ralf schraapte zijn keel. 'Mag ik misschien, voorafgaand aan de stemming, nog even het woord, meneer de voorzitter.'

'Ga je gang.'

'Ik wilde eigenlijk alleen even aanstippen dat onze kosten steeds verder omhooggaan, zoals Wiebe zal kunnen beamen. Als ik nu bijvoorbeeld even denk aan ons analfabetismeproject in Afghanistan... Daar gaat steeds meer geld naartoe. Ook het naaiatelier in Joegoslavië heeft ons laten weten dat ze een grotere gift nodig hebben. Ik vind het een ontzettend vervelende situatie voor jullie, Felix en Hester, en het is helemaal niet mijn bedoeling om hier heel principieel over te doen. Maar ik denk wel dat we simpelweg een financiële injectie nodig hebben. En als nu door deze erfenis...' Hij schraapte weer zijn keel. 'Ik bedoel: de sterkste schouders moeten de zwaarste lasten dragen, dat vinden jullie toch ook...' Hij pauzeerde. 'En ik wil er helemaal niet moeilijk over doen, maar aangezien Wijnie en ik het meest verdienen, gaat er van ons huishouden ook het hoogste maandelijkse bedrag naar de Saamhorigheidsgroep. Ik vind dat iedereen evenveel heeft te zeggen, dus je hoort mij niet over de bijdrage van Tristan en Liza. Maar ik vind wél dat als er zich een gelegenheid voordoet waardoor een van de andere leden nu eens ook een substantieel bedrag kan bijdragen... Dan zou ik daar niet tegen zijn. Dat is het enige wat ik wilde zeggen.'

'Dank je wel voor deze ware woorden, Ralf,' zei Bronno. 'Ik denk dat je hebt verwoord wat meer mensen hier aan tafel denken.'

'Iemand nog koffie?'

'Nu even niet, Annelies,' zei Bronno geërgerd.

'Misschien straks,' suggereerde Wiebe.

'Ah, daar hebben we de dochter van de groenteboer!' riep Ralf, die zich naar haar omdraaide en wiens toon ineens heel anders werd.

'Ik ben er anders al de hele avond, hoor.'

'Dat weet ik wel, schat.' Bernhard vond het ranzig hoe hij naar de vriendin van Wiebe keek. 'Wat zie je er trouwens weer pico bello uit vandaag. Om door een ringetje te halen!'

'Zo klein ben ik niet,' antwoordde ze. Snel liep ze terug naar de andere kamer.

'Ik ga morgen weer even bij hem langs voor wat spruitjes!' riep Ralf haar na. 'Zal ik zeggen dat hij zo'n prachtige dochter heeft!'

Uit de andere kamer kwam geen reactie meer.

Ralf draaide zich weer om naar de tafel, terwijl hij in zichzelf lachte.

'Renate, zou jij misschien dit velletje kringlooppapier in stukjes willen scheuren,' vroeg Bronno. 'Ik stel voor,' zei hij tegen de rest, 'dat we anoniem stemmen. Iedereen schrijft op een velletje papier of hij vóór of tégen de wens van mevrouw Hennis zaliger is om tien procent van de erfenis te schenken aan de Saamhorigheidsgroep. Is iedereen het daarmee eens?'

'Ik wil alleen nog maar even zeggen dat dit me heel veel pijn doet,' zei Hester.

Felix zei niets. Hij keek naar de tafel.

Bernhard deed nog een laatste poging. 'Als het waar is wat Ralf zegt, dat de uitgaven stijgen, dan zouden we toch ook minder projecten kunnen steunen?'

'Wat?!'

'Mínder projecten?'

'Dit meen je toch niet, hoop ik, Bernhard?'

'Dus als ik het goed begrijp, wordt de derde wereld wat jou betreft het kind van de rekening?'

Nadat zo'n beetje iedereen behalve Felix, Hester en Liza hun verontwaardiging hadden geuit, gaf Bernhard het op.

Er werd gestemd. Vier mensen waren tegen, zes mensen waren voor.

Tijdens het restant van de vergadering heerste er een bedrukte sfeer. Hester en Felix gingen meteen na afloop weg, waarna er wat meer ademruimte in de keuken leek te komen. De overigen bleven nog een tijdje met elkaar praten. Bernhard ging naast Liza staan, die met Renate en Olga over de vrouwenbeweging sprak. Hij zag dat ze ongemakkelijk werd maar ze kon hem moeilijk wegsturen.

Rond een uur of tien wandelde Bernhard in zijn eentje door het bos. De achterlichten van de fietsen van de anderen verdwenen langzaam tussen de bomen.

Ik ga nog één keer naar haar toe, dacht hij. En als het me niet lukt, dan vergeet ik... Nee, maar het zal me lukken. Al is het nog maar één keer.

25

'Ik haat ze,' zei Annelies. Ze lag op haar rug op het hotelbed. Een meeuw zweefde krijsend voor het raam langs. De branding van de zee klonk onophoudelijk.

'Wat zijn het voor mensen dan?' vroeg Bryan ongeïnteresseerd.

'Verschrikkelijke mensen. Ze doen alsof ze het beste voorhebben met de wereld, maar ondertussen zijn het allemaal egoïsten. Wat er gisteravond gebeurde...'

'Wat gebeurde er gisteravond?'

Ze vertelde wat ze de avond ervoor had afgeluisterd over de erfenis. Bryan vond het allemaal erg vermakelijk.

'Het is niet om te lachen, hoor,' zei ze. 'Ik vind het zielig voor die man. De enige die tenminste aardig tegen me doet. Hoe al die vrouwen op me neerkijken, omdat ik niet werk! En dan Ralf, die viezerd. Die heeft nu al twee keer kwijlend tegen me gezegd dat hij zo graag eens "in mijn potje wil roeren". Gister, waar iedereen bij was, begon hij ook weer te slijmen.'

'Dat snap ik op zichzelf wel. Ik roer ook graag in je potje.'

'Jij mag dat,' zei ze. 'Mag ik straks nog even autorijden?'

'Ja, hoor. Waarom neem je geen rijlessen? Na die lessen van mij haal je zo je examen.'

'Wil Wiebe niet betalen.'

'O, dat is niet zo aardig van Wiebe.'

'Dat kun je wel zeggen dat dat niet zo aardig is van Wiebe. En weet je waarom niet? Omdat ik een vrouw ben. Hij zegt wel dat het is vanwege het geld en het milieu maar volgens mij wil hij me gewoon klein houden.'

'Maak je niet zo druk, schatje...' Hij opende een pakje sigaretten, haalde er een uit en stak die aan met een lucifer. Hij wapperde de vlam uit.

'Sinds wanneer rook jij Roxy?'

'Kreeg ik van iemand. Maakt het wat uit? Johan Cruijff rookt ook Roxy.'

'Ik houd niet van voetbal.'

'Zit niet zo te sippen, schatje. Wat kunnen jou die mensen nou schelen?'

'*Die mensen* komen anders wekelijks bij mij over de vloer.'

'Weet je wat? Ik betaal die rijlessen wel.'

'Echt?'

'Ja.'

Ze zoende hem op zijn wang. Bryan glimlachte terwijl hij de rook de andere kant op blies.

Annelies vond het weleens gek om te merken dat het bedrog haar zo makkelijk afging. Ongeveer eens in de twee weken haalde Bryan haar thuis op en dan reden ze samen naar Zandvoort. Ze lunchten in zijn strandtent, ze speelden in het casino of hij leerde haar autorijden op de parkeerplaats bij het circuit. Daarna gingen ze altijd naar dezelfde luxe hotelkamer met uitzicht op zee. Het leven met Bryan was simpelweg te geweldig om zich over Wiebe druk te maken.

26

Liza stelde voor om weer naar Elswout te gaan, alsof dat de enige plek was waar ze erover konden praten.

Het was nog vroeg op zondagochtend. Ze pakten hun fietsen en reden naar het landgoed. Bij de ingang was verder niemand te bekennen. De bomen hadden een groot deel van hun blad al verloren.

'Hoe was het?' vroeg hij na een aantal minuten lopen.

'Wat bedoel je?'

Hij keek strak naar de grond. 'Die middag dat je bij hem was.'

Wekenlang waren ze het onderwerp uit de weg gegaan. Toen Tristan haar die middag had opgehaald van het station, hadden ze elkaar alleen maar zwijgend in de armen genomen. Hij had niets gevraagd en ze was hem daar dankbaar voor geweest. Maar ze begreep wel dat ze het niet onbesproken konden laten.

'Wil je dat echt weten?'

Hij schopte wat bladeren weg. 'Ja.'

'Waarom zou je jezelf kwellen?'

'Ik wil alles weten,' zei hij zonder haar aan te kijken. 'Hoe vaak?'

'Maar één keer. Het ging heel snel voorbij.'

'En was het... was het...?'

'Fijn?'

'Ja?'

'Nee. Het was heel onpersoonlijk. Heel anders dan met jou.' Ze wilde nog meer zeggen maar hij onderbrak haar al.

'Hoe dan?'

Ze pakte zijn arm vast en schurkte tegen hem aan. 'Nou, kijk, als wij... Jij bent heel lief, snap je. Heel zacht.'

'En hij?'

'Hij was vooral met zichzelf bezig,' loog ze. 'Het was zo voorbij,' zei ze nog een keer.

Hij leek wat te kalmeren. 'Hebben jullie gezoend?'

'Ja. Ja, dat moest wel,' antwoordde ze. 'Maar ook dat... Er was geen enkele liefde bij.'

'Dus hij was slechter in bed dan ik?' Alsof dat de conclusie was van wat ze had gezegd.

'Ja, natuurlijk! Het zou met een andere man toch nooit zo kunnen zijn als met jou?'

'Dat weet je toch niet? Misschien kwam je er wel achter dat het veel fijner was met Bernhard.'

'Stop even.' Ze keek hem in de ogen. 'Het was niet fijner dan met jou. We hadden dit samen besloten, toch? Voor Melle.'

'En je denkt nog steeds dat hij, eh?'

'Dat denk ik wel, ja.'

'Maar hoe wéét je dat zo zeker? Hij wilde toch?'

'Als vrouw weet je dat. Ik zag het aan hoe hij naar me keek.' Ze dacht terug aan hoe hij echt naar haar had gekeken, en voelde zich warm worden.

Ze begonnen weer te lopen.

Liza had zich, gek genoeg, nauwelijks verdrietig gevoeld na haar ontdekking dat ze niet over tijd was. Toen Bernhard bij haar thuis was geweest, als een wanhopige, had ze de rest van de middag – weliswaar met een bult op haar hoofd – gelukzalig op haar bed gelegen, alleen maar denkend aan hem, aan hoe hij haar aanbad.

Bernhards hartstocht was volslagen nieuw voor haar. Ze merkte dat ze het bijna iets komisch vond hebben en dat ze zich niet aan de gedachte kon onttrekken dat hij toneelspeelde. Ze kon zich haast niet voorstellen dat iemand echt in staat was om zichzelf zo te verliezen. Het was totaal anders dan hoe zij liefde tot dusver ervaren had. Tristan en zij waren begonnen als vrienden. Zonder dat ze het in de gaten had gehad, waren ze sluipenderwijs verliefd op elkaar geworden. Maar dat vriendschappelijke aspect was ondertussen altijd gebleven.

Tot een aantal weken geleden had ze gedacht dat vriendschap en liefde in wezen weinig van elkaar verschilden. Tot Bernhard.

'Wat wil jij?'

'Ik laat het aan jou. Jij beslist,' zei ze.

Ze kwamen bij het Bos op Zolder. De mosheuvel, in de zomer kikkergroen, was bedekt met bruine bladeren.

Van tevoren had ze, in al haar naïviteit, niet eens rekening gehouden met dit scenario. Tristan waarschijnlijk ook niet. Toen Bernhard haar thuis had opgezocht, had ze nog in de veronderstelling geleefd dat ze hem niet meer nodig had. Geen moment had ze die eerste dagen getwijfeld! Geen moment! Ze meende zelfs enkele symptomen waar te nemen: pijnlijke borsten, ochtendmisselijkheid, vermoeidheid.

'Ik wil een kind,' zei Tristan alleen.

Ze overwoog om weer over de spermabank te beginnen, maar ze was bang dat hij dat alsnog een goed idee zou vinden.

'Iemand anders dan?'

'Nóg iemand anders? Nee.'

'We kunnen ook een kindje adopteren?'

'Ja... Ja, op zich...'

'Maar dat voelt dan misschien toch nooit helemaal als je eigen kindje. Dat idee heb ik althans bij Bronno en Olga.'

‘Het zal sowieso niet mijn eigen kind worden,’ zei Tristan moedeloos. ‘Waarom ben ik ook zo’n waardeloze man!’ Hij schopte weer bladeren weg.

‘Je bent geen waardeloze man.’ Ze aaide zijn baard en legde haar hoofd tegen hem aan. ‘Wij zijn beste vrienden, toch?’

‘De allerbeste.’

‘Dan moeten we doorzetten. Over zes maanden is hij al naar Angola. Daarna zien we hem nooit meer.’

‘Maar wat als hij na Angola terugkomt?’

‘Dan is hij ons allang weer vergeten. Of misschien gaat hij daarna wel naar een ander land.’

‘Hij gaat voor vijf jaar naar Angola...’

‘Precies.’

‘En als Melle geboren wordt...’

‘Dan is hij allang weg.’

‘Maar misschien lukt het wel weer niet. Misschien is hij net als ik.’

‘We overleven dit,’ zei ze nog een keer. Ze negeerde zijn opmerking omdat ze op de een of andere manier zeker wist dat het niet zo was. Bernhard ging de verwekker van haar kind worden. En Tristan de vader.

‘En als het opnieuw niet gelukt is?’

‘Dan vergeten we het. Dan blijven we de rest van ons leven met z’n tweeën.’

27

Douwe fietste over de Wagenweg in de richting van het centrum van Haarlem. Het was halfacht ’s avonds en hij had nog niet gegeten. Hij kwam net bij Renate vandaan en was nu onderweg naar meneer Overweel. Terwijl hij zijn rugtas met een schouderbeweging een beetje verplaatste, vroeg hij zich af wat al die volwassenen toch van hem moesten.

Zijn moeder had hem min of meer gedwongen om met Renate te gaan praten over, zoals zij het noemde, zijn 'geslotenheid'. Nadat hij had aangebeld, had ze hem meegenomen naar haar therapieruimte aan de achterkant van het huis, met ramen die uitkeken op de tuin. Achter de schutting bevond zich een tennisbaan. Het gesprek met Renate werd constant begeleid door het geplok van tennisballen, afgewisseld met blije of gefrustreerde uitroepen. Hoog boven de banen hingen grote lampen, die zo fel waren dat Renates achtertuin in een bleek schijnsel kwam te liggen. Mede door die lampen voelde hij zich slecht op zijn gemak in de kamer.

Ze zaten tegenover elkaar op twee houten stoelen. Tussen hen in was een glazen tafeltje waar een kop thee (voor Renate) en een glas Herschi-cassis (voor hem) op stonden. Het eerste kwartier praatten ze gewoon maar over van alles en nog wat. Over school, proefwerken, over Frida en zijn ouders. Maar gaandeweg was Renate steeds persoonlijkere vragen gaan stellen. Ze wilde weten waar hij over droomde en toen had hij een droom naverteld die hij de nacht ervoor had gehad: hij stond op een hoge tak van een reusachtige boom en hij omklemde de bast om te voorkomen dat hij naar beneden zou storten. Ineens was meneer Overweel op dezelfde tak komen staan. Hij was helemaal niet bang om te vallen en ging zelfs op en neer springen, waardoor de tak begon te deinen. Douwe werd steeds banger. Het volgende moment bevonden ze zich samen in het Latijnlokaal van het Stedelijk.

'En toen? Wat gebeurde er toen?'

'Niks,' zei Douwe. 'Toen werd ik wakker.' Hij had geen zin om haar de rest te vertellen.

Hij was opgelucht toen Renate na een uur had gezegd dat ze gingen stoppen.

Terwijl hij over de Wagenweg fietste, kreeg hij steeds meer honger. Hij hoopte dat meneer Overweel een boterham voor hem had. En ook dat hij niet weer dat smerige gele drankje hoefde te drinken.

Hij reed de Grote Houtstraat in en dacht aan zijn gesprek met Renate. Ze had gezegd dat ze met zijn moeder had afgesproken dat hij iedere week bij haar langsging. Hij vond het vreselijk om met haar te moeten praten. Wat het nog erger maakte, was dat ze een vriendin van zijn ouders was. Ongetwijfeld belde ze op datzelfde moment met zijn moeder om haar over zijn droom te vertellen.

Hij zette zijn fiets tegen de muur van het huis van meneer Overweel. Er was verder niemand in de donkere en smalle straat, die Klein Heiligland heette, wat hij een mysterieuze naam vond, die hem misschien wel alleen maar fascineerde omdat meneer Overweel er woonde. Ook het huis van zijn leraar was donker: de gordijnen waren gesloten en lieten nauwelijks licht door. Op de Gedempte Oude Gracht reden zo nu en dan auto's voorbij.

Toen hij naar de trekbel wilde grijpen, viel het hem op dat er een reep licht van tussen de deur en de muur in de straat scheen. De strook onttrok enkele klinkers aan het donker en stopte bij het tegenoverliggende gebouw. Hij duwde de deur verder open. In de koude gang was het donker.

Hij sloot de voordeur achter zich. Plotseling viel

zijn oog op een vel papier dat op de grond lag. Hij bukte en raapte het op. Op het papier stond: 'Dag Douwe, zin om een potje te dansen?'

Uit de woonkamer klonk muziek. Hij wilde de deur al openen, toen hij nog een briefje ontdekte. Het lag vlak voor de drempel. Nu stond er: 'Ho! Wacht even! Trek eerst het jasje aan dat over de stoel hangt.'

Douwe keek om zich heen. Over een stoel tegen de muur hing inderdaad een rood colbertje. Hij deed zijn rugtas af en zijn jas uit en legde ze op de stoel. Daarna trok hij het colbertje aan. Er zaten allemaal knopen en franjes op, maar hij kon ze in het donker niet goed zien.

Met het jasje aan ging hij de woonkamer in. Meneer Overweel stond midden in de kamer, in de kleine ruimte die er over was tussen de fauteuils, het salontafeltje en de eettafel. In zijn linkerhand hield hij een glas met daarin het gele drankje. Hij droeg ook een rood jasje.

'Ha Douwe!' Hij zette zijn glas op de tafel en kwam hem dansend tegemoet. 'Beetje los in de heupen vandaag? Zin om te swingen?' Hij bewoog zijn eigen heupen demonstratief van links naar rechts, terwijl hij met zijn twee wijsvingers in de lucht het ritme aangaf.

Douwe hield nog steeds de deur vast.

'Staat je mooi, het jasje!' riep meneer Overweel boven de muziek uit. 'Ik heb ze ooit op de markt gekocht,' vertelde hij enthousiast. 'Wat een leuke gekke jasjes! dacht ik toen ik ze zag. Wat een leuke jasjes! Ik heb ze zonder nadenken gekocht. Volkomen impulsief. Ik haastte me naar huis, trok er hier in de woonkamer een aan en wat denk je? Ik begon meteen te dansen.' Hij zweeg even en zei toen: 'Als ik het gekke jasje aantrek, word ik een ander mens.' Hij keek Douwe indringend aan. 'Nu jij nog.'

Hij kwam nog dichter naar Douwe toe en pakte zijn twee handen vast. Terwijl hij met zijn voet de deur sloot, begeleidde hij hem verder de kamer in. Bijna zonder dat Douwe het in de gaten had, begon hij ook te dansen. Omdat meneer Overweel stevig zijn handen vasthield en ondertussen druk met zijn armen zwaaide, gingen Douwes armen automatisch ook zwaaien, begonnen zijn schouders ook te bewegen en ging hij zelfs, tot zijn eigen verbazing, met zijn hoofd de maat van de muziek aangeven. Daarna volgde ook de rest van zijn lichaam. Meneer Overweel liet hem steeds vaker los, waarna hij, merkwaardig genoeg, toch niet ophield met dansen.

'Merk je het nu,' vroeg meneer Overweel, 'wat het jasje met je doet?'

'Ja... Ja, ik geloof het.' Hij keek naar zijn leraar, die er zo ongelooflijk blij en uitgelaten uitzag. Zijn vrolijkheid werkte aanstekelijk.

Op een bepaald moment maakte meneer Overweel telkens kleine holletjes naar Douwe toe, tot ze met hun hoofden vlak bij elkaar waren. Hij rook een sterke en een beetje een afstotelijke alcohollucht. Douwe was even bang dat meneer Overweel hem zou gaan zoenen, maar dat gebeurde gelukkig niet.

De muziek hield op. Een beetje teleurgesteld bleef Douwe ineens staan.

'Ik draai even de plaat om!' Meneer Overweel rende naar een open ruimte in zijn boekenkast, waar de platenspeler stond. Daarna dansten ze allebei verder.

Meneer Overweel zette later nog drie andere platen op en toen ze uiteindelijk moe neerploften op de twee fauteuils, besefte Douwe dat hij een geweldige avond had gehad – de beste avond in tijden. Maar hij merkte ook hoeveel honger hij inmiddels had. Toen hij dat aan meneer Overweel vertelde, ging die onmiddellijk een boerenomelet voor hem maken.

Hij at aan de eettafel, terwijl meneer Overweel zichzelf bijschonk en als een trotse kok toekeek hoe hij at. Het was een buitengewoon lekker ei.

'Ik hoop dat je het vanavond naar je zin hebt gehad bij me, Douwe,' zei meneer Overweel toen hij was uitgegeten.

'Heel erg,' antwoordde hij.

'Als je nog eens zin hebt om te swingen, dan bel je gewoon bij me aan.'

'Dat zal ik doen.'

'En als jullie weer gaan dansen bij gym – wat ik op zichzelf belachelijk vind, want dansen is geen sport, maar goed – dan zou ik daar geen punt van maken en gewoon meedansen. Zo erg is het niet, heb je gemerkt...' zei hij met een lachje.

'Nee, nee, dat is zo...'

Hij wilde het jasje uitdoen, maar meneer Overweel zei dat hij het mocht houden.

'Echt?'

'Ja. Ik heb er twee. Ik ben blij dat jij nu ook de werking van de gekke jasjes kent.'

'Dank u wel. Ik ben er heel blij mee.'

Terwijl Douwe even later naar huis fietste, voelde hij zich gelukkig. Echt, onvervalst gelukkig. Het was een volkomen nieuw gevoel. De troebelheid in zijn hoofd was weg en had plaatsgemaakt voor een verrukkelijke lichtheid. Af en toe liet hij het stuur los en fietste hij zonder handen door de stille Haarlemse lanen. Hardop neuriede hij wat deuntjes die hij had onthouden.

En het gekste was nog wel: het was precies gegaan zoals aan het einde van zijn droom. Alleen hadden ze niet in het Latijnlokaal gedanst, maar bij meneer Overweel thuis.

28

Liza en Tristan zaten naast elkaar in de trein naar Amsterdam. Aan de andere kant van het gangpad was een jongen driftig aan het roken. Tristan streelde haar hand, maar ze was in gedachten bij Bernhard. Ze had rode wangen van de opwinding. Ze kon niet wachten om bij hem te zijn.

Hand in hand wandelden ze naar de Brouwersgracht. Tegenover Bernhards huis was een speeltuintje. Tristan zou daar op haar wachten.

'Zie je dat portiek met die blauwe en witte tegeltjes?'

'Ja.'

'Daarnaast is het. Dat witte huis.'

'Met die groene deur.'

'Ja.'

Ze omhelsden elkaar.

'Ik ga.'

'Ja, ga maar.'

Ze lachte nog even naar hem.

'Hoelang gaat het duren, denk je?'

'Ik weet het niet. Het spijt me.'

'Ik wacht hier op je. Vergeet me niet.'

‘Wat bedoel je?’

‘Als je met hem bent.’

‘Nee... Nee, natuurlijk niet,’ zei ze. Maar ze wist dat ze zich straks, als ze in de slaapkamer van Bernhard was, niet aan die belofte zou houden. Ze zou geen moment aan Tristan denken.

Terwijl ze over de brug liep, begon het te regenen. Eerst waren het slechts een paar druppels, maar algauw stortte het water meedogenloos naar beneden. Ze rende naar het huis van Bernhard. Toen ze in zijn portiek was, keek ze nog even naar Tristan in de regen. Hij zwaaide. Ze zwaaide terug en toen belde ze aan.

29

Tristan droeg een oude, versleten jas, die de regen nauwelijks tegenhield. Het water stroomde langs zijn wangen in zijn nek. In zijn schoenen zaten gaten, zodat zijn sokken nat werden en zijn voeten koud. Als hij later weleens terugdacht aan deze middag verbaasde het hem dat hij niet was gaan schuilen onder de pui van een restaurant dat een paar meter van hem vandaan was. Maar op dat moment kwam die gedachte niet in hem op.

De straten waren verlaten. Op een enkele fietser met een paraplu na begaf niemand zich nog buiten. Tristan kwam niet van zijn plaats. Zijn blik had zich vastgehecht aan de ramen op de eerste verdieping van het huis aan de overkant.

In een paar andere grachtenpanden waren de lichten aangegaan. Op de verdieping van Bernhard bleef het donker. Liza was al een paar minuten binnen. Hij vermoedde dat ze meteen naar zijn slaapkamer waren gegaan, die zich waarschijnlijk aan de achterkant bevond. Hij probeerde niet te denken aan wat er zich daar afspeelde. Maar af en toe ontstonden er in zijn hoofd beelden, *dwang*beelden... Hij deed zijn uiterste best om niet te denken aan wat een andere man op dat moment met zijn eigen vrouw aan het doen was. Maar op de een of andere manier, alsof de kwelling hem genot schonk, zag hij voortdurend voor zich hoe hij haar in zijn armen nam, hoe hij haar uitkleedde en ook, tot in de pijnlijkste details, hoe hij haar penetreerde en wat de gezichtsuitdrukking van Liza op dat moment was.

Om deze beelden te bestrijden, begon hij in zichzelf te praten, steeds dezelfde zin: 'Ik houd van Liza, ik houd van Liza, ik houd van Liza, ik houd van Liza, ik houd van Liza.' Zonder dat hij het in de gaten had gehad, was hij steeds harder gaan praten. Ineens merkte hij dat hij luidop sprak, bijna schreeuwde. 'Ik houd van Liza!' riep hij. Onmiddellijk hield hij op, ook al was er niemand die hem kon horen. Zijn hart klopte snel, de regen stroomde over zijn lijf en het leek wel alsof hij geen greep meer had op zijn eigen gedachten. Hij vroeg zich af of hij gek aan het worden was.

Door de regen had hij niet zo goed zicht op de ramen aan de overkant. Bovendien waren zijn ogen niet goed: hij zou een bril moeten dragen, maar hij vertikte het al jaren. Het ging steeds harder waaien. De tak van een iep zwaaide vervaarlijk voor het raam. Hij begon zich mateloos te ergeren aan die tak. Bij iedere windvlag zwiepte hij naar links, om daarna langzaam terug te waaien. De tak was niet erg stevig en leek de kracht van de wind bijna niet te kunnen weerstaan. 'Breek nou eindelijk eens!' riep Tristan plotseling. 'Breek!' Maar de tak brak niet en bleef maar heen en weer zwiepen. Al zijn woede en agressie richtten zich nu op deze tak.

Maar wat doe ik? dacht hij. Waar ben ik mee bezig? Ben ik nu boos op een tak die niet wil breken?

Hij schaamde zich. Niet omdat hij zijn vrouw in handen had gegeven van een andere man – want hoe verschrikkelijk ook, dat móést, hij kon het niet zelf – maar omdat hij zich vervuld voelde worden van haat, agressie, negatieve gevoelens. Hij kende ze van zichzelf, maar hij stond ze alleen toe als hij in zijn eentje in zijn atelier was. Daarbuiten wilde hij een positief mens zijn. Hij wás een positief mens. Hij moest alleen deze middag zien te overleven.

Er gebeurde iets in het huis van Bernhard. Hij kon het niet goed zien, maar hij dacht dat hij Bernhard en Liza zag lopen. Twee schimmen waren het. Als hij niet wist dat ze in dat huis waren, konden het net zo goed twee andere mensen zijn. Mensen die hij niet kende. Het daaropvolgende moment dacht hij dat echt: dat hij Bernhard en ook Liza helemaal niet kende. Alsof ze vreemden voor hem waren, ook zijn eigen vrouw. Hij had dit nog nooit zo sterk ervaren: een verschrikkelijke, onoverbrugbare afstand tussen hem en Liza. Alsof hij gedoemd was om altijd aan deze kant van het water te staan, terwijl zij aan de overzijde was. Of misschien zelfs alsof hij dood was en nu toekeek hoe zij een nieuw leven begon?

Een nieuwe razernij maakte zich van hem meester. Hij kreeg de indruk dat Bernhard bezig was om een kaars aan te steken. Zijn spieren verstrakten en hij drukte zijn nagels zo diep mogelijk in zijn handpalmen. Wat doet die kaars op tafel! dacht hij verontwaardigd. Waarom moet die kaars worden aangestoken?

Hij verliet de plek waar hij al minutenlang stond, een halfuur misschien al. Verkleumd zette hij een paar passen naar rechts, zodat hij minder last had van de tak.

Ja, hij had het goed gezien: Bernhard stak de kaarsen aan van een kandelaar die op tafel stond. Er ging nu ook een schemerlamp aan. Bernhard en Liza bevonden zich vlak bij het raam. Ze leek hem weg te trekken, dieper de kamer in. Maar wat bleef ze daar in godsnaam doen? Waarom kwam ze niet naar buiten? Ze wist toch dat hij in de regen op haar stond te wachten? Of kon het zijn – en bij die gedachte stroomde er een verschrikkelijke leegte en verlatenheid in zijn lijf – dat... dat het nog moest gebeuren? Dat ze tot nu toe alleen nog maar gepraat hadden? Maar nee, nee, dat kon niet. Dat zou betekenen dat hij hier nog wel even stond.

Het begon nog harder te regenen. De kaarsen brandden maar hij zag Bernhard en Liza niet meer. Hij hoopte, nee, verlangde ineens vurig dat hij ze zou kunnen zien. Dat ze het vlak bij het raam zouden doen, zodat hij er in zekere zin bij zou kunnen zijn, als toeschouwer. Hij zou het geweldig vinden als ze dat zou bedenken. Niet om hem te kwellen maar om niets voor hem te verbergen. En, nogmaals, zodat hij *erbij zou kunnen zijn*, terwijl het gebeurde: de verwekking van zijn zoon.

Even later, ook omdat ze onzichtbaar bleven, begreep hij dat ze nooit op die gedachte zou komen. Ze zou niet kunnen bedenken dat ze hem er een plezier mee zou doen. Ze zou het juist in het verborgene laten gebeuren, om hem te sparen. In het donker, zodat ze zich kon inbeelden dat ze niet met Bernhard maar met hem... Liza. Zijn Liza. Zijn lieve Liza. 'Ik houd van je!' schreeuwde hij, zo hard als hij kon. 'Ik houd van je!'

Hij hoopte dat ze hem kon horen. Voor haar was het natuurlijk ook verschrikkelijk, dit alles. Hij stond in de regen – maar hoe erg was dat nou eigenlijk? Voor haar was het veel erger. En hij deed haar dit aan. *Hij* was het die de schuld droeg. Als hij normaal was geweest, hadden ze dit nooit hoeven doen. Dan had *zij* dit nooit hoeven doen. Ja, hij droeg de schuld. Ja, hij was gek aan het worden. Hij voelde het. Als Liza maar in godsnaam eindelijk naar buiten zou komen. Dan was alles voorbij. Dan begon hun toekomst. Dan mocht Bernhard naar Angola verkassen.

Hij verloor het besef van tijd. Zijn hele lichaam was koud. Zijn staart hing doorweekt en zwaar aan zijn hoofd. Omdat hij zo lang had stilgestaan, dacht hij dat hij niet meer zou kunnen bewegen. Toen het eindelijk ophield met regenen, sloeg de Westerkerk vier keer. Hij schrok zich wezenloos. Kon het zijn dat ze al anderhalf uur bij hem was? Waarschijnlijk vergiste hij zich. Hoe laat hadden ze de trein genomen? Om één uur... Ze ging om kwart voor twee bij het huis naar binnen... Ze was er dus nog langer. Ze was al twee uur en een kwartier bij hem.

Hij begon heen en weer te lopen. Steeds hetzelfde stukje van de speeltuin naar de krul op de hoek van de straat. Na een tijdje ging hij bij het urinoir naar binnen, niet om te plassen, maar om door het rooster naar het huis te kijken. Hij moest door zijn knieën gaan om door de gaatjes naar boven te turen. Waarom doe ik dit? dacht hij ineens. Wil ik me soms verbergen? Maar daar heb ik me de afgelopen uren toch ook niet druk om gemaakt? En bovendien: wat geeft het als ik gezien word?

Hij liep weer terug naar zijn oude plek.

De Westerkerk sloeg vijf keer. Hij trilde over zijn hele lijf. Hij was begonnen te klappertanden. Hij had, dacht hij, verschrikkelijke honger maar het kon ook zijn dat hij helemaal geen honger had.

De lantaarnpalen gingen aan. In het huis van Bernhard brandden nog steeds die kaarsen, wat hem razend maakte. Hij vermoedde dat hij de kaarsen had aangestoken om het romantisch te maken.

Ineens moest hij hardop lachen, door die kaarsen. Maar natuurlijk! dacht hij. Hij kreeg een inzicht dat hem enorm opluchtte. Niet ik word bedrogen, maar *hij*! Hij wordt erin geluisd en hij heeft niets in de gaten! Hij heeft die kaarsen aangestoken om haar te verleiden! Hahaha!

Meteen daarna werd hij weer onrustig. Hij snapte niet waarom ze niet naar buiten kwam. Hij begon zijn benen te bewegen zonder zijn voeten te verplaatsen, in de hoop dat hij warm werd. Nadat hij een tijdje zo naar zijn bewegende benen had staan kijken, verplaatste hij zijn blik weer naar het huis aan de overkant. Er was niets veranderd: de kaarsen en de lamp brandden nog. De tak zwiepte nog steeds voor het raam, maar langzamer. Tristan begon zijn concentratie te verliezen. Hij keek steeds vaker naar de deur op de begane grond, omdat hij erop rekende dat ze ieder moment naar buiten kon komen.

Plotseling ontdekte hij dat Bernhard bij het raam stond. Hij had geen idee hoelang hij daar al stond. Hij was naakt of leek in ieder geval naakt.

Tristan probeerde er uit alle macht achter te komen of hij een onderbroek droeg, alsof dat van wezenlijk belang was. Maar hij zag niets wat daarop leek. Hij was echt naakt.

Hij kon niet uitmaken waar Bernhard naar keek. Het leek wel alsof hij een beetje in zijn richting tuurde...

Zou hij hem zien? Zou hij hem herkennen? Maar dat kon haast niet, dat was onmogelijk. Maar waarom kan dat eigenlijk niet? bedacht hij op hetzelfde moment. Waarom heb ik me niet verstopt in die krul? Maar als het zo is, dat hij me ziet – dan mag hij ook weten dat ik me niet laat wegjagen. Ik mag hier toch staan als ik wil? Ik doe toch niets verkeerd? Bovendien: *ik* ben toch de man van Liza?

Door iets in Bernhards lichaamshouding wist hij plotseling zeker dat hij hem gezien had. Onwillekeurig deinsde hij achteruit, maar er was niks waarachter hij zich kon verschuilen. Hij struikelde maar herstelde zich. Toen hij weer naar het raam keek, stond Bernhard er niet meer.

Drie kwartier later kwam Liza eindelijk naar buiten. Hij wist niet goed of hij moest blijven staan of haar tegemoetlopen. Zonder dat hij het in de gaten had gehad, was achter zijn rug het restaurant opengegaan. Er zaten al een paar klanten, die hem misschien wel al die tijd hadden geobserveerd. Beschaamd en aarzelend liep hij een eindje in de richting van Liza. Hij voelde zich alsof hij haar pooier was en wist niet goed hoe hij naar haar moest kijken – en wat hij in haar blik zou zien.

Hij was bang dat ze boos zou zijn. Om wat hij haar had laten doen.

Ze omhelsde hem kort. 'Lieve Tristan,' zei ze, 'kijk nou eens: je bent helemaal doorweekt...'

'Je bent de hele middag bij hem geweest.'

'Het spijt me. Het kon niet anders.'

'Is het gelukt?' vroeg hij. Maar hij besefte dat het een domme vraag was. Hij pakte haar vast en omklemde haar met alles wat hij in zich had aan liefde. 'Als we straks in de trein stappen, dan hebben we een dagje gewinkeld in Amsterdam. Dan doen we alsof dit nooit heeft plaatsgevonden.'

'Laten we naar huis gaan,' zei ze alleen maar.

30

Bryan reed over de Herenweg naar Bennebroek, luisterend naar een bandje van Boston. Toen hij het dorp alweer bijna uit was, sloeg hij rechts af en iets verderop nog eens rechts af, een doodlopende weg in, waar allerlei onduidelijke bedrijven waren gevestigd. Helemaal aan het einde van de straat was de garage van Robbie.

Hij parkeerde en liep, met in zijn handen twee whiskyflessen, het hek door, de inmiddels vertrouwde waarschuwingen voor de hond negerend.

Het rolluik van de garage was gesloten. Aan de andere kant klonk het maniakale ensemble van een blaffende hond, een vals zingende Robbie, radiomuziek, het geluid van een televisie, getingel en gekletter van gereedschap en de doffe knal van een portier dat werd dichtgeslagen.

Bryan beukte hard op het luik.

Robbie zong ongestoord verder en de hond blafte gewoon door. Bryan beukte nog eens, luider nu, maar tegen dit kabaal viel niet op te beuken. Hij ging met zijn knieën op de grond zitten en tilde het rolluik enkele centimeters omhoog, tot het werd tegengehouden door het slot. Zo hard als hij kon schreeuwde hij Robbies naam.

Eerst verscheen de poot van de herdershond, die een maaiende beweging maakte. Bryan trok net op tijd zijn hand terug. Daarna klonk het gerammel van de ijzeren hondenriem en ten slotte opende Robbie lachend het luik.

Zijn gezicht zat als altijd onder de oliesmeer. Hetzelfde gold voor zijn blauwe overall en zijn handen.

'Je moet me geen hand geven, Robbie, hoe vaak heb ik dat nou al gezegd. Dat doe je bij de klanten ook niet, mag ik hopen?'

'Hoezo? Is toch beleefd?'

'Ja, als je schone fikken zou hebben wel. Hier, deze zijn voor jou.' Hij gaf hem de twee flessen whisky.

'Dank je wel!!' Hij opende een fles, nam een slok en terwijl de helft over zijn met olie besmeerde kin liep, zei hij verzaligd: 'Heel erg lekker.'

'Mooi zo. Kunnen we ergens zitten? Heb je een sigaret voor me?'

Robbie opende een pakje Roxy en gaf hem er een. Ze namen plaats in het kantoortje, dat die naam nauwelijks verdiende. Het zag eruit als een ruimte die jarenlang was uitgewoond door zwervers.

‘En kan de radio wat zachter? Ik heb niet zoveel zin om te schreeuwen.’

Robbie deed wat hem gevraagd was en kwam tegenover hem zitten. Af en toe morste hij whisky op de vloer en op zijn kleren. De herdershond bleef maar blaffen. Dat maakte het niet echt een ontspannen bijeenkomst.

‘Kan het zijn dat die hond honger heeft?’

‘Ik heb hem whisky gegeven!! Daar wordt-ie hartstikke wild van!!’

‘Dat wil ik geloven. Kun je hem niet koest krijgen? Ik word helemaal lijp van dat beest.’

Robbie stond op en gaf de hond een enorme schop. Het beest jammerde, maar ging daarna stil op de grond liggen. Af en toe kwam er uit die hoek nog een klaaglijk gejammer.

‘Dank je wel,’ zei Bryan.

‘Wil je ook whisky?’

‘Welja, geef mij ook maar wat whisky. Ik heb er tenslotte zelf voor betaald. Hoe gaan de zaken?’ vroeg hij terwijl Robbie een ongewassen mok inschonk waar nog een bodempje koffie in lag.

‘Gaat heel goed!! Veel klanten!!’

‘Mooi zo. Goed om te horen. En je geeft niet te veel uit?’

‘Nee! Ik weet toch wat we hebben afgesproken? Altijd oude onderdelen!!’

‘Precies. Want nieuwe onderdelen kosten geld en bovendien gaan de auto’s dan minder snel kapot.’

‘Weet ik toch!!’

‘Heb je nog genoeg van alles? Of moet ik nog wat komen brengen?’ Hij had een paar dagen geleden een stille straat in Bentveld ontdekt waar veel nieuwe auto's stonden. Daar kon hij 's nachts een keer langsgaan.

'Nou...' Robbie dacht na. 'Die Volvo hier...' Hij wees naar een 244 die in de werkruimte op de brug stond. 'Meneer heeft al een tijdje last van piepende remmen. Hij moet zijn handen op zijn oren houden, zegt-ie, als-ie remt. Hij is er al drie keer voor terug geweest. Maar die remblokken zijn kogelhard geworden en de remklauw staat ook hartstikke vast. Zouden eigenlijk wel nieuwe op moeten...'

'Je kunt toch wel wat smoesjes verzinnen? Zeg maar dat er roest op zit, dat moet inslijten.'

'Heb ik al gezegd.'

'Dan zeg je dat je ze vervangen hebt en dat het piepen over een tijdje vanzelf zal ophouden. Dat meneer een keertje hard op een rood stoplicht moet afrijden en dan op de rem trappen.'

'Het komt goed!!'

'Fijn, dank je.' Robbies meegaandheid was altijd erg prettig. 'Nou, kom op, hoeveel heb je voor me? Ik heb nog meer te doen.'

Robbie liep naar een lege stoel aan de andere kant van de ruimte en trok een envelop vanonder het kussen vandaan. Hij overhandigde hem het geld.

Bryan telde het aantal biljetten en was niet ontevreden.

'Heel goed, Robbie. Ga zo door.' Hij borg de envelop weg.

'En mijn salaris dan?'

'Ik heb je toch whisky gegeven?' zei Bryan geërgerd.

Robbie keek hem onnozel aan.

'Geintje. Hier. Pak aan.' Hij gaf hem een paar vuurtorens met nog een paar zonnebloemen erbij.

Het was aangenaam om zeker te weten dat Robbie hem nooit zou belazeren. Daar was hij te stom voor.

'Ik neem dit pakje sigaretten nog even van je mee,' zei Bryan. Hij aaide de hond, die er nog altijd versuft bij lag, en liep de garage uit.

31

Bernhard parkeerde zijn auto voor De Ransuil. Hij kende inmiddels de tijden waarop Tristan in zijn atelier was. Liza werkte alleen in de ochtend als verloskundige (tenzij een bevalling tot in de middag duurde) en moest eens in de zoveel tijd naar de studio voor nieuwe opnames voor *Slakje*.

Ze was aan het werk gekomen doordat ze een keer een brood bestelde bij bakkerij Van Vessem aan de Zandvoortselaan en een praatje maakte met de bakkersvrouw. Een andere klant sprak haar aan, maakte een opmerking over haar prettige stem en vroeg of ze geïnteresseerd was om teksten in te spreken voor de televisie. Ze begon met educatieve programma's. Later werd ze gevraagd om auditie te doen voor *Slakje*.

Meestal zocht hij haar in de middag op, maar soms, als het niet langer ging, 's ochtends vroeg, nog voordat ze naar haar werk ging en als Tristan net was vertrokken.

Terwijl hij aan kwam lopen over het berijpte gras, deed ze de deur al open. Ze was naakt.

'Ik wilde me net gaan aankleden,' zei ze, 'tot ik bedacht: waarom eigenlijk?'

'Hoe wist je dat ik vanochtend zou komen?'

'Omdat je al drie dagen was weggebleven. Omdat ik weet dat je zo lang niet zonder me kunt.'

Hij stapte naar binnen en omhelsde haar. Ze sprong op hem en legde haar benen om zijn middel. 'Aapje,' zei Bernhard, terwijl hij zijn koude neus in haar hals legde en de geur van haar huid rook.

Hij droeg haar naar de corduroy bank, die naast de tikkende gaskachel stond, en al die tijd bleef hij maar lachen. Hij kon niet ophouden met glimlachen.

Met uitzondering van het bed (want dat wilde ze niet) hadden ze het inmiddels op iedere vierkante meter van het tuinhuisje met elkaar gedaan. Het verbaasde hem dat zijn honger naar haar niet te stillen leek. Zijn liefde voor haar had hem dusdanig in de greep, dat het in Den Haag begon op te vallen dat hij zoveel weg was. Steeds gebruikte hij zijn oude ouders als excuus. Hij verzon verschillende kwalen voor ze, terwijl ze in werkelijkheid opzienbarend gezond bleven dankzij (volgens zijn vader) één teen rauwe knoflook en één glaasje jenever per dag. Bovendien deden ze de hele dag niets anders dan tuinieren.

Het verbaasde hem ook dat Liza eveneens geen genoeg van hem leek te kunnen krijgen. Als ze elkaar een paar dagen niet hadden gezien, belde hij haar weleens 's avonds op, ook al wist hij dat Tristan thuis was. Door de telefoon vertelde hij haar de meest vunzige en perverse dingen. Hij zei haar dat ze het geilste en verrukkelijkste wezen was dat hij ooit had ontmoet. En hoewel hij dat ordinair van zichzelf vond, wist hij tegelijk dat hij niets anders kon zeggen dan dat.

Bernhard begreep zelf eigenlijk niet goed wat er gaande was. Zijn verlangens naar vrouwen waren altijd behoorlijk gemiddeld of zelfs beperkt geweest. Er waren maanden en misschien zelfs jaren voorbijgegaan waarin hij zelden aan seks had gedacht, laat staan zichzelf eraan had overgegeven. En het leek wel alsof al die tijd dat hij vrijwillig aan onthouding had gedaan, zich nu wreekte in een allesoverheersend verlangen naar Liza, die – en dat wist hij en dat wond hem op – rode wangen kreeg van alles wat hij haar door de telefoon vertelde.

Over het algemeen deed ze alsof ze met haar moeder sprak en altijd hing hij al snel weer op, om niet het risico te lopen dat Tristan iets zou doorkrijgen. Niet dat hij zich, al was het maar een klein beetje, bekommerde om diens gevoelens. Maar Liza wilde hun verhouding ten koste van alles geheimhouden. Ze was daar zo vastberaden in, dat hij zelfs het idee kreeg dat het niet alléén maar om het bedrog was. Dat er nog een andere reden was waarom hun liefde nooit, maar dan ook nooit mocht uitkomen. Ze had hem meermaals gezegd hoe belangrijk dat voor haar was.

Bernhard vond het best. Hij deed alles wat ze van hem vroeg. Hij had zelfs het idee dat het verborgene van hun tientallen of inmiddels misschien wel meer dan honderd orgasmes zijn eigen verlangens alleen maar opstookte. Tot het voorspel rekende hij óók het parkeren van zijn auto in die stille straat in Aerdenhout, de wandeling door de tuin van de douairière en de spanning die hij voelde zolang hij niet helemaal zeker wist dat Tristan weg was.

Haar stem was alleen maar de deur geweest die zijn liefde toegang had geboden. Als hij alleen was, probeerde hij die zelden nog in gedachten op te roepen. Langzaamaan hadden haar schouders, haar rug en in het bijzonder haar wangen de centrale plek van zijn begeerte ingenomen.

Het duurde vrij lang voordat hij erachter kwam wat er zo mooi was aan haar tengere en een beetje bottige schouders. Hij zag het pas nadat hij in de trein op de schouders van andere mensen was gaan letten (vanwege de piepende remmen had hij zijn auto wederom naar Robbie moeten brengen, die het probleem eindelijk verholpen leek te hebben). Bij de meesten liepen die als een glooiende heuvel van de hals naar de armen. Of ze nou gespierd of niet gespierd waren, bedekt met vet of juist niet, vrijwel altijd was er sprake van een diagonale lijn. Maar bij Liza niet. Haar schouders waren van nature vrijwel horizontaal (de stijging van de lijn was nauwelijks waar te nemen, alleen als je er, zoals hij, met extreem veel aandacht naar keek). Zelfs de hoek naar haar neerhangende arm was er een van negentig graden. En omdat ze vaak nauwsluitende kleding droeg, kwamen haar schouders optimaal tot uitdrukking. (Het mooist vond hij ze in haar donkerblauwe en iets te strakke WIJS MET DE WADDENZEE-T-shirt.) Hetzelfde gold voor de bijna onzichtbare welvingen van haar borsten. Bernhard kon zich inmiddels niet meer voorstellen dat er mannen waren die grote borsten prefereerden. Liza droeg nooit bh's. Daardoor zag hij haar tepels vaak tegen de stof van haar trui of T-shirt drukken. Als Bernhard zijn handen plat op haar bovenlichaam legde, voelde hij ze, door haar kleding heen, harder worden tussen zijn wijs- en middelvinger.

Met haar rug was ook iets bijzonders aan de hand. Als ze naakt was en in kleermakerszit op de grond of op de bank plaatsnam, ging ze zo keurig rechtop zitten, dat het was alsof ze een beetje omhoogsteeg. Haar rug werd bijna hol en precies dat, die bijna holle rug, was een uitzicht waar hij geen genoeg van kon krijgen. Als hij ernaar keek, ervoer hij zelfs een vage ontroering, die hij niet kon duiden.

Maar het waren haar wangen die hem het meest opjoegen. Terwijl hij haar penetreerde, of terwijl hij haar opwinding alleen nog maar opwekte, werden haar wangen steeds roder, wat des te verrukkelijker was omdat haar huid, vol sproeten, verder zo bleek was. Hij kende inmiddels alle stadia van het rood dat op haar gezicht kon verschijnen. Eerst waren het alleen maar een paar roze vlekjes, die zich vervolgens steeds meer verdiepten. Een paar keer had hij haar wangen bijna paars weten te maken.

Toch was het ook weer niet zo dat haar stem helemaal geen bijzonder effect meer op hem had. Als ze praatte, en vooral als ze zacht tegen hem praatte, ging er een behaaglijke rilling over zijn achterhoofd, die zich verlengde tot de bovenkant van zijn rug. Hij vond het helemaal niet overdreven om hieraan te denken in termen van betovering, of zelfs: hypnose. Hij werd willoos. Zijn levensdoel bestond eigenlijk alleen nog maar uit het verlangen om Liza te penetreren.

In retrospectief verbaasde hij zich dat hij haar die eerste keer dat hij haar naakt had gezien, op Leyduin, zo koel en onberoerd bekeken had. Wat was dat onbegrijpelijk, gezien zijn latere verslaving aan dit lichaam!

Zelfs als hij net bij haar was geweest en via Noordwijk en Voorhout naar Den Haag reed, of onderweg was naar zijn huis in Amsterdam, dan kon het gebeuren dat hij de aandrang kreeg om de auto te keren en terug te gaan. Dan reed hij met een erectie naar zijn bestemming, terwijl ze net daarvoor nog twee of drie keer zijn verlangen had gestild. Wat was het geheim van deze obsessie? Waarom kon hij ineens niet meer zonder iemand, terwijl hij jarenlang kalm en tevreden in zijn eentje had geleefd?

Op een keer zaten ze samen op de grond, elkaar met zowel hun armen als hun benen omhelzend. Hij was nog in haar en hield zijn voorhoofd tegen dat van Liza. Nu, dacht hij, nu je volledig op je gemak bent, leer ik je pas echt kennen. Zoals je nu kijkt. Er was een blik in haar ogen verschenen die zo lief en zo eigen was, dat hij pas op dat moment, voor het eerst, de ware Liza zag. Hij besefte dat alleen haar ouders dezelfde blik van haar kenden, van toen ze een klein meisje was. Of nee, bedacht hij onmiddellijk daarna, niet alleen haar ouders. Hij moest die blik ook delen met Tristan.

Hij vroeg zich af of Tristan en hij op dezelfde Liza verliefd waren. Waarschijnlijk niet, dacht hij. Waarschijnlijk gedraagt ze zich bij hem anders dan bij mij. Want hoe kan op een andere manier verklaard worden dat zulke verschillende mannen om dezelfde vrouw geven?

Hij overwoog dat ieder mens zichzelf kon zijn en zich tegelijkertijd kon aanpassen aan degene met wie hij of zij op dat moment omging. Waarschijnlijk waren het maar nuanceverschillen die maakten dat ze bij hem een andere vrouw was dan bij de man met de staart. Hijzelf gedroeg zich ook anders bij zijn diplomatenvrienden dan in de Saamhorigheidsgroep, waarbij hij toegegeven altijd een klein beetje het gevoel had dat hij zichzelf verloochende om maar niet uit de toon te vallen. Tegenover collega's maakte hij bijvoorbeeld grapjes die Felix, Bronno en de anderen ontzettend rechts van hem zouden hebben gevonden. En tegelijkertijd was er toch ook een kant van hem die zich op zijn gemak voelde in de Saamhorigheidsgroep. Er ging iets warms en, ja, saamhorigs uit van deze club mensen.

Terugkomend bij Liza: was het wel zo dat hij die dubbelheid van haar karakter, of misschien zelfs gedaanteverandering, bij háár moest zoeken? Was het niet veeleer dat zowel hij als Tristan een Liza schiepen die vooral iets over henzelf vertelde? Hij creëerde een Liza op basis van zijn eigen dromen, verlangens en projecties, en Tristan had ooit, toen hij haar had ontmoet, hetzelfde gedaan. Want als Bernhard aan een ander zou moeten uitleggen waarom hij nu al langer dan twee maanden volledig in de ban was van deze vrouw, zou hij dat maar nauwelijks kunnen verwoorden. Hij zou alleen woorden kunnen geven aan zijn verslaving. Hij zou blijven steken in platitudes als dat ze samen veel lachten, dat ze lief tegen hem was en dat iets in haar hem krankzinnig gelukkig maakte. Het was allemaal verschrikkelijk banaal. En misschien moest hij het uiteindelijk toch puur bij de uiterlijkheden zoeken: haar geur, haar ogen, haar schouders en de rode wangen op haar gezicht.

Hij had het gevoel dat hijzelf nauwelijks iets over zijn verliefdheid te zeggen had. Die wás er gewoon.

Hij vermoedde dat Tristan veel beter zou kunnen vertellen waarom hij van Liza hield. Al was het alleen maar omdat hij haar al zo lang kende. Die voorsprong in tijd frustreerde Bernhard zo nu en dan. Al leefde hij – veel vaker – in de geruststellende wetenschap dat er van een concurrent helemaal geen sprake was. Liza was zo overduidelijk ook op hem verliefd, dat hij alleen maar kon lachen om Tristan.

Al weken nam hij zich voor om nu eindelijk eens naar zijn atelier te gaan om het portret te laten maken. Niet dat hij er echt op zat te wachten, maar hij vermoedde dat hij er anders vragen over zou krijgen, van Felix of van hem. En er speelde nog iets anders. Bernhard kreeg, terwijl hij voelde dat er een vals lachje op zijn mond verscheen, zin om Tristan een beetje te jennen.

32

'Vindt Annelies het niet vervelend dat we zo vaak fietsen?'

'Welnee,' antwoordde Wiebe. 'Die houdt zelf niet van fietsen. Ze is allang blij dat ik iemand heb gevonden om er lekker mee op uit te trekken. Nee, hoor,' zei hij terwijl hij even aanzette voor de beklimming van een duin, 'ze gunt het me van harte.'

'Gelukkig maar,' zei Renate.

Ze fietsten van Zandvoort naar Langevelderslag. Af en toe konden ze aan hun rechterhand de zee zien.

Bij een bankje stelde Wiebe voor om uit te rusten. Hij haalde uit zijn fietstas een thermoskan met thee, twee emaillen bekers en een stapeltje boterhammen.

Ze zaten vlak naast elkaar. 'Ik wil je even zeggen,' zei Wiebe, 'dat ik enorm geniet van onze fietstochten.'

'Dat is fijn om te horen, Wiebe. Ik geniet er ook van. Het is fijn om een fietsmaatje te hebben.'

'Fietsmaatje...' herhaalde hij. 'Ja, dat zijn we, hè?'

'Zeker.'

'Renate, er is iets...' Hij schuifelde even onrustig op het bankje. 'Jij bent psycholoog... Tegen jou kan ik dat wel zeggen, denk ik.'

Een meeuw vloog boven het duin tegenover hen.

'Vertel wat je wilt, Wiebe. Dan springen we zo weer op de fiets.' Ze nam de laatste hap van haar boterham.

'Ik heb de laatste tijd... Of ik denk de laatste tijd steeds vaker...'

'Ja?' Ze keek hem ongeduldig aan.

Hij voelde dat zijn hoofd rood werd. 'Eh, bondage.' Hij had het woord zo snel uitgesproken dat hij zich afvroeg of ze het had verstaan.

'O ja?' zei ze gretig. 'Bondagefantasieën?'

'Ik weet niet wat het is maar het windt me enorm op,' zei hij zo nonchalant mogelijk. 'Prachtige duindoornbesjes daar trouwens.'

'Wat grappig. En wat eerlijk dat je het aan me vertelt.'

'Dat is omdat...' begon hij. Maar hij slikte de rest van de zin in.

Hij bloosde weer. 'Ik was bang dat je het zou afkeuren.'

Renate greep lachend naar haar thee. 'Afkeuren? Waarom zou ik?'

'Het is in strijd met de vrouwenbeweging, toch?' Hij keek haar onzeker aan.

Ze moest nog harder lachen.

'Laten we er maar over ophouden,' zei hij. 'Ik had er niet over moeten beginnen.' Hij vond haar uitbundige gelach niet zo prettig.

'Heb je het er weleens met Annelies over gehad?'

'Nee... Nee, niet met haar.' Hij keek haar in de ogen.

Renate keek even nadenkend voor zich uit. 'Ik vind het heel knap en dapper dat je het me hebt verteld,' zei ze uiteindelijk. 'En je hoeft je er helemaal niet voor te schamen. Het heeft vast gewoon met je moederbinding te maken.'

'Ja, misschien. Ik weet het ook niet. Het windt me gewoon enorm op.'

'Ja, dat zei je, ja.' Hij had het idee dat het onderwerp wat haar betreft was afgehandeld. 'Zullen we maar weer?'

Wiebe pakte zijn thermosfles en de twee bekers en borg ze zorgvuldig op in zijn fietstas. Tijdens de rit naar huis zwegen ze vooral. Af en toe wezen ze elkaar op een vogel of een plant.

Voor haar huis stapte Wiebe ook af. Hij wilde al met haar mee naar binnen lopen.

Renate draaide zich om. 'Wat doe jij nou?' vroeg ze fel.

'O. O, ik dacht...'

'Ga lekker naar huis, Wiebe. Annelies wacht op je.'

Terwijl hij mokkend weer naar zijn fiets liep, zei ze: 'Laten we maar niet meer gaan fietsen voorlopig.'

'Wat? Waarom niet?'

'Ik ga met Hester fietsen.'

'Met Hester?'

'Ja, met Hester. Sorry, Wiebe.'

'Maar waarom?' vroeg hij wanhopig.

'Ik weet niet waarom. Soms heb je zin om naar het bos te gaan en soms naar de zee. Ik heb nu even zin om naar het bos te gaan.'

Wiebe probeerde te begrijpen wat ze bedoelde. Hij vermoedde dat hij de zee was en Hester het bos.

'Nou, dan ga ik maar.'

33

Liza zette haar fiets neer en tilde haar koffer en verlostas naar de deur. Voordat ze aanbelde, keek ze nog even naar de boten op het Spaarne, meeuwen die boven de haringkar zweefden en de koepelgevangenis aan de overkant van het water.

Iets aan de Haarlemse lucht boven de rivier deed haar dralen. Het was nog altijd koud, een paar graden onder nul, maar er leek niet te kunnen worden geschaatst op het Spaarne dit jaar. Met de Saamhorigheidsgroep hadden ze in het weekend wel geschaatst op de vijver van Elswout. Ze dacht terug aan het verstilde bodemlandschap van takken en bladeren dat onder haar schaatsen was voorbijgeschoven, terwijl ze hand in hand met Tristan over het dunne ijs gleed. Af en toe had ze een onopvallende blik met Bernhard gewisseld.

Vlak bij de kade lag nog wat sneeuw. Ze wist dat ze het niet kon maken om nog langer buiten te blijven staan. Maar op de een of andere manier kon ze zich moeilijk losmaken van het felle winterlicht, de golven op het water en de frisse lucht van de rivier. Het was alsof ze deze dagen alles intenser waarnam.

Op de praktijk had ze de afgelopen jaren ontelbare gesprekken gevoerd met vrouwen die zich misselijk of zelfs hondsberoerd voelden tijdens die eerste weken van de zwangerschap. Tijdens haar opleiding had ze geleerd dat het misselijke gevoel meestal rond de twaalfde week vanzelf weer wegging, en dat vertelde ze die vrouwen. Maar ze had het zelf nooit meegemaakt. Ze had zelf ook nooit ervaren hoe het was om midden in de nacht ineens boerenkool met worst te willen eten en op andere momenten niet eens de géúr van eten te kunnen verdragen.

En nu ze dan eindelijk zelf zwanger was, kon ze er nog niet over meepraten; het voelde bijna als een teleurstelling. Ze had helemaal nergens last van. Geen misselijkheid, zelfs geen suggestie van een onbehaaglijk gevoel in haar buik. Ze voelde zich gezonder, levenslustiger en sterker dan ooit.

Het was weleens voorgekomen dat een vrouw haar tijdens een spreekuur had gevraagd of ze zelf kinderen had. Als ze ontkennend antwoordde, merkte ze tot haar frustratie dat ze het vertrouwen van de vrouw een beetje kwijtraakte. Alsof je zelf kinderen gekregen moest hebben om een goede verloskundige te kunnen zijn. Ze had zich altijd fel tegen dit idee verzet. Ze had er urenlang met Tristan over gepraat. Maar inmiddels zag ze in dat het toch waar was: dat ze vanaf nu een betere verloskundige zou zijn.

Eindelijk merkte ze aan den lijve wat er gebeurde als je zwanger was. Alles veranderde: je geur, je smaak, je huid, je haar... Liza had bovendien het idee dat haar borsten groter werden. Ze voelden steviger in elk geval – en misschien dat daardoor ook een illusie van groei ontstond.

Het continue gevoel van spanning op haar bovenlijf gaf haar de zekerheid dat het goed was met de baby. Dat ze zwanger blééf.

Als de spanning rond haar borsten even weg was, werd ze paniekerig en bang dat het voor een tweede keer mis zou gaan. Maar het duurde nooit lang voordat het gevoel, en daarmee ook haar zelfvertrouwen, terugkeerde.

Begin januari was ze naar de apotheker op de Gedempte Oude Gracht gefietst om een zwangerschapstest te kopen. Tristan had buiten staan wachten. De apotheker, een man met heel donkere wenkbrauwen, had haar gevraagd of het gewenst was. Wat ze nogal een brutale vraag had gevonden. 'Ja, heel erg,' had ze geantwoord.

Thuis hadden ze, zittend bij de gaskachel en turend naar de vlammetjes, een halfuur op de uitslag gewacht. Daarna waren ze uitzinnig van vreugde geworden, hoewel er ook nog iets van ongeloof had geheerst, zowel bij haar als bij hem. Ze waren – wat ze anders nooit deden – uit eten gegaan, in Kraantje Lek. Tussen de stropdassen en parelkettingen.

Op een andere avond in hun leven zouden ze zich ongemakkelijk hebben gevoeld in die eetzaal, met die gestreken servetten op hun schoot en de onzekerheid die ze allebei voelden wanneer ze hun bestek of wijnglas vastpakten. Maar dit keer was er van die ongemakkelijkheid geen sprake. Ze trokken zich niets aan van de VVD'ers die ook in het restaurant zaten en die ballerige grapjes tegen de bediening maakten. Ze waren alleen maar bezig met hun eigen geluk.

Liza maakte aanstalten om op de bel te drukken. Ze zette een pas in de richting van de deur, maar bleef toch nog staan.

De ochtend na het etentje met Tristan had ze Bernhard weer gezien. Met hem vierde ze het op een heel andere manier, maar hij was dan ook degene aan wie ze haar zwangerschap te danken had, ook al wist hij van niks.

Ze verlangde voortdurend naar hem. Meerdere keren per dag en op de raarste momenten. Ze vroeg zich af of dat door de hormonen kwam of dat ze gewoon waanzinnig verliefd op deze man was.

Het was allemaal zo verwarrend – het eindelijk zwanger zijn, de ontmoetingen met Bernhard, het bedriegen van Tristan – dat ze niet in staat was om goed te beseffen wat er gebeurde. Het enige wat ze wist was dat hij over vier maanden, in juni, naar Angola zou gaan en dat dan deze hele episode voorbij zou zijn. Ze wilde nog niet denken aan zijn vertrek, en tegelijk keek ze ernaar uit. Nog vier maanden dit puberachtige geluk met Bernhard. En daarna zou, samen met Tristan, de volledige toewijding aan hun kind beginnen.

Ze belde aan.

34

Bernhard parkeerde zijn Volvo in de Eindenhoutstraat. De vergadering vond plaats bij Renate thuis, één straat verderop. Hij was een beetje laat, de anderen waren er allemaal al. Hij werd binnengelaten door Renate, hing zijn jas op in de hal en liep de woonkamer in.

'Bernhard!' riep Wijnie. 'Wat zie jij eruit!'

Hij stond nog in de deuropening. Iedereen keek naar hem.

'Zozo! Meneer de bankdirecteur!' riep Ralf.

Olga bracht haar handen naar haar gezicht. 'Ik kan het niet aanzien...' zei ze. 'Ik word er helemaal naar van...' Ze liet zich neervallen in een stoel, terwijl Renate haar armen om haar schouders sloeg.

'Nou, is dat niet wat overdreven?' vroeg Bernhard. 'Op mijn werk draagt iedereen een pak.'

'Maar die stropdas,' zei Bronno. 'Daarmee geef je toch wel een signaal af.'

'Ik kan mijn das wel afdoen, hoor, als jullie het zo vervelend vinden.' Hij trok de knoop los, terwijl hij naar het plafond keek.

'En dat jasje ook graag,' zei Olga die nog steeds ingezakt op de stoel zat. Toen ze een beetje was bijgekomen, zei ze: 'Sorry dat ik zo heftig reageer, Ber,' (deze bijnaam was nieuw voor Bernhard) 'maar het lijkt wel alsof je een ander mens bent in dat pak. Niet iemand bij wie ik me op mijn gemak voel.'

'Het komt denk ik ook door je vader,' zei Renate, die haar even aanraakte. 'Die droeg altijd een pak toch, ook thuis?'

'Álle mannen deden dat. Ik was juist zo blij dat die tijd voorbij was...'

'Nou, het spijt me, Olga,' zei Bernhard. 'Normaal gesproken ga ik via huis om me om te kleden, maar nu kwam ik rechtstreeks uit Den Haag. Ik dacht dat jullie wel wisten dat ik in mijn pak naar mijn werk ga.'

'Ik had het ook wel kunnen weten,' antwoordde ze. 'Dat dat hoort bij het diplomatenbestaan. Ik had er gewoon nooit over nagedacht. Sorry dat ik zo heftig reageerde,' zei ze voor een tweede keer. Ze stond op en gaf hem een zachte hand. 'Zand erover.'

'Ik zal mijn jasje ook uitdoen,' zei Bernhard, nu pas ingaand op haar verzoek. Niemand reageerde op zijn ironische lachje.

Het was hem niet ontgaan dat Liza tijdens het hele incident met een rood hoofd had toegekeken.

'Je zal toch begrijpen, Bernhard, dat een pak en een stropdas niet bepaald passen bij onze idealen,' zei Wiebe. Hij had dermate veel neushaar, dat Bernhard zich weleens afvroeg of snot of adem al die bosschages wel kon passeren (Wiebe leek over het algemeen door zijn mond te ademen).

'Het is misschien ook wel gek,' mijmerde Olga, 'en ik sta er normaal gesproken nooit zo bij stil als we met z'n allen bij elkaar komen. We zijn allemaal links en progressief. We komen allemaal op voor de zwakkeren in de samenleving. We streven een egalitaire samenleving na waarin voor ieder mens een plekje is... Maar sommigen van ons begeven zich ondertussen wel degelijk in hogere kringen, dat kunnen we niet ontkennen. Wiebe die waarschijnlijk over een paar jaar hoogleraar wordt, Felix die advocaat is, Ralf radioloog en Bernhard...'

'Diplomaat,' vulde hij zelf maar aan.

'Maar ikzelf ben maar een heel gewone secretaresse. En Bronno werkt bij de gemeente. En Tristan en Liza kunnen maar nauwelijks rondkomen... Maar hoe dan ook... wat ben ik aan het bazelen... het komt door dat pak van Bernhard waardoor ik zo van slag ben... Wat ik maar wil zeggen, is: er zijn nu eenmaal verschillen, en die verschillen worden misschien nog wel groter de komende jaren, maar in de basis zijn we allemaal gelijk en ik hoop dat dat zo blijft.'

Daar kon iedereen zich in vinden.

De knuffelronde begon. Renate zette newagemuziek op. Liza ging naar Tristan en omhelsde hem. Ook de andere duo's waren snel gevormd. Bernhard, Laurens en Wijnie bleven met z'n drieën over. Laurens zei dat hij wel even naar de wc ging.

Hester en Renate waren, net als bij de laatste drie vergaderingen, nogal intensief met elkaar aan het knuffelen. Hun omhelzingen begonnen een beetje in het oog te lopen. Renates gebruikelijke toewijding tijdens het knuffelen werd overtroffen in deze sessies met Hester. Het leek wel alsof er iets sensueels in hun strelingen was geslopen. Dwars door de krullen van Wijnie, alsof hij door struikgewas loerde, keek Bernhard met medelijden naar Felix, die af en toe een ongelukkige blik op zijn vrouw wierp.

De afgelopen weken hadden ze niet geschermd, omdat Felix had afgezegd. Bernhard signaleerde weliswaar dat het sinds het overlijden van zijn moeder steeds slechter met zijn vriend ging, maar het was alsof hij zijn eigen geluk niet in gevaar wilde brengen. Hij wist dat dit egoïstisch van hem was en toch liet hij gebeuren dat ze steeds verder van elkaar verwijderd raakten. Hij verbaasde zich er tegelijk over: dat hij zich, voordat hij Liza had leren kennen, zó verbonden met hem had gevoeld; en dat hij nu – als van een afstand – een man zag die alleen nog de herinnering aan vriendschap bij hem opriep.

Tijdens de vergadering ging het langdurig over natuurrampen. Bronno vond dat er meer aan acute noodhulp gedaan moest worden, nu er vanuit wetenschappelijke hoek steeds meer waarschuwingen kwamen dat de jaren tachtig weleens het tijdperk van de aardbevingen, vloedgolven, vulkaanuitbarstingen, hevige droogtes en overstromingen konden gaan worden. Het was Bernhard ook al opgevallen dat de natuur zich de laatste tijd steeds meer roerde. De afgelopen jaren waren er aardbevingen geweest in Joegoslavië, Californië, Iran, Zuid-Italië en zelfs, vlakbij, in Engeland. Het ergst was waarschijnlijk de Tientsin-aardbeving, waarbij zo'n driekwart miljoen Chinezen waren gedood.

Meer en meer mensen maakten zich net als Bronno zorgen over deze dreiging van de natuur. Een paar maanden geleden had in de krant gestaan dat twee derde van de Nederlandse bevolking dacht dat de huidige beschaving het jaar 2000 niet zou halen, vanwege een kernoorlog, de aantasting van het milieu of anders wel de economische recessie.

Dit soort doemdenken was niet zo aan Bernhard besteed en dat gold voor de meeste Saamhorigheidsgroepleden. Bijna iedereen had wel een poster op de wc hangen van de aardbol die opbrandde als een kaars. Ze waren met z'n allen in '81, dus voor Bernhards tijd, naar de grote antikernwapendemonstratie in Amsterdam geweest. En ook de economische recessie ging ze aan het hart (zij het op een afstand, want die leek Haarlem en omgeving niet zo te raken). Maar hoewel ze grondig op de hoogte waren, en hoewel ze regelmatig met ernstige gezichten hun zorgen uitten, scheen hun humeur door dit alles toch niet verpest te kunnen worden. Hun wat naïeve en vrolijke optimisme liet geen ruimte voor doemdenken. Ze waren ervan overtuigd dat het wel goed kwam met de wereld. Die grondhouding maakte het mogelijk dat de Saamhorigheidsgroep, wat er ook gebeurde elders in de wereld, opgewekt zou blijven wandelen, fietsen, muziek maken en volksdansen in hun Kennemerlandse cocon.

Alleen Bronno zag het allemaal wat somberder in. Hij bleef maar doorgaan over alle mogelijke rampen die de aarde konden treffen. Bernhard kreeg de indruk dat hij verwachtte dat ook het Kopje van Bloemendaal op een dag lava zou uitspugen. Wijnie leek ondertussen in slaap te zijn gevallen. Ralf speelde afwezig met zijn PSP-button. Laurens verwijderde een kattenhaar van zijn trui. Alle anderen keken verveeld naar buiten of naar de pratende mond van Bronno.

Pas toen er een nieuw project aan de orde kwam, een radiostation in Tanzania voor en door lesbische vrouwen, raakten ze allemaal weer begeesterd.

Bernhard was opgelucht toen hij naar huis kon.

35

Tristan zat op een kruk achter zijn ezel en keek nu eens naar het doek, dan weer naar de foto's die hij op ooghoogte aan een waslijn had opgehangen. Hij was bezig met een portret van een zesjarig jongetje.

Terwijl hij trachtte om de neus van de jongen enigszins gelijkend op het doek te krijgen, klonk het belletje van de voordeur. Straatgeluiden (een toeterende auto, voetstappen en de onverstaanbare dialoog van twee voorbijgangers) drongen het atelier binnen maar werden onmiddellijk weer buitengesloten, alsof iemand haast had om de deur dicht te doen.

Vanaf de plek waar hij zat, kon Tristan de deur niet zien. De voorkant van het atelier was volgestouwd met houten stellages, schilderdoeken, blikken en tubes verf, oude kwasten, nieuwe kwasten, rechtopstaande behangtafels die hij nooit gebruikte en verschillende ezels met daarop de schilderijen waaraan hij werkte.

De meeste vakgenoten hadden behoefte aan licht en ruimte. Hij niet. Het atelier bevond zich in een souterrain en het was er altijd donker. De twee kleine ramen hadden tralies en waren zo lang niet schoongemaakt, dat er zich een smerige, donkergele substantie aan had vastgehecht, die het licht zelfs op de zonnigste dag tegenhield.

Tristan voelde zich buitengewoon op zijn gemak in dit door hemzelf gecreëerde muizenhol. Soms had hij het gevoel dat hij alleen hier helemaal kon ontspannen, afgesloten van de rest van de wereld. Hij had zelfs weleens het idee opgevat dat er twee Tristans waren. Op 'straatniveau' was er de positieve, sociale en wellevende Tristan, die goed voor Liza zorgde, die zich met de Saamhorigheidsgroep inzette voor de derde wereld en die ook op andere manieren zijn best deed om een goed mens te zijn. Als hij echter de trap naar zijn atelier afdaalde, transformeerde hij – enigszins overdreven gesteld – in die ándere Tristan. De 'kelder-Tristan', de Tristan die af en toe hardop mopperde of vloekte, die soms allerlei onaangename gedachtes had en die in ieder geval geen enkele zin had om zich tot andere mensen te verhouden.

Het was dan ook vreemd, vond hij zelf, dat hij deze misantropie nodig had om portretten van zijn medemensen te maken. Maar dat was het merkwaardige: op het moment dat hij plaatsnam achter zijn ezel, vergat hij volledig dat de mannen en vrouwen die hij schilderde, ieder individueel hun eigen gedachtes, gevoelens en verlangens hadden. In zijn beleving waren het persoonlijkheidsloze poppen geworden. Hij zag alleen hun uiterlijk. En dat was dan meteen waarschijnlijk de reden dat hij slechts een *portret*schilder was. Hij kon iemands uiterlijk extreem goed, tot in de meest treffende details, kopiëren. Ontelbare keren had hij te horen gekregen dat zijn schilderijen net foto's waren. Maar door dat wat ze ontbeerden – de weergave van iemands karakter – zouden ze nooit in een museum belanden.

Omdat hij er al snel achter was gekomen dat zijn klanten minder enthousiast over zijn donkere schilderskelder waren dan hijzelf, sprak hij meestal bij hen thuis af, liet de geportretteerde dáár poseren en maakte vervolgens foto's om het schilderij in zijn atelier af te maken.

Het was dan ook ongebruikelijk dat er iemand anders dan Liza in zijn atelier kwam (en ook zij kwam er niet vaak). Hij legde zijn kwast en palet neer en stond op. Toen hij de hoek van de kast omsloeg en zag wie er bij de deur stond, deinsde hij onwillekeurig achteruit. Onmiddellijk was hij woedend op zichzelf, omdat hij zijn schrikreactie niet had weten te verbergen.

Bernhard lachte zelfingenomen naar hem. 'Ha die Tristan,' zei hij joviaal. 'Ik dacht: ik kom eindelijk maar eens het portret laten maken. Het is nu al zo lang geleden dat we dat hebben afgesproken...'

Tristans hoofd gonsde. Zijn benen werden week en hij was zelfs bang dat hij zou neervallen. Een paar seconden keek hij strak naar de muur, in de hoop dat hij zich kon herpakken.

Hij vroeg zich af of hij iets verkeerds had gegeten. Maar het is wel erg toevallig, dacht hij, dat ik me nu net ziek voel als *hij* binnenkomt.

Je móét jezelf vermannen, zei Tristan tegen zichzelf. Als je nu flauwvalt, begrijpt hij dat het *door hem* komt.

Bernhard kwam naar hem toe lopen en wilde hem de hand schudden. Maar Tristan was nog niet zover. Hij kon niet bevatten dat Bernhard hem hier opzocht, in zijn muizenhol, waar hij op zijn kwetsbaarst was en waar hij – dat voelde hij – *niet tegen hem bestand was.*

Goed, dat was hij op straatniveau ook niet. Maar daar was hij ten eerste altijd in het veilige gezelschap van de andere Saamhorigheidsgroepleden en ten tweede wist hij zijn gevoelens jegens deze man, die hij háátte, altijd met succes te onderdrukken.

Sinds die middag in Amsterdam werd Tristan verteerd door obsessieve gedachtes over Bernhard. Vaak dacht hij niet eens specifiek aan hemzelf maar eerder aan zijn naam. Bernhard. Bernhard. Bernhard. Haast voortdurend spookte de naam door zijn brein. Als hij op de fiets zat, als hij schilderde, als hij boodschappen deed... Ook als hij even door iets anders was afgeleid, kwam altijd al snel het moment waarop Bernhards naam weer in zijn gedachtes opdook. Soms was het Bérnard, zonder h. Soms Bern-hard of -hart. Hij kon zichzelf afpeigeren met de vraag of het nu zijn hart of iets hards was wat in zijn naam besloten lag. Hij draaide er helemaal van door. Het putte hem uit. Hij sliep slecht en hij was voortdurend nerveus.

Op een keer moest hij naar Amsterdam voor een opdracht. Hij was de hele tijd bang dat hij Bernhard tegen het lijf zou lopen, alsof hij niet een van de 600.000 inwoners was, maar een van de honderd. Bernhard en Amsterdam waren samengevallen, waardoor hij de stad zo veel mogelijk vermeed. Nadat hij bij zijn afspraak was geweest, spoedde hij zich zo snel mogelijk terug naar het station en zorgde ervoor dat hij in een grote boog rond de Brouwersgracht liep (hij was daardoor veel langer onderweg).

Tristan had het idee dat de duizeligheid afnam. Hij pakte Bernhards nog altijd uitgestoken hand vast. Meteen daarna wilde hij hem weer terugtrekken, maar Bernhard hield zijn vingers nog in zijn greep. Hij had nog steeds die zelfingenomen, triomfantelijke blik in zijn ogen, alsof hij wilde uitstralen dat hij meer waard was dan hij. Of verbeeld ik me dit? vroeg Tristan zich af. Verbeeld ik me dat hij op me neerkijkt en wil hij alleen maar aardig doen? Maar toen dacht hij weer aan die regenachtige middag op de Brouwersgracht. Aan dat moment waarop hij zeker wist dat Bernhard hem had gezien. Natúúrlijk kijkt hij op me neer, dacht Tristan. Hij heeft me gezien toen. Maar weet ik dat echt zeker? Heb ik het me niet verbeeld?

'Een beetje donker hier,' merkte Bernhard op. 'Is dit allemaal van jou?' Hij begon rond te lopen en bestudeerde de verschillende portretten.

Tristan haalde een paar keer diep adem. Hij had het idee dat hij de duizeligheid de baas was. Hij zou niet flauwvallen.

'Mooie dame, dit,' zei Bernhard, tikkend op de wang van een jonge vrouw die hij een tijdje terug had geschilderd.

'Ja, inderdaad... Maar waarom zeg jíj dat?'

'Jammer dat je alleen haar gezicht hebt geschilderd.' Hij had zijn handen op zijn rug gelegd en kuierde door het atelier alsof hij in een museum was.

Tristan voelde zich toch weer duizelig worden. Waarom had hij dat gezegd over die vrouw? Hij dacht aan zijn gesprek met Liza op Elswout en voelde hoe er een enorme onrust in zijn buik ontstond, ongeveer ter hoogte van zijn navel.

Bernhard was inmiddels bij het schilderij van het jongetje beland. Hij bestudeerde eerst de foto's aan de waslijn en richtte zijn blik vervolgens op het schilderij.

'Die neus...' zei hij. 'Die klopt nog niet helemaal. Je hebt hem veel te grote neusgaten gegeven. Die gok is veel kleiner, joh. Kom eens kijken.'

Tristan kwam naar hem toe en keek onwillig met Bernhard mee naar de foto's.

Schouder aan schouder stonden ze voor de waslijn. De nabijheid van Bernhard vervulde hem met afkeer, hoewel er tegelijkertijd een zekere vage aantrekkingskracht van uitging.

'Zie je?' vroeg Bernhard, wiens gezicht vlak bij het zijne was. 'Die neus heb je veel te groot geschilderd.'

'Ik ben er nog mee bezig,' antwoordde Tristan.

'Maar je bent het met me eens, toch? Die neus moet veel kleiner.'

Tristan deed alsof hij nog eens nauwkeurig naar de foto keek en nadacht. En ondertussen dacht hij alleen maar: rot toch op met dat gezanik over die neus! Houd je mond!

'Ja, het zou kunnen... Ik zal er nog eens naar kijken.'

'Lijkt me verstandig. Maar goed, ik ben hier niet om schilderadvies te geven. Waar zal ik gaan zitten?'

Tristan wees naar een stoel die een paar meter van zijn ezel stond. Terwijl hij op zoek ging naar houtskool, legde hij uit hoe hij meestal te werk ging. Bernhard zou ongeveer twee uur poseren en daarna zou hij foto's van hem maken.

'Ik vind alles best,' zei Bernhard. 'Jij bent de baas.' Hij probeerde een houding te vinden op de stoel. 'Zo goed?' vroeg hij. 'Of zo?'

'Zo is het goed,' zei Tristan zonder te kijken. Zijn hand trilde terwijl hij een houtskoolstaafje pakte. Hij ging zitten op zijn kruk en doopte per ongeluk zijn staart in een blik rode verf. Ik kan ook niets, dacht hij. Met een stuk wc-papier depte hij zijn haar. Daarna bond hij zijn staart op en probeerde zich te concentreren. Voor hem zat Bernhard. Naast hem, op de ezel, was het nu nog blanke doek.

Tristan wilde net gaan beginnen, toen Bernhard ineens zijn portemonnee greep. 'Zullen we het financiële gedeelte meteen maar afhandelen? Hoeveel was het ook alweer?'

'Zevenhonderd gulden. Maar meestal betalen mensen pas achteraf.'

'Ik doe het nu wel. Alsjeblieft.' Hij overhandigde hem een stapel biljetten. Ongemakkelijk wurmde Tristan ze in zijn overall. Normaal gesproken vroeg hij driehonderd gulden voor een portret. Plotseling had hij spijt dat hij dit enorme bedrag had gevraagd. Het was nu net alsof die vierhonderd gulden voor Liza waren...

Hij begon te tekenen. Bernhard deed zijn best om stil te zitten maar verveelde zich duidelijk. Af en toe begon hij heel hinderlijk te neuriën.

'Ssssttt,' zei Tristan.

'Excuseer. Ik zal mijn mond houden.'

Terwijl Tristan een ruwe schets maakte van Bernhards oren, begon die nieuwsgierig in het rond te kijken, waarbij hij ook zijn hoofd draaide. Tristan vroeg of hij alsjeblieft stil wilde zitten.

'Excuseer,' zei hij weer. Wat Tristan bovenmatig ergerde.

Hij vond het onaangenaam dat hij gedwongen was om Bernhards gezicht geconcentreerd te bekijken. Tristan realiseerde zich dat hij dat nooit eerder had gedaan. Als hij de afgelopen weken, máánden nu al, aan Bernhard dacht, visualiseerde hij nooit diens gezicht. Hij dacht aan Bernhard als aan een gezichtsloos wezen, met wel haren en oren maar zonder ogen, een neus en een mond. En het was alsof hij nu niet alleen de ovaalvormige schets op het doek invulde met zijn gelaatstrekken, maar ook dat wazige beeld dat hij zo moeilijk uit zijn brein wist te verbannen. Hij besefte dat Bernhard daardoor onherroepelijk een nog prominentere plaats in zijn gedachten zou gaan innemen.

Bernhard schraapte even zijn keel. 'Schilder je eigenlijk alleen maar gezichten?' vroeg hij luchtig.

'Nee. Soms schilder ik mensen tot hun middel. En sommigen willen van top tot teen geportretteerd worden.'

'Interessant...' zei Bernhard. 'Weet je: schilder mij ook maar van top tot teen.'

'Dat kan niet meer,' protesteerde Tristan. 'Ik heb nu al je gezicht in het midden van het doek getekend.'

'Begin dan maar opnieuw. Zo heel lang was je nog niet bezig, toch?'

'Nee... Nee, dat is waar. Maar...'

Bernhard was al gaan staan en had de stoel opzijgeschoven.

Inwendig vloekend tilde Tristan het doek van de ezel, zette het op de grond en pakte een ander. Hij begon opnieuw.

'En naakten?' vroeg Bernhard. 'Maak je die ook?'

'Dat heb ik weleens gedaan, ja.' Van Liza, wilde hij bijna zeggen, maar hij slikte die mededeling op tijd in. Hij had een hele reeks naakten van Liza gemaakt.

Toen ze net samen in Haarlem woonden en hij zich nooit eerder zo gelukkig had gevoeld.

'Ik zou het wel aardig vinden als je me naakt schildert,' zei Bernhard. 'Daar heb je geen bezwaar tegen, neem ik aan? Ik bedoel: we hebben immers al eens naakt gedanst op Leyduin.'

'Daar heb ik normaal gesproken geen bezwaar tegen, maar in dit geval...'

'Wat is er in dit geval?'

Tristan probeerde uit alle macht een goede reden te verzinnen waarom het in dit geval niet kon.

Bernhard keek hem geamuseerd aan.

'Ik weet het niet. Ik heb toch liever...' begon Tristan. En ondertussen dacht hij: Doe me dit niet aan, alsjeblieft. Ik verdraag het niet!

Bernhard begon zich uit te kleden. Hij trok merkwaardig genoeg eerst zijn schoenen, sokken, broek en onderbroek uit en daarna pas zijn trui en overhemd. Zonder enige schaamte ging hij weer in de houding staan.

Tristan voelde zich weer duizelig worden. Geconcentreerd keek hij naar het doek, zoals hij eerder naar de muur had gekeken, in de hoop dat hij zo zijn kracht zou hervinden. Maar hij voelde zich steeds zwakker en nietiger worden.

Bernhard was weggelopen. Omdat Tristan nog steeds naar het doek keek, zag hij niet wat Bernhard aan het doen was. Hij rommelde wat in de kasten. Toen Tristan weer opkeek, stond hij weer op zijn vaste plek, maar nu hield hij een lijst vast, wat de indruk gaf dat hij door een raam naar hem keek.

'Het spijt me...' zei Tristan. 'Ik voel me niet goed... Ik heb denk ik iets verkeerds gegeten.' Hij stond moeizaam op en legde het staafje houtskool neer. 'Ik ga even naar de wc.'

Tristan liep weg zonder Bernhards reactie te hebben gezien. Hij sloot de deur, ging op de pot zitten en ondersteunde zijn hoofd met zijn handen. Er kwamen geen tranen, maar zijn hele lijf stond onder spanning. Hij voelde de aandrang om tegen de muur te slaan, maar hield zichzelf in. Alles draaide. Hij had de gewaarwording alsof hij uit zichzelf trad en vanaf het plafond naar zijn eigen nietige gestalte keek. Hij sprong op, ging weer zitten, vervolgens staan en daarna toch weer zitten.

Hij hoopte dat als hij maar lang genoeg op de wc zou blijven, Bernhard vanzelf weg zou gaan. Maar nee, natuurlijk zou hij niet zomaar weggaan. Hij zou denken dat er wat gebeurd was en zich zorgen maken. De gedachte ontregelde hem: Bernhard die zich zorgen maakte om hem.

Terwijl Bernhard zich had uitgekleed, had hij in een flits diens onderbroek gezien. Hij was rood met een blauw glanzend embleem erop. Tristan verbaasde zich erover dat hij zoveel waarde aan zoiets futiels kon schenken. Maar het was alsof Bernhards superioriteit alleen al in die dure onderbroek besloten lag – en in de nonchalance waarmee hij die had gedragen. Hijzelf kocht witte onderbroeken bij de Zeeman, tien voor vijf gulden. Hij kon zich nauwelijks een voorstelling maken van een leven waarin het normaal was om dit soort luxe onderbroeken te kopen. Ze behoorden tot een volkomen andere, hem wezensvreemde wereld. Wat een waanzin was het! En tegelijk: wat een begerenswaardige waanzin!

Hij probeerde zijn ademhaling onder controle te

krijgen en overwoog om naar buiten te stormen en Bernhard, naakt en al, tegen de grond te werken. Voor even luchtte dit idee hem op. Hij zag voor zich hoe Bernhard op de grond lag. Maar toen dacht hij weer aan de verschrikkelijke nachtmerries die hem nu al wekenlang teisterden, en voelde hij zich zinken, alsof hij niet op de rand van de wc zat, maar van een oneindig diepe en donkere put.

In zijn nachtmerries was het niet bij die twee keren gebleven dat Liza bij Bernhard was geweest. Zijn onderbewuste maakte hem wijs dat ze elkaar sindsdien veel vaker zagen, iedere dag misschien wel, en dat ze verliefd op elkaar waren en niets anders deden dan zich met elkaar verenigen.

Hij wist dat het slechts gedachtespinsels waren en toch werd hij dikwijls woedend wakker. Hij keek dan naar Liza die naast hem lag, nog diep in slaap, en probeerde zichzelf tot rede te brengen. Natuurlijk bedroog ze hem niet. Het was maar een nachtmerrie. Hij vertelde zichzelf dat het bespottelijk was om haar daden te verwijten die ze alleen in zijn dromen op haar geweten had.

Tegen de tijd dat ook Liza wakker werd, was zijn irrationele woede meestal wel weer verdwenen.

'Gaat alles goed daarbinnen?'

Tristan schrok op. 'Ja... Ja, het gaat. Geef me nog heel even.'

'Moet ik me zorgen maken?' Hij vroeg het op een toon die eerder de indruk gaf dat hij zich verkneukelde.

'Ik heb iets verkeerds gegeten,' zei Tristan. Hij trok aan de wc-rol, zodat de metalen houder begon te piepen.

'Prima. Dan wacht ik nog even. Ik kan alleen niet heel lang meer blijven. Heb een afspraak in Aerdenhout zo...'

'Wat?'

'Ik zeg: ik heb een afspraak in Aerdenhout zo,' herhaalde hij luider.

Tristan begon met twee handen aan zijn staart te trekken, tot er lange haren aan zijn vingers bleven hangen.

Hij hoorde Bernhard weglopen.

Wat de nachtmerries nog verschrikkelijker maakte, was dat hij en Liza al tijden niet meer met elkaar naar bed waren geweest. Toen een aantal jaar geleden eenmaal duidelijk was geworden wat er met hem aan de hand was, sijpelde langzaam, zowel bij haar als bij hem, de lust weg. Alsof het hun al die tijd alleen maar om het krijgen van een kind te doen was geweest. Tijdens de steeds spaarzamere keren dat ze gemeenschap hadden, dacht hij lijfelijk te kunnen voelen dat hij onvruchtbaar was. Aan hoe zijn geslacht tussen zijn benen hing, aan kleine steken in zijn lies of in zijn balzak die hij ineens voor veelbetekenend hield – alsof zijn geslacht hem voortdurend probeerde te herinneren aan zijn onmacht.

Sinds Liza zwanger was, was dat wel een beetje veranderd. Ze hadden het weliswaar niet meer met elkaar gedaan, maar dat begreep hij wel, dat ze daar geen behoefte aan had met een baby in haar buik. Maar ze waren wel weer veel intiemer geworden dan eerder. Ze knuffelden vaak en ze vielen in slaap terwijl ze elkaar vasthielden, wat hem een gevoel van verbondenheid gaf, dat hij zich op deze lijfelijke manier alleen herinnerde uit de begintijd.

Ineens, terwijl hij met de palm van zijn hand hardhandig tegen zijn kin drukte, alsof hij zijn hoofd van zijn nek probeerde te duwen, besefte hij dat ze in die eerste jaren in Haarlem ook een keer in het souterrain hadden gevreeën – al was dat niet helemaal het juiste woord. Het was anders dan alle andere keren geweest. Hij herinnerde zich hoe hij zich op Liza had gestort met een verbetenheid of zelfs agressie die hij op straatniveau niet voor mogelijk had gehouden. Hij was veel ruwer geweest, had zich nauwelijks om haar bekommerd en was alleen maar bezig geweest met zijn eigen driftige verlangen dat ineens onstuitbaar was. Niet liefdevol, eerder vijandig – wat op zichzelf onbegrijpelijk was, omdat ze van elkaar hielden. Het was voor het eerst dat hij begreep dat ook onbehagen of zelfs woede de motor van lust kon zijn, en dat liefde hier niets mee te maken had. Sterker nog: dat dit soort lust volkomen zelfzuchtig was.

Wonderlijk genoeg had hij gemerkt dat Liza er helemaal niet onder geleden had. Zelfs: dat ze leek te hebben genoten van dit eenmalige avontuur met 'kelder-Tristan'. Al moest hij hiernaar gissen. Zoals het gebeuren voor hem een volstrekt individuele ervaring was geweest, ondeelbaar met degene met wie die tot stand was gekomen, zo moest dat voor haar ook hebben gegolden. Toen ze daarna de trap naar de straat hadden beklommen, zonder veel te zeggen, had hij zich bezwaard gevoeld. Alsof hij iets had gedaan wat niet helemaal door de beugel kon. En terwijl ze via de Pijlslaan en later de Duinlustweg samen naar huis waren gefietst, was er een vreemde afstandelijkheid tussen hen geweest.

Later had hij nog vaak aan deze middag teruggedacht, altijd met een vage schaamte. Ze hadden met elkaar gevreeën alsof ze onbekenden van elkaar waren, helemaal losgesneden van de jarenlange geschiedenis die ze deelden. En misschien, had Tristan in die periode bedacht, was het ook wel zo dat je dit soort slechts door lust gestuurde seks alleen maar met een onbekende kón hebben, niet met iemand wiens gevoelens, angsten en gedachtes je door en door kende, niet met iemand van wie je hield en met wie je al jaren samen was. Sterker nog: dat je de liefde in gevaar bracht als je al het gemeenschappelijke wegdacht om maar als vreemden met elkaar naar bed te kunnen gaan.

In het leven van Tristan was niets en niemand belangrijker dan Liza. En dus was hij sindsdien, op de zeldzame momenten dat ze nog met elkaar vreeën, net zo lief, zacht en zorgzaam voor haar als voorheen.

Tristan dacht weer aan Bernhard. Hij stond op, ademde nog eens diep in en probeerde zijn hartslag onder controle te krijgen. Hij was ervan overtuigd dat hij er rampzalig uitzag, maar dat gaf niet – dat zou alleen maar bevestigen dat hij ziek was.

Hij opende de deur. Bernhard was op de stoel gaan zitten maar stond onmiddellijk op toen hij hem zag en ging weer in de houding staan, met de lege lijst in de hand.

'Het spijt me, ik voel me erg beroerd,' zei Tristan. 'Ik maak wel foto's en dan schilder ik op basis daarvan.'

'Zal ik op een ander moment terugkomen?'

'Nee, dat hoeft niet.' Op de een of andere manier was Tristan zelfverzekerder uit de wc gekomen, alsof hij zich sterker voelde nu hij zich kon verschuilen achter de mysterieuze ziekte. Hij pakte zijn toestel en maakte foto's, zonder echt door de lens te kijken. 'Je kunt je weer aankleden,' zei hij toen het rolletje vol was. Hij voelde zich ineens hondsmoe.

Bernhard kleedde zich aan. 'Zie ik je volgende week bij het knutselen?' vroeg hij alsof er zich helemaal niets opzienbarends had afgespeeld.

'Wat?'

'We gaan volgende week knutselen bij Ralf thuis, had ik begrepen. Met alleen de mannen.'

'O ja... Ja, dat is waar. Ja, daar ben ik denk ik wel bij, ja...'

Bernhard schudde hem de hand, op diezelfde joviale manier als hij bij binnenkomst had gedaan. Het belletje klonk en hij zag hem door het raam van de deur over de trap naar de straat lopen. Toen ook zijn benen niet meer in zicht waren, liet Tristan zich op de grond van het atelier zakken en verborg hij zijn hoofd tussen zijn knieën.

36

De postbode kwam net het bordes op lopen, toen Bernhard naar buiten kwam. Hij nam de enveloppen in ontvangst en duwde de brieven voor mevrouw Verschuur door de brievenbus. In zijn auto nam hij zijn eigen post door.

Hij had weer een nieuwe zending van de NVSH ontvangen. De afgelopen maanden had hij zo krankzinnig veel condooms laten bezorgen, dat hij bang was dat zijn hospita een vermoeden zou krijgen van wat er in de enveloppen zat.

Bernhard had zelf helemaal niet aan voorbehoedsmiddelen gedacht – hij zag ze voornamelijk als obstakels voor zijn liefde voor Liza. Maar na de eerste paar keer, toen ze zonder condoom hadden gevreeën, haalde ze er bij een volgende ontmoeting plotseling een tevoorschijn. Sinds die dag bestelde hij ze bij de NVSH, die zo langzamerhand wel moest denken dat hij een bordeel draaiende hield.

Hij startte de motor en reed naar Buitenveldert om zijn ouders te bezoeken. Terwijl hij over de Hobbemakade reed, dacht hij eerst een tijdje aan zijn vermakelijke bezoek aan Tristan en daarna, wat langer, aan een opmerking van Renate die ze de avond ervoor had gemaakt. Ze hadden met de hele groep het woordenboekspel gespeeld bij haar thuis. Bernhard had onder meer het woord 'taddik' geleerd.

Na afloop was hij nog even blijven dralen in Renates voortuin, omdat hij pas naar zijn Volvo kon lopen als iedereen weg was. Tristan en Liza waren de tweede-na-laatsten die weggingen. Ze stapten op hun fiets en reden over de stoep van de Van Hogendorpstraat naar de Wagenweg. Hoewel er weinig ruimte was, fietsten ze toch naast elkaar.

Bernhard keek hen melancholisch na, denkend aan de eenzame nacht die hemzelf te wachten stond.

Renate was ongemerkt naast hem komen staan. 'Die twee zijn zo symbiotisch,' zei ze. 'Daar moet je niet tussen willen komen.'

'Wat? Waarom zeg je dat?'

'O zomaar... Goedenavond, Bernhard.' Ze liep naar binnen en sloot de voordeur. Bernhard staarde nog even in verwarring naar de oranje lamp boven de bel, die een warm licht verspreidde.

Tijdens de rit naar huis en ook terwijl hij via de Beethovenstraat naar Buitenveldert reed, bleef Bernhard aan die opmerking van Renate denken. Hij had er geen moment aan gedacht dat zijn verliefdheid op Liza weleens in de gaten kon lopen. Als ze met z'n allen waren, deden ze bijna afstandelijk tegen elkaar. Tijdens het wandelen liepen ze nooit samen en sterker nog: terwijl er in de groep een constante en drukke uitwisseling van gedachtes en meningen was, sprak hij zelden met Liza.

Maar het kon natuurlijk, bedacht hij terwijl hij zijn auto schuin tegenover zijn ouderlijk huis parkeerde, dat Renate, maar misschien ook wel sommige anderen, hadden gezien hoe hij zo nu en dan onopvallend naar haar lachte. Hoe zou hij zichzelf ook níét kunnen verraden als hij naar haar keek?

Wat hem bovendien af en toe bezighield, was de vraag wat Tristan die ene middag aan de overkant van de gracht had gedaan. Wist hij dat Liza bij hem was toen? Had hij haar gevolgd? Hij had een keer aan haar gevraagd of ze dacht dat hij een vermoeden van hen had. Nee, had ze stellig geantwoord. Nee, dat weet ik zeker.

Zijn moeder deed de deur open. Ze gaf hem drie luchtkusjes en maakte een opmerking over zijn lange haar. Sinds hij in de gaten had gekregen dat hij met zijn keurige scheiding en zijn geschoren wangen nogal uit de toon viel binnen de Saamhorigheidsgroep, had hij het laten groeien. Een baard ging hem te ver maar een bezoek aan de kapper stelde hij daarom uit. Dat kon hij ook weer niet té lang doen, want dan werd hij voor langharig tuig uitgemaakt door zijn diplomatenvrienden – of hij kreeg er opmerkingen over van zijn moeder. Het was allemaal erg ingewikkeld.

'Ik zal het binnenkort wel weer eens laten knippen,' beloofde hij.

Hij bleef de hele middag bij zijn ouders. Het gros van de tijd ging voorbij met gesprekken over bridgen, buurvrouwen, de tuin en de laatste column van Heldring, die door zijn vader (en dus ook door zijn moeder) werd gezien als een visionair.

Vlak voordat hij wegging, vertelde hij dat hij verliefd was op een getrouwde vrouw.

Liza's burgerlijke staat leek niet helemaal tot zijn moeder door te dringen. Ze was vooral erg blij met het horen van het woord *vrouw*.

'We dachten dat je op mannen viel,' zei ze. 'Of helemaal nergens op viel.'

'Het was voor mij ook een verrassing,' zei hij naar waarheid.

Zijn vader stak een sigaar op en zijn moeder wilde zelfs een fles wijn opentrekken om het te vieren, maar dat vond hij wat te ver gaan. Hij stapte weer in zijn Volvo in de wetenschap dat hij zijn ouders een groot plezier had gedaan. Ze zwaaiden hem uitbundig na terwijl hij de straat uit reed. Onderweg naar huis vroeg hij zich af wanneer op de avond het woord 'getrouwde' tot ze zou doordringen.

's Avonds wilde hij bij Haje eten, maar de tjalk lag niet meer op het water. Bernhard liep de doodlopende steiger op en bleef daar even verweesd staan, beseffend dat er een einde was gekomen aan een jarenlange routine. Hij begreep meteen dat Haje, met zijn conflictvermijdende karakter, Jacques was ontvlucht. Dat hij geen andere optie had gezien dan vertrekken.

Op een vlonder hadden een stuk of tien dieren zich

verzameld. Eenden, zwanen en nog wat witgesnavelde andere beesten lagen dwars door elkaar heen te slapen. Op een dukdalf zat een meeuw.

Weemoedig, en een beetje beledigd dat Haje geen afscheid van hem had genomen, slenterde hij naar het vegetarische restaurant aan de Prinsengracht. Daarna liep hij naar zijn stamcafé 't Smalle. Hij wist al wie er binnen aan de bar zouden zitten, zoals ze ook binnen wisten dat hij zou komen, al was hij er de laatste tijd minder vaak. De vaste clientèle bestond onder meer uit een weinig succesvolle detectiveschrijver, een weinig succesvolle componist en een alcoholistische journaliste die net was ontslagen. Ze waren net als Bernhard vrijgezel en kinderloos en hadden iets aangenaam non-conformistisch.

Terwijl hij werd verwelkomd alsof hij alleen maar heel even naar buiten was geweest om een luchtje te scheppen, werd er – zonder dat hij erom had hoeven vragen – een glas bier voor hem op tafel gezet. Bernhard nam een slok en vroeg zich af of je bevriend kon zijn met mensen bij wie je nooit thuis was geweest en wier telefoonnummer je niet eens wist. Tussen het eerste en het vijfde glas was hij ervan overtuigd dat hij zich bij niemand zo op zijn gemak voelde als bij deze drie rafelfiguren met wie hij zoveel uren in 't Smalle had doorgebracht. Tussen het vijfde en het zevende glas werden de gesprekken minder coherent en was de detectiveschrijver weer begonnen aan zijn inmiddels bekende litanie over zijn gehandicapte buurman die 's ochtends vroeg kabaal maakte. De journaliste zat alleen nog maar roesachtig naar haar lege glas te staren, terwijl ze met haar vinger rondjes maakte op de tafel. De componist vertelde, dwars door het geemmer van de schrijver, zo'n onsamenhangend verhaal dat Bernhard zich afvroeg of dit over een nieuwe compositie, zijn avondeten of een televisieprogramma ging.

Na zijn tiende glas wandelde Bernhard, een beetje wankelend, het café uit. Over de Prinsengracht liep hij naar huis, mijmerend over de vraag bij wie of waar hij zich het meest thuis voelde. Hij dacht aan zijn op zichzelf heel vriendelijke maar afstandelijke ouders in Buitenveldert, aan deze drie drankorgels die waarschijnlijk nog uren door zouden bazelen, en ten slotte aan de Saamhorigheidsgroepleden met hun kleinburgerlijke leven in Haarlem. Terwijl hij zijn blaas leegde in de gracht en luisterde naar de landing van de straal in het water, kwam hij tot een inzicht dat hem enerzijds met eenzaamheid vervulde maar hem anderzijds op een vreemde manier dierbaar was. Hij besefte, uitdruppelend en kijkend naar het schijnsel van de lantaarnpaal in de gracht, dat hij alleen was en altijd alleen zou zijn. En toch had hij het gevoel dat hij nog niet helemaal verloren was. Hij ritste zijn broek dicht en slenterde door de stille stad naar de Brouwersgracht, zich inbeeldend dat Liza thuis op hem wachtte.

37

Ze lagen in hetzelfde hotel in Zandvoort als altijd. Bryan rookte.

'Hoe gaat het met de rijlessen?'

'Goed,' antwoordde ze. 'Mijn instructeur denkt dat ik al bijna examen kan doen.'

‘Dat verbaast me niets na mijn lessen. En Wiebe? Weet die het al?’

‘Heb gezegd dat mijn vader de lessen betaalt. Hij staat er niet achter maar hij is ook niet meer tegen. Ben jij weleens naar de Keukenhof geweest?’

‘Dat zijn die bloemen, toch? Nee, nog nooit. Jij?’

‘Ik wil er al heel lang heen. Maar Wiebe wil niet. Die zegt dat het niet voor mensen als wij is.’

‘O... Maar dan kunnen wij toch wel gaan?’

‘Weet je wel hoe gelukkig je me maakt?’ vroeg ze terwijl ze tegen hem aan kroop.

38

Liza zat op de fiets naar de studio. Ze besefte dat ze haar zwangerschap niet langer verborgen kon houden voor Bernhard. Haar buik was lange tijd plat gebleven, maar de afgelopen twee weken was er toch echt een beginnende bolling te zien, die zich vanaf nu niet meer zou laten verbergen. Zeker niet voor Bernhard, die zo vertrouwd was met haar lichaam, dat hij de kleinste wijzigingen opmerkte. Als ze zich ergens aan had gestoten, en het incident eigenlijk alweer was vergeten, vroeg hij een paar dagen later hoe ze aan die blauwe plek kwam. Als ze een nieuwe moedervlek had gekregen, was hij degene die hem ontdekte.

De studio bevond zich in een donker pand in de Smedestraat, schuin tegenover de Toneelschuur. Ze stak de Gedempte Oude Gracht over en reed de Jacobijnestraat in. Scholieren van het Stedelijk Gymnasium kwamen haar tegemoet, in groepjes fietsend.

Over de stoep wandelde Laurens, met zijn versleten leren tas in zijn hand, zoals altijd iets eenzaams uitstralend. Hij staarde naar de grond en zag haar niet. Ze besloot door te fietsen.

Liza passeerde het stadhuis en dacht weer aan Bernhard. Ze móést het vertellen. Het kon niet anders. Maar ze was bang voor zijn reactie. Bang dat hij haar dan niet meer zou willen zien. Dat het voorbij zou zijn tussen hen.

Om de zaterdagmarkt te omzeilen liep ze met haar fiets aan de hand de Barteljorisstraat in. Via de Schoutensteeg bereikte ze de Smedestraat. Zonder dat ze het in de gaten had gehad, was ze steeds sneller gaan lopen. Plotseling paniekerig zette ze haar fiets, zonder die op slot te zetten, tegen een hele rij andere fietsen. Ze liep de Toneelschuur in. Terwijl ze een paar kwartjes uit haar zak haalde, zocht ze naar de telefoon. Ze vond hem naast de garderobe. Ernaast hing de telefoongids aan een ketting. Liza bladerde gehaast naar Amsterdam. Haar vinger gleed over de namenlijst, tot ze eindelijk Wekman, B. vond.

Het was de eerste keer dat ze hem belde. Hij noemde zijn naam niet. Hij zei alleen: 'Ja hallo?', op een afwachtende en heel vriendelijke manier.

'Met mij.'

'Ha Liza! Wacht even, ik zet de muziek zachter.' Op de achtergrond klonk operamuziek.

Toen hij de hoorn weer had opgenomen, vroeg ze, een beetje dwingend: 'Je wilt me zien, toch?'

'Ja. Ik wil je altijd zien.'

Ze kalmeerde wat.

'Maar dat weet je toch?'

'Kun je alsjeblieft naar Haarlem komen?'

'Nu?'

'Nee. Niet nu. Ik moet *Slakje* inspreken. Over twee uur.'

Hij vroeg waar de studio was.

Ze vertelde het.

'Dan wacht ik daar op je.'

'Je zou me nooit willen missen, toch?'

'Nooit. Ik kan niet zonder je.'

Een klein beetje gerustgesteld hing ze op. Ze drukte haar onderarm tegen de muur en legde haar hoofd ertegenaan. Met haar andere hand streek ze over haar buik. Zo bleef ze een paar minuten staan, niet goed wetend wat ze dacht en voelde, totdat er een film was afgelopen en mensen met kinderen de gang op kwamen.

39

Tristan stond bij het raam, te kijken naar de sneeuw die neerviel op het grasveld. Op het kozijn liepen drie lieveheersbeestjes. Hij tilde het raam een beetje omhoog, waardoor koude lucht hun huis binnenstroomde. Met de *Radikalenkrant* schoof hij de rode insecten een voor een naar buiten, zich onmiddellijk schuldig voelend omdat hij ze in de sneeuw zette.

Sinds de jaarwisseling werd hun huis geplaagd door lieveheersbeestjes. Als ze in bed lagen, vloog er soms ineens een door de slaapkamer en viel dan op hun hoofd of op het deken. De lieveheersbeestjes verzamelden zich in de kozijnen. Ze verspreidden een heel specifieke, niet echt aangename geur.

Liza zat bij de kachel een boek te lezen van Jan

Foudraine, over zijn tijd bij de Bhagwan. Ze vroeg of hij hout wilde halen.

Hij pakte de bijna lege kist, legde de laatste twee blokken voor de kachel en liep daarna met zijn jas aan de tuin in. De sneeuw bleef liggen maar was niet voldoende dik om het grasveld te verbergen. Halverwege het veld bleef hij staan en legde zijn hoofd in zijn nek, terwijl de vlokken uit de grijze wolkenmassa op zijn wangen vielen. Even verkwikte dit hem. Maar terwijl hij verder liep naar de villa werd hij weer bevangen door dat bedrukte gevoel dat hem al de hele middag beheerste.

Aan de achterkant van het landhuis was een open schuur waar de douairière haar gigantische houtvoorraad bewaarde. De schuur stond aan de rand van de heuvel, zodat de wind er goed doorheen kon blazen. Tristan en Liza mochten er zoveel hout pakken als ze wilden.

Tristan liep de heuvel op, terwijl hij de kist over de grond achter zich aan sleepte. Naast de schuur stond een hoge esdoorn, waarvan de kale takken een nat, kwetsbaar vogelnest onthulden. Hij vulde de kist en liep weer terug naar hun huisje, dat er vanuit de verte arcadisch bij lag: warm licht scheen door de ramen op het wit-groene grasveld. Uit de schoorsteen dwarrelde rook. Daaromheen was het helemaal donker.

Vlak voordat hij weer bij de voordeur was, ontdekte hij hertensporen.

Binnen ging hij weer bij het raam staan.

'Moet je niet weg?' vroeg Liza.

Hij antwoordde niet.

'Jullie gaan toch knutselen vanavond?'

'Ja, ik moet weg. Maar ik voel me niet goed.'

‘Wat is er dan?’

‘Ik weet het niet.’ Hij bleef naar buiten kijken.

‘Wat voel je precies?’

‘Ik weet het niet,’ zei hij nog een keer. ‘Buikpijn, geloof ik. Of nee, hoofdpijn. Licht in mijn hoofd.’

‘Hoofdpijn of buikpijn?’

Hij raakte geïrriteerd. ‘Voel me gewoon niet lekker,’ zei hij.

Ze zwegen. Aan de andere kant van het raam zat nog een van de drie lieveheersbeestjes op het kozijn, met een laagje wit op haar schild. Hij opende het raam en schoof het insect met zijn hand weer naar binnen.

‘Is het misschien omdat hij er ook is vanavond?’ vroeg ze aarzelend.

Hij voelde woede opkomen. ‘Nee, dat is het niet. Ik ga.’ Hij liep op haar toe, gaf haar een zoen en dacht: ik houd van je! Hij legde zijn hand op haar buik en liet die er even liggen. Hij voelde walging opkomen en trok ruw zijn hand weer terug. Zonder nog naar haar te kijken liep hij naar de gang, trok zijn jas weer aan en liep vervolgens toch nog terug. Terwijl hij zich over haar heen boog, zei hij: ‘Ik verdraag het niet, de gedachte...’

Ze pakte hem vast. ‘Kom even zitten,’ zei ze en ze keek hem begripvol, lief en, wat alles samenvatte, *Liza-achtig* aan. Hij kon zich een leven zonder deze vrouw niet voorstellen. Maar hij was bang dat alles kapot zou gaan.

Tristan perste er nog een glimlachje uit, beheerste zich om haar nog een kus te kunnen geven en stapte vervolgens woedend op zijn besneeuwde fiets. Zo snel als hij kon reed hij door de witte lanen van Aerdenhout, af en toe staand op de trappers en ineens compleet uit het veld geslagen omdat hij in een wak van de wolken de maan kon zien. De aanblik van het bleekblauwe maanlicht nuanceerde alles. Veel rustiger fietste hij de Zandvoortselaan op, zich voornemend om in de avond tegen Liza te zeggen dat hij zich had herpakt. Dat hij nog steeds achter hun beslissing stond en dat hij ermee om kon gaan. Dat hij een liefhebbende vader zou worden.

40

'Bernhard, zou je me misschien een nieuwe closetrol willen aangeven?'

Hij pakte er een van de stapel en overhandigde die aan Bronno. Bernhard kon nog altijd niet geloven dat ze nu werkelijk met zeven volwassen mannen aan het knutselen waren. Op de eettafel lag een grote stapel wc-rollen en verder potten lijm, scharen, papier, eierdozen en lege, niet helemaal goed schoongemaakte pakken melk en yoghurt.

'Mag ik vragen hoe jullie op het idee zijn gekomen om met elkaar te gaan knutselen?'

Er werd niet meteen gereageerd. Iedereen was druk bezig met zijn werkje. Bronno had op grote vellen papier een kaart van Europa getekend en bouwde nu met wc-rollen het IJzeren Gordijn. De landen van het Warschaupact had hij rood geschilderd, West-Europa blauw.

Ralf was voor zijn doen buitengewoon zwijgzaam. In een bruingele broek en een iets donkerder bruingele trui was hij een nogal mosterdkleurige verschijning. Het was Bernhard meteen bij binnenkomst opgevallen dat hij geen PSP-button meer droeg.

'Ik weet niet meer wie met het idee gekomen is,' zei Bronno. 'Misschien was ik het wel.'

'We wilden iets met alleen de mannen doen,' vertelde Wiebe. 'Maar we wilden ons ook niet met typische "mannendingen" bezighouden. Dat zou maar een verkeerd signaal afgeven naar de vrouwen. Eigenlijk vonden we het allemaal heerlijk om creatief bezig te zijn. Het maakt ook niet zoveel uit wát je maakt. De activiteit is belangrijker dan het resultaat.'

Bernhard probeerde begripvol te knikken.

'En drinken jullie er dan ook weleens een glaasje bij?' Hij had twee melkpakken aan elkaar gelijmd, maar hij wist nog niet zo goed hoe hij verder moest. Misschien bracht wat alcohol zijn creatieve brein op gang.

'Een pilsje, bedoel je?'

'Eh, ja, bijvoorbeeld?' Hij kreeg het gevoel dat hij een enorm subversief onderwerp had aangesneden.

'Nou, meestal niet eigenlijk. Gewoon een glas kraanwater vind ik eigenlijk vaak het lekkerst,' zei Bronno.

'Ja, ik ook,' zei Wiebe.

Bronno kreeg eveneens bijval van de anderen. Alleen Laurens mompelde dat hij op z'n tijd een glaasje advocaat wel lekker vond.

Ralf had nog steeds bijna niets gezegd. Hij stond op en liep naar de wc.

'Wat is er met hem?' vroeg Bernhard.

'Els Appelhof heeft hem aan de kant gezet,' zei Bronno. 'Hij is erg van slag. Hij dacht dat hij heel belangrijk voor haar was.'

Er werd nog even doorgeroddeld, totdat de wc werd doorgetrokken en Ralf weer in de kamer verscheen. 'Die dame die voor ons dat project in Afghanistan doet, hè,' begon hij terwijl hij weer plaatsnam. 'Dat moet toch wel een geweldige vrouw zijn, denken jullie niet? Als je daar blijft terwijl de oorlog uitbreekt.'

'Helemaal mee eens,' zei Wiebe, terwijl hij wat lijm op een pak yoghurt druppelde. 'Hoe heet ze ook alweer?'

'Lotte.' Hij begon weer een beetje te stralen. 'Lotte Balkmans.'

'Lotte Balkmans?' herhaalde Wiebe. 'Dat was een student van mij.'

'Jij kent haar dus! Wat een toeval!' Zijn stem kreeg de vertrouwde zelfverzekerde bronstigheid terug. 'Mag ik vragen hoe ze eruitziet? Ik heb haar nog nooit gezien, begrijp je wel, alleen gesproken aan de telefoon.'

'Ik zeg het niet graag over mensen,' zei Wiebe terwijl hij het pak yoghurt voorzag van een staart. 'Ze was een heel goede studente maar ze was buitengewoon onaantrekkelijk. Ze heeft ondanks haar leeftijd al een bochel en haar gezicht is meen ik bij de geboorte misvormd geraakt. Maar inderdaad, heel bijzonder dat ze dit werk doet.'

'Je maakt een grapje, denk ik.'

'Nee, waarom?'

Ralf kreeg een rood hoofd en zei niks meer.

Omdat vervolgens Felix' huwelijksproblemen werden doorgenomen (Hester had een relatie gekregen met Renate en was zelfs min of meer bij haar ingetrokken) daalde de sfeer aan de knutseltafel nogal. Bernhard schaamde zich, omdat hij het nieuws in deze belachelijke context moest vernemen. Hij vroeg zich af wanneer hij er met goed fatsoen tussenuit kon knijpen. Ondertussen had hij geen flauw idee wat hij aan het maken was: de twee melkpakken zaten nu aan een eierdoos vast en hij had een van de zijkanten rood geschilderd.

Naast hem zat Tristan. Diens vijandigheid was haast continu voelbaar. Als hij op een spaarzaam moment iets zei, keek hij nadrukkelijk alleen de anderen aan, nooit Bernhard. Bovendien trilde zijn stem van de spanning en het was niet moeilijk te raden wie daar de oorzaak van was.

De vraag bleef in hoeverre Tristan op de hoogte was. Het was mogelijk dat hij erachter was gekomen dat hij en Liza een verhouding hadden, maar dat hij had besloten om niets met die kennis te doen, wel wetend dat Bernhard bijna naar Angola zou gaan en dat hij Liza dan weer voor zichzelf zou hebben. Dit leek Bernhard een heel plausibele verklaring voor zijn gedrag. Een andere mogelijkheid was dat hij nog altijd van niks wist, zoals Liza hem met overtuiging had gezegd. Maar dan bleef het weer een raadsel waarom hij hem die ene middag aan de overkant van de gracht had gezien. Óf hij wist niet dat Liza op dat moment bij hem was. Óf hij wist het wel en werd sindsdien gekweld door een vermoeden.

Andere scenario's kon hij niet verzinnen.

Vlak voordat Bernhard weg wilde gaan, kwam Ralfs zoon naar beneden. Hij had Douwe maar een paar keer gezien. Vrolijk fluitend denderde hij de trap af en stak vervolgens lachend zijn hoofd om de deur. Daarna ging hij, nog steeds fluitend, de voordeur uit, zonder trouwens te zeggen waar hij heen ging.

Opgewekt type, dacht Bernhard.

'Wat is er met hem?' vroeg Wiebe.

'Hij is in therapie bij Renate,' antwoordde Ralf afwezig. 'Sindsdien is hij enorm opgeknapt.'

'We zouden allemáál in therapie moeten bij Renate,' suggereerde Wiebe terwijl hij Felix aanstootte.

'Ja. Ja, misschien...'

'Wat had hij nou voor gek jasje aan?' vroeg Bernhard.

'Dat heeft hij van mij gekregen,' zei Laurens, zonder er verder uitleg bij te geven.

41

Precies een week nadat hij Liza had opgezocht in Haarlem, maakte Bernhard met de Saamhorigheidsgroep een fietstocht naar Velsen. In de Tweede Kamer werden al weken debatten gevoerd over de opslag van radioactief afval. Minister Winsemius had zijn voorkeur uitgesproken voor een industrieterrein in Velsen, hoewel ook Petten werd genoemd. In januari hadden mensen de Velsertunnel geblokkeerd en was er een demonstratie geweest, waar meer dan 2500 mensen aan hadden deelgenomen, onder wie Bronno, Olga, Wiebe en Tristan.

In groepjes van twee fietsten ze van Haarlem-Zuid naar Velsen-Noord. Het plan was om de loods te bezetten die als opslagplaats moest gaan dienen. De bezetting had eigenlijk een week eerder al moeten plaatsvinden, maar dat was uitgelekt: op het Noordzeekanaal dreven die dag politieboten en het terrein stond vol met ME'ers (Bronno was erheen gefietst en had van een afstandje foto's gemaakt).

Tijdens het fietsen merkte Bernhard dat een zekere spanning bezit van hem had genomen. Lid zijn van de Saamhorigheidsgroep was tot daaraan toe, meedoen aan protestacties was van een andere orde. Hij ging nu iets doen wat totaal niet bij hem paste en wat alleen maar slecht kon zijn voor zijn carrière. Bernhard zag al voor zich dat hij werd neergeknuppeld door een ME'er en in een cel gegooid zou worden.

Alle anderen leken het echter vooral als een vrolijk uitje te beschouwen. Onderweg werd er als vanouds veel gelachen en gezongen. Ze zwierden op hun fietsen, met één hand aan het stuur, waarbij botsingen steeds op het laatste moment en onder veel hilariteit werden voorkomen. Over de aanstaande bezetting werd ondertussen met geen woord gesproken. Bernhard hoopte dat ze ervan af zouden zien en gewoon weer ergens naakt zouden gaan volksdansen. Maar hoe dichter ze Velsen naderden, hoe meer hij inzag dat dat niet ging gebeuren.

Hij had uiteraard kunnen bedanken voor dit uitje, maar dan had hij Liza niet kunnen zien. Nog altijd begreep hij niet wat er was geweest, toen ze hem een week eerder had opgebeld. Ze hadden met z'n tweeën hand in hand langs het Spaarne gewandeld, helemaal tot aan een molen aan de rand van Heemstede. Ze was zwijgzaam geweest. Hij was bang geworden dat ze met hem wilde breken. Niet voor haarzelf, want dat geloofde hij niet, maar voor Tristan.

Sindsdien had hij haar twee keer gezien, en twee keer maar kort. Eerst op maandag, voordat hij naar zijn werk ging, en daarna op donderdagavond, na het knutselen bij Ralf. Halverwege de avond was hij plotseling opgestaan, zeggend dat hij de volgende ochtend vroeg op moest en erop vertrouwend dat Tristan nog wel even in de weer bleef met de wc-rolletjes en de eierdoosjes. Zo snel als hij kon was hij naar Liza gereden.

Tijdens het knutselen was het harder gaan sneeuwen. De ruitenwissers veegden de neerdwarrelende vlokken van de voorruit. In Aerdenhout kwam hij in straten waar die avond nog niemand had gereden; via de binnenspiegel zag hij hoe de banden van de Volvo een spoor in de sneeuw trokken.

Door de omstandigheden buiten was het een romantisch en een beetje een *Dokter Zjivago*-achtig samenzijn geworden. Maar hij had niet langer dan een uur durven blijven.

Het kwam erop neer dat hij het niet langer verdroeg dat hij haar zo weinig kon zien.

Ze fietsten door Bloemendaal en kwamen langs de Uitkijk, waar Liza een paar maanden eerder had laten doorschemeren dat hun gevoelens wederzijds waren. Bij de Ruïne van Brederode pauzeerden ze en aten ze broodjes. Toen ze even later verkeerd waren gereden en tot Bernhards ergernis een heel stuk door de regen terug moesten fietsen, zei Wiebe: 'De verkeerde kant op rijden kan niet, je kunt hooguit de ándere kant op rijden.' Hun optimisme was soms buitengewoon.

De Saamhorigheidsgroepleden hadden ook stuk voor stuk een enorm goede conditie. Maar Bernhard zat iedere maandag met spierpijn op zijn werk.

Terwijl ze aan de rand van het Noordzeekanaal wachtten op de pont, keek hij toe hoe de wind met haar haren speelde. Tristan stond naast haar, boog zich over haar heen en gaf haar een kus. Ze liet het gebeuren maar haar lichaamshouding straalde geen enkele toenadering uit.

Op het industrieterrein stonden zo'n honderd mensen. Velen droegen spijkerbroeken en gympen. Een man met een leren jas en een arafatsjaal om zijn nek, tilde een ton waarop het symbool voor giftige stoffen was geschilderd. Twee vrouwen hadden een spandoek vast met daarop: VELSEN-NOORD GEEN KANKEROORD.

Bernhard vroeg zich af wat er nu ging gebeuren. Maar er gebeurde eigenlijk niet zoveel. Er was geen politie aanwezig, tegen wie de betogers zich konden verzetten. Iedereen hing maar een beetje rond bij de loods.

Bronno en Ralf en ook de anderen sloten zich onmiddellijk aan bij de groep en gaven hier en daar iemand een hand. Bernhard bleef aan de zijkant staan. Het was vrij koud en bovendien winderig.

Op een gegeven moment voegden de andere Saamhorigheidsgroepleden zich bij hem. Ook zij leken niet zo goed te begrijpen wat de bedoeling was. Olga zette maar weer 'De uil zat in de olmen' in en daarna ook nog 'I Like the Flowers'. Na een tijdje kwamen er wat tuinders uit de omgeving aan, die thermoskannen met koffie bij zich hadden. Buurtbewoners keken van een afstandje toe hoe ze daar stonden te blauwbekken.

'Ik ga even lopen,' zei Liza opeens. Ze baande zich eerst een weg door de menigte betogers en daarna door de haag van toekijkende buurtbewoners. Hij kon niet goed zien waar ze heen ging.

Bernhard wachtte even en zei toen tegen Wiebe, die naast hem stond: 'Ik zie daar iemand die ik ken.' Ook hij stortte zich in de groep actievoerders. Hij passeerde de Velsenaren en zwierf een tijdje rond over het winderige industrieterrein, waar hij nog een paar verdwaalde betogers tegenkwam. Op een bepaald moment kon hij in de verte het Noordzeekanaal zien.

Hij begreep niet goed waarom ze hier in haar eentje naartoe was gelopen. Als ze hem wilde zien zonder dat de anderen erbij waren, waarom liet ze zich dan zo moeilijk vinden? Eindelijk, na een hoek te hebben omgeslagen, ontdekte hij haar aan het einde van een doodlopende straat. Kleintjes zat ze op de stoep, met haar rug naar hem toe.

Toen ze wat later terugkwamen bij de anderen, waren de actievoerders aan het voetballen.

42

Felix zat op de wc. Het was zes uur in de ochtend. Aan zijn proefschrift werkte hij al weken niet meer. Maar hij was gewend en ook gehecht geraakt aan de routine. Hij voelde zich bovendien op zijn gemak in de ruimte. En er was, iedere ochtend weer, de hoop dat hij het werk aan zijn proefschrift zou hervatten.

Soms las hij de krant op de wc. Vaker staarde hij maar een beetje naar de verjaardagskalender aan de binnenkant van de deur.

Hester sliep nu al wekenlang bij Renate. Heel soms kwam ze ineens weer thuis, om de kinderen te zien en om schone kleren te halen. Ruzie kregen ze niet. Hij was daartoe niet in staat en hij had ook eigenlijk de behoefte niet. Zij beloofde bij het weggaan telkens dat ze snel weer naar huis zou komen.

Hij besefte dat er een cesuur in zijn leven was gekomen: de periode voor en na het overlijden van zijn moeder. Sinds haar dood had hij zich geen moment meer onbezwaard gevoeld. Nu degene die hem het allerbest kende er niet meer was, had hij het idee dat al zijn andere contacten oppervlakkig waren.

Naar kantoor ging hij niet meer. Heel soms deed hij nog een zaak, thuis en in de avonduren. Voor het geld hoefde hij het niet te doen – dat was het enige waar hij zich geen zorgen over hoefde te maken.

Ook nadat hij de tien procent van de erfenis naar de Saamhorigheidsgroep had overgemaakt, bleef er nog zo'n enorm bedrag over, dat ze de komende jaren, misschien wel de rest van hun leven, financieel onafhankelijk waren. Hester had zich nog een tijdlang druk gemaakt over de vergadering waarop ze min of meer gedwongen werden om het geld af te staan. Maar inmiddels hoorde hij haar er niet meer over. Ze ging volledig op in haar avontuur met Renate.

Die eerste weken na het overlijden van zijn moeder hadden ze nog af en toe door het Bosch en Vaartkwartier en de Heemsteedse Bloemenbuurt gefietst, zo nu en dan stoppend bij te koop staande woningen. Maar hij had zich er inmiddels bij neergelegd dat ze niet meer gingen verhuizen.

En toch, ondanks alles, had hij zich nooit eerder in zijn leven zo gelukkig gevoeld. In de ochtend bracht hij Lieke, Marlies en Wierd naar school. Daarna was hij de hele dag alleen met Josefien. Ze fietsten samen naar het strand of door de duinen. Ze gingen naar de herten in De Hout kijken. Of ze wandelden samen door het bos, waarbij hij allerlei spelletjes verzon om het haar naar de zin te maken. Hij leerde haar liedjes, die ze samen zongen. Een daarvan bestond uit de regel 'papa houdt van Josefien, heel erg veel', die op de melodie van 'Schipper mag ik overvaren' vier keer werd herhaald. Op den duur begon ze mee te zingen, wat hem de eerste keer ontroerde.

Op een ochtend zat ze in haar eentje in de woonkamer. Hij liep langs door de gang en hoorde haar het liedje zingen, terwijl ze met haar pop speelde.

Hij wist dat hij door deze jaren een verbondenheid met Josefien opbouwde die hun leven lang zou duren. Misschien, en dat hoopte hij, zouden ze net zo'n band krijgen als hij met zijn moeder had gehad. Hij prentte zichzelf vaak in dat hij haar waarden aan zijn kinderen moest doorgeven: altijd bescheiden zijn, nooit kwaadspreken over anderen en niet vervallen in cynisme. Optimistisch het leven tegemoet! Hij zei het ook tegen zichzelf als het nodig was.

Ondertussen was het leven thuis hem steeds meer gaan bevallen. Zo merkte hij dat hij plezier kreeg in koken. Omdat hij verder niets te doen had, schilde hij de aardappels al tijdens het middagdutje van Josefien. De rest van de middag liet hij ze in een bodempje water drijven, in een pan die hij vast op het fornuis zette. De aanblik hiervan vond hij huiselijk en gaf hem het gevoel dat hij alles onder controle had. Als Hester onverwacht even thuiskwam, ergerde het hem dat ze het rustige ritme verstoorde. Al bleef hij hopen dat ze snel weer terugkwam, zoals ze had beloofd.

43

Bernhard reed de parkeerplaats van Koningshof op. Ze stond bij haar fiets en droeg een rode jurk. Hij stopte de auto en lachte door het open raam naar haar. Er was verder niemand op de parkeerplaats. Liza lachte terug. Ze was er inmiddels aan gewend dat hij een auto had.

Telkens wanneer hij haar na een aantal dagen weer zag, kwam er een energie bij hem los die hem licht overweldigde. Hij voelde hoe lévend hij was – en hij realiseerde zich tegelijk hoe dor, hoe gematigd zijn gevoelsleven was geweest gedurende al die jaren dat hij haar nog niet had gekend.

In de loop van het voorjaar hadden ze het terrein van hun ontmoetingen verplaatst naar de duinen en bossen rond Aerdenhout. Ze maakten wandelingen door lege natuurgebieden en lagen met z'n tweeën in een duinpan of onder de lichtgroene bladeren van een berk. Als het regende of koud was, brachten ze de tijd door op de achterbank van de Volvo.

Een paar dagen na de fietstocht naar Velsen had Liza hem verteld dat ze zwanger was van Tristan. Toen ze was begonnen met praten, hakkelend en zenuwachtig, was hij ervan overtuigd geweest dat ze het met hem ging uitmaken. Maar daar was geen sprake van! Ze was alleen maar zwanger! Hij was extreem opgelucht geweest.

In de weken daarvoor had hij weliswaar gesignaleerd dat haar buik wat dikker was geworden, maar in zijn naïviteit had hij gedacht dat ze gewoon wat meer had gegeten. Geen moment had hij aan een zwangerschap gedacht. Geen seconde. Hij wist wel dat vrouwen kinderen kregen, maar dat was kennis die hij zich herinnerde uit zijn biologieboek van school – hij maakte het in zijn directe omgeving nooit mee. Secretaresses werden weleens zwanger. En zijn moeder was het ooit geweest. Maar verder? Geboortes en zwangerschappen waren aangelegenheden die behoorden tot een andere wereld.

En hoewel Liza's zwangerschap inmiddels een zichtbaar feit was, drong de wetenschap nog steeds niet helemaal tot hem door. Heel af en toe had hij een flits van inzicht: in haar buik groeit het kind van Tristan. Als ik in haar ben, dan is mijn geslacht vlak bij dat kind.

Maar over het algemeen benaderde hij de nieuwe omstandigheid puur esthetisch: Liza was prachtig in haar zwangerschap. Ze had iets grotere borsten gekregen (hij was bang dat ze nog groter zouden worden), haar huid was glanzender en ook minder bleek geworden en haar buik bleef, tot dusver althans, bescheiden. Liza was nog net zo tenger als altijd.

Hij dacht nog weleens terug aan dat paniekerige telefoontje uit Haarlem. Toen had hij haar labiel gevonden en had hij zich zorgen gemaakt. Maar van die wankelmoedigheid was inmiddels geen sprake meer, integendeel: ze had een zelfbewuste blik gekregen die haar nog mooier, nog aantrekkelijker, nog schitterender maakte dan ze al was.

En de buik stond haar goed. Hij gaf haar iets wellustigs, zonder dat Bernhard precies begreep waarom dat was. Misschien kwam het omdat ze zo overduidelijk trots was op haar zwangerschap en dus ook op haar lichaam.

Er waren momenten dat hij zich inbeeldde dat het zijn eigen kind was dat in haar groeide. Op die dagen streelde hij haar buik of legde hij zijn hand er plat op, in de hoop dat hij het jongetje of meisje zou voelen bewegen. Soms legde Liza haar hand op de zijne en kon hij zich inbeelden dat ze de vader en moeder van deze aanstaande boreling waren.

Niet dat Bernhard op een kind zat te wachten, overigens.

Op andere dagen, als hij wat meer bij zinnen was, als hij bijvoorbeeld in zijn eentje thuis bij de kachel zat, had hij de complexheid van de situatie wat beter voor ogen. Ze kreeg een kind met een andere man. Ze was bezig een gezin te stichten.

Maar hoelang hij hier ook bij stilstond, er viel weinig aan te doen. Er was geen sprake van dat hij dan maar ophield met haar begeren. Hij zou het niet kunnen.

En er zat ook een groot voordeel aan het nieuws: hij kon de zendingen van de NVSH stopzetten.

Liza had gedacht dat hij haar niet meer wilde zien als hij het eenmaal wist. Maar nee. Nee, natuurlijk niet.

44

Ondertussen was er een andere kwestie, die zorgde dat hij af en toe somber voor zich uit begon te staren wanneer hij eraan dacht. Over een paar weken ging hij al naar Angola. Hij had inmiddels zijn plaatsingsbesluit gekregen: hij werd junior beleidsmedewerker op de ambassade in Luanda.

In de maanden voordat hij Liza had leren kennen, had hij enorm uitgekeken naar zijn eerste buitenlandplaatsing. Maar die goede zin was langzaam weggeëbd en inmiddels zag hij ertegen op.

Zijn leven was het afgelopen jaar veranderd, niet

alleen door zijn verhouding met Liza. Hij bracht veel tijd door in de natuur, hij dronk veel minder alcohol en hij werd omringd door positieve mensen die het beste voorhadden met de wereld. Bernhard was een veel gelukkiger mens geworden. Wat moest hij straks in godsnaam in Angola?

Maar de belangrijkste reden dat hij ertegen opzag, bleef Liza. Hij dacht vaak terug aan die middag op het industrieterrein in Velsen, waar ze elkaar – weliswaar zonder het met zoveel woorden te zeggen – de liefde hadden verklaard. Sindsdien overwoog hij steeds serieuzer om niet naar Angola te gaan. Hij kon weer zeggen dat zijn ouders ziek waren, dat hij daarom, als enige zoon, nu niet naar het buitenland kon. Personeelszaken moest dat begrijpen.

Maar haar zwangerschap had zijn overwegingen wel een beetje veranderd. Opeens begon hij te denken dat het misschien wél een goed idee was om weg te gaan. De bevalling zou misschien haar lichaam ruïneren. En als het kind eenmaal was geboren, zou ze als vanzelf, of ze nu wilde of niet, opgaan in haar gezin. De baby zou al haar aandacht opeisen. En dat was een logische gang van zaken, de consequentie van verliefd worden op een getrouwde vrouw.

En toch. Tussen zijn geplande vertrek en de geboorte zaten drie maanden, bijna vier. Hij wilde die niet opgeven.

45

Tijdens de volgende vergadering, net na het knuffelen, vertelde Liza aan de groep dat ze zwanger was. Ze waren in Heemstede, bij Bronno en Olga thuis.

De anderen konden het onmogelijk nog niet weten, maar er werd goed toneelgespeeld. Liza en Tristan namen blij alle felicitaties in ontvangst. Ralf vroeg of hij haar buik mocht aanraken. Zonder dat ze toestemming had gegeven, ging hij op zijn hurken zitten, streelde met twee handen de bolling onder haar jurk en legde zelfs zijn oor ertegenaan, terwijl hij een beetje hijgde. Bernhard begon Ralf steeds meer een taddik te vinden.

Toen het zijn beurt was om te feliciteren, gaf hij Liza drie zoenen en Tristan een hand.

'Ik heb nog wel een mooie fles om het te vieren!' riep Bronno. Hij liep de kamer uit en kwam even later terug met een fles witte wijn, die Bernhard maanden terug aan hem had gegeven. Op die bewuste avond had Bernhard er zelf als enige een glas van gedronken. Sindsdien had de wijn maanden de tijd gekregen om zuur te worden.

Bernhard bedankte toen Bronno de glazen verdeelde en uitschonk.

'Het ziet eruit als een dure fles!' riep Renate.

'Dát kun je wel zeggen,' antwoordde Bronno.

Blijkbaar was hij vergeten van wie hij de fles had gekregen. Al was dat niet zo gek na zo lange tijd.

'Nou nou, chic hoor,' zei Wiebe terwijl zijn glas werd ingeschonken. 'Wat is dit nu voor wijn?'

'Wat voor wijn?' herhaalde Bronno. 'Wítte wijn.'

'Nee, maar daar heb je verschillende soorten van. Mag ik eens kijken?' Hij trok de fles naar zich toe, wat Bronno niet zo leek te waarderen. 'Merlot,' zei hij na even het etiket te hebben bestudeerd. Hij sprak het uit alsof het een Nederlands woord was, zoals marmot.

‘Op Liza en Tristan!’ riep Ralf. Hij droeg een trui met een rits, die tot zijn middenrif openstond. Borsthaar groeide welig naar buiten.

Iedereen nam een slok. Hier en daar werd gemompeld hoe heerlijk de wijn was.

‘Ik heb trouwens ook een nieuwtje,’ zei Bernhard. ‘Ik ga niet meer naar Angola. Ik blijf in Nederland.’

Er viel even een stilte. Bernhard was bang dat ze helemaal niet blij zouden zijn. Maar al snel riep Ralf ‘hoera!’ en reageerden ook de anderen heel enthousiast.

Recht tegenover Bernhard stond Tristan. Hij had zoals bijna altijd zijn spijkerpak aan. Terwijl de anderen hem de hand schudden en zeiden hoe blij ze waren dat hij bleef, keek Tristan hem indringend en bleek aan. Hij leek niet in de gaten te hebben dat hij staarde.

Liza ging naar hem toe en tikte hem aan. Hij leek een beetje bij zinnen te komen. Vervolgens liep hij naar de gang. Liza ging achter hem aan. Iedereen in de kamer snapte dat er iets aan de hand was, maar de anderen begrepen niet wat (of wel?). Toen ze na een tijdje terugkwamen, was Tristan nog steeds bleek. De rest van de avond hield Liza zijn hand vast.

De vergadering ging op de gebruikelijke, soms slaapverwekkende wijze voorbij. Bronno was weer langdurig aan het woord. Wiebe gaf een financieel overzicht van de verschillende donaties. Ralf stelde voor om te stoppen met het project in Afghanistan.

Toen kwam het moment waarop Bernhard opleefde. Hij kon namelijk eindelijk een project aandragen.

Een paar avonden eerder was hij onverwacht opgebeld door Haje. Hij bood zijn excuses aan voor zijn plotselinge vertrek. Op een avond had hij zo genoeg gehad van Jacques, dat hij geen andere mogelijkheid zag dan te vertrekken. Hij was het IJ opgevaren, had na jaren de zeilen weer gehesen en was na omzwervingen over de Maas en de Rijn uiteindelijk beland in een mijnwerkersdorp in Wallonië. Aldaar had hij het restaurant heropend. De zaken gingen goed en hij had geen last van onaangename vaste klanten. Hij had een vrouw leren kennen.

Hij belde voor het volgende: veel mijnwerkers die in zijn restaurant kwamen eten, hadden te kampen met oogklachten. De Belgische regering deed niets voor ze. Nu wist hij dat Bernhard onderdeel was van een groepje Haarlemse weldoeners...

Die mijnwerkers konden Bernhard gestolen worden maar hij was blij dat hij na al die jaren iets terug kon doen voor deze zachtaardige, conflictvermijdende man. Nog diezelfde avond belde hij hem op met het goede nieuws.

46

Tristan rende over de Duinlustweg. Bij de ingang van Middenduin sloeg hij rechts af. Op de parkeerplaats stond alleen een rode Volvo. Hij liep langs het grasveld en stak via de brug het water over.

Op het vlakke stuk tot aan de spoorwegovergang versnelde hij. Daarna kwam hij in het open veld terecht, dat hier en daar moerassig was. De zon stond hoog aan de hemel, eenden kwaakten, er was een gele vlinder die achter een witte vlinder aan zat en een reiger landde met veel gekrijs tussen het hoge gras.

Nu moest hij heuvelop en daarna kwam hij weer in het bos. Hij zette aan, voelde zijn hart kloppen en bewoog zijn armen mee om nog meer snelheid te maken. Eenmaal boven stopte hij met rennen. Hij hijgde, hapte naar adem en voelde hoe het zweet langs zijn slapen liep.

Hij keek om zich heen. Hij kwam zelden andere mensen tegen in Middenduin. Hij dacht even aan de rode Volvo en stapte toen tussen een groepje dennen.

Tristan duwde zijn rode sportbroekje naar beneden en begon te plassen, terwijl hij met het zweetbandje aan zijn pols zijn hoofd afveegde. Toen hij was uitgedruppeld keek hij nog een keer om zich heen. Hij zag niemand. Hij hoorde vogels fluiten en er scharrelde ergens een beest over de grond. Hij was alleen in de natuur.

Zijn geslacht was al begonnen te groeien. Terwijl hij het vastpakte, kreeg hij onmiddellijk een erectie. Vervolgens begon hij zich wild, met één hand steunend tegen de stam van de boom, af te trekken. Hij dacht nergens aan, behalve aan het orgasme dat snel zou komen. Even later slaakte hij een zucht. Een héél kort moment voelde hij zich opgelucht. Eén met de bomen, het gras en de dieren. Hij registreerde het getik van een specht. Maar meteen daarna borg hij zijn geslacht op, draaide zich om en rende snel weg over het pad, alsof er niets was gebeurd.

Sinds enkele weken was hij fanatiek gaan hardlopen. Eens in de twee, drie dagen verliet hij halverwege de middag het atelier, rende langs de Brouwersvaart naar Overveen en maakte een ronde over Middenduin, waarna hij weer terugholde naar zijn schildersezel. En iedere keer ging het precies zo: als hij op Middenduin was, in het beschutte stuk tussen de bomen, kreeg hij aandrang om te plassen. Het volgende moment trok hij zich af.

Hij wist inmiddels dat het hem eigenlijk alleen maar om dat aftrekken was te doen. Het was een ritueel geworden. Als hij terugkwam in zijn atelier was hij uitgeput.

De nachtmerries waren verschrikkelijker geworden. 's Nachts kronkelden de naakte lijven van Bernhard en Liza door zijn brein. Ze copuleerden in de meest vernederende, vrouwonvriendelijke standen. Hij verkrachtte haar. Hij sloeg haar en hij kneep haar keel dicht. Op een ochtend controleerde Tristan of ze bloedde, zoals hij had gedroomd. Maar ze lag rustig en vredig te slapen. Naast hem.

De nachtmerries, begreep hij, straften hem voor wat hij Liza had laten doen. Hij putte zich uit in verontschuldigingen, maar ze zei steeds maar weer dat ze er niet onder geleden had, dat ze het samen beslist hadden en dat het immers goed was afgelopen. Ze was zwanger geworden. Hun plan was gelukt.

En inderdaad had hij niet de indruk dat Liza ongelukkig was. Ze was al helemaal moeder. Hij bestudeerde haar vaak terwijl ze op de bank zat en over haar buik streelde, met haar hoofd eroverheen gebogen, alsof ze het kind al lieve woorden toefluisterde.

Maar hijzelf besefte met de dag meer dat hij een onomkeerbare fout had gemaakt in zijn leven. Dat hij een lijdend mens was geworden.

Hij rende over het verlaten zandpad en dacht dat hij mensen hoorde lachen. Tristan verliet de gebruikelijke route en sloeg links af, naar een duin aan de rand van het open veld. Helemaal aan de andere kant, in de verte, zag hij inderdaad twee mensen. Ze lagen op een strook gras onder de bomen, net naast een zandvlakte. Hoewel hij hun gezichten niet kon onderscheiden, was het duidelijk waar ze mee bezig waren. Het speet hem dat hij zo koppig was om geen bril te dragen. Tot zo'n honderd meter kon hij probleemloos zien, daarna werd het algauw troebel.

Hij bleef een tijdje staan kijken en dacht terug aan zijn eigen eenzame getrek tussen de bomen. Daarna rende hij door, terwijl hij het hele stuk tot aan de uitgang weer werd bezocht door die verschrikkelijke mantra in zijn hoofd: Bernhard-Bernhard-Bernhard-Bernhard-Bernhard-Bernhard-Bernhard...

Hij probeerde aan andere dingen te denken, om zijn gedachten af te leiden. Zonder resultaat.

Tristan kwam bij het tunneltje dat hem weer aan de andere kant van het spoor bracht. 'Bernhard!' schreeuwde hij zo hard als hij kon, in de hoop dat hij de naam eindelijk kwijt zou raken. Maar terwijl hij verder rende over het steeds dieper wordende zand, de heuvel op die was bezaaid met dennenappels, echode de naam nog steeds door zijn hoofd.

47

Hij werd langzaam wakker. Terwijl hij één oog opende, zag hij dat Liza naar hem lag te kijken. Bernhard hield zich nog wat langer slapende. Even later opende hij allebei zijn ogen en lag ze nog steeds naar hem te kijken. Toen ze doorkreeg dat hij wakker was, sprong ze op hem en begon ze zijn gezicht te kussen. Ze pakte met twee handen zijn hoofd vast en drukte haar mond op zijn wangen, neus, lippen, ogen, voorhoofd en oren. Ze bleef hier maar mee doorgaan. Ondertussen keek ze hem lachend en met haar volle aandacht aan.

'Wat is er?' vroeg ze.

'Ik heb me nog nooit zo geliefd gevoeld.'

Ze lagen in zijn slaapkamer, net als zes en acht maanden eerder. Tristan was met Bronno en Wiebe een traject van het Pieterpad aan het lopen. Op vrijdagmiddag was hij vertrokken en hij bleef het hele weekend weg.

Ze waren nog nooit zo lang samen geweest. Voor het eerst vielen er zo nu en dan stiltes. Aanvankelijk probeerde Bernhard die steeds zo gauw mogelijk op te heffen, maar later liet hij ze bestaan en merkte hij dat ze juist plezierig waren. Ze gingen uit eten in De Bolhoed en hij nam haar mee naar 't Smalle. Daarna zaten ze tot laat bij de open haard, terwijl hij operaplaten voor haar draaide.

Op zaterdag slenterden ze door de stad en kwamen op een bepaald moment uit bij het Waterlooplein. Liza trok hem mee langs de kledingstalletjes. Uit een grote schoenenberg haalde ze twee mintgroene hakken tevoorschijn. Ze kocht ze voor een paar guldens en wilde ze aanhouden. Moeizaam liep ze over de Amsterdamse steentjes.

Liza droeg nooit hakken. Bernhard vond dat ze niet bij haar pasten. En hij merkte dat hij zich ergerde aan het feit dat ze niet wist hoe ze erop moest lopen. Waggelend, hulp zoekend bij zijn arm, kwam ze traag vooruit.

'Waarom draag je niet nog even je normale schoenen,' stelde hij voor. 'Dan loop je de hakken thuis in.'

Dat vond ze een goed idee. Hij gaf haar de gymschoenen en hielp haar bij het aantrekken.

'Laten we naar huis gaan,' zei hij. Omdat ze snel moe werd, maakten ze steeds korte uitstapjes, om daarna weer terug te keren naar de Brouwersgracht. Naar het bed.

Vlak voordat ze het Waterlooplein verlieten (Bernhard had de strippenkaart al in zijn hand) bleef ze staan bij de laatste kraam. Een paspop droeg een mannenhoed. Liza kreeg iets uitgelatens over zich en pakte de hoed van de pop af. 'Zet eens op,' zei ze.

Hij deed het en keek in de spiegel. De hoed stond hem niet onaardig, vond hij. Hij had al vaker met het idee gespeeld om een hoed te dragen, maar hij had zich daar tot dusver wat te jong voor gevoeld.

Liza moest lachen. 'Geweldig!' zei ze. Hij begreep niet goed wat ze zo grappig vond. Tot ze de hoed zelf op haar hoofd zette en semigewichtig in de spiegel ging kijken. Daarna begon ze, met een hand aan de hoed, naar voren te lopen, en maakte ze een draai alsof ze een mannequin was. En toen pas begreep Bernhard het: ze zag de hoed als iets uit een verkleedkist. Om gek mee te doen.

'Zullen we 'm kopen?' vroeg ze.

'Nou, ik weet niet...'

'Ach, joh, is toch geestig. Hoe duur is de hoed?' vroeg ze aan de marktkoopman.

'Ik zou best een hoed willen dragen,' zei hij, 'maar dan liever toch niet een tweedehands.'

Ze keek hem beledigd aan. 'Wat is er mis met tweedehands? Zo'n beetje al mijn kleding is tweedehands. Tristan draagt ook alleen maar tweedehands.'

‘Ik vind het idee niet zo prettig dat iemand anders er jarenlang mee heeft rondgelopen.’

‘O...’ zei ze teleurgesteld.

Ze liepen naar de tram.

Later, in bed, vroeg ze: ‘Waarom moest je nou zo serieus doen net? We hadden het toch leuk?’

Hij snapte eerst niet wat ze bedoelde, maar begreep toen dat het om de hoed ging.

‘Laten we er zo een kopen,’ zei hij. ‘Een nieuwe. In een winkel.’

Vlak voor sluitingstijd liepen ze naar The English Hatter op de Heiligeweg. In de winkel kenden ze hem, hij kwam er regelmatig. Hij kocht er zijn ondergoed en ook weleens een broek of een trui.

‘We willen een hoed kopen,’ zei Bernhard.

Hij vond de dienstverlening in deze winkel altijd erg prettig. Het personeel zei ‘mevrouw’ tegen Liza en ‘meneer’ tegen hem. Maar Liza leek zich niet op haar gemak te voelen.

Na drie hoeden gepast te hebben, zette hij een grijsbruine fedora op zijn hoofd. Hij stond hem goed. Zijn gezicht kreeg er iets gedistingeerds van.

Liza zag het ook. ‘Je bent echt een héér nu,’ zei ze.

Bernhard keek nog eens naar zichzelf in de spiegel, met links van hem Liza en rechts de winkelier, die een spencer aanhad en een strikje om zijn nek droeg. ‘Ik neem ’m,’ zei hij. De hoed kostte tweehonderd gulden.

Ze liepen de winkel uit. Liza was stil. Af en toe keek hij naar zichzelf in de weerspiegeling van de winkelruiten en realiseerde zich dat ze gelijk had: hij was meer een heer geworden. Hij ergerde zich ineens aan zijn lange haar, dat onder de hoed uitstak.

Onmiddellijk nam hij zich voor om maandag, tijdens zijn lunchpauze, naar een kapper in Den Haag te gaan.

'Vind je het niet gek om die hoed te dragen?' vroeg Liza nieuwsgierig.

'Nee. Waarom?'

Ze lachte ongemakkelijk.

48

Tristan zwoegde door het Drentse landschap. Bronno en Wiebe liepen een eindje voor hem en keken af en toe over hun schouder waar hij bleef. Links en rechts van het zandpad lag een roze heideveld. De zon brandde op zijn blote armen. Hij had te weinig water bij zich.

Hij kon de anderen met gemak bijhouden, maar hij had geen zin om naast ze te lopen. Het lukte hem niet om zijn ergernis jegens Wiebe maar ook Bronno te verbergen. Op een bepaald moment – ze hadden net geluncht – begon die laatste zijn neus te snuiten. Gedurende een paar seconden leek hij daar ook nooit meer mee te gaan ophouden. Er kon onmogelijk nog iets in zijn neus zitten, maar hij bleef er maar door toeteren, terwijl hij afwisselend zijn linker- en rechterneusgat dichtdrukte.

'Godverdomme,' zei Tristan. Hij pakte zijn tas en liep weg. Pas na een tijdje hadden ze hem weer ingehaald. Ze bleven, stil, een paar meter achter hem lopen. Hij voelde zich vervelend over zijn gedrag maar het lukte hem niet om het te veranderen.

Op zondagochtend werden ze wakker in de hooischuur van een boer. ‘Wat was er vannacht?’ vroeg Wiebe.

‘Wat bedoel je?’

‘Ik had het idee dat je aan het ijlen was. Je schreeuwde Bernhards naam.’

‘Ik kan me niets herinneren,’ zei Tristan.

‘Je sliep al snel weer in. Maar je bleef onrustig.’ Hij keek hem bezorgd aan.

‘Ik voel me prima. Laten we gaan, we hebben nog een lange wandeling voor de boeg.’

49

Ze zat aan de rand van het weiland. Achter haar rug was het Ramplaankwartier. Twee koeien, de een bruingevlekt en de ander bijna helemaal wit, stonden in de sloot. Ze keken naar haar en zij keek naar hen terwijl ze nadacht.

Het was vijf uur in de ochtend. De nevel boven het weiland loste langzaam op en in de verte zag ze al af en toe een fietser op de Elswoutlaan.

Liza deed al weken geen nachtdiensten meer, maar geen van de andere verloskundigen kon. En dus had ze, met haar eigen zwangere buik, een meisje ter wereld geholpen in het holst van de nacht.

Doordat Bernhard niet meer naar Angola ging, was alles anders geworden. Ineens had zich een heel ander scenario geopenbaard. Aanvankelijk speelde ze alleen maar met de gedachte, niet echt serieus. Het idee om weg te gaan bij Tristan en het kind met Bernhard op te voeden, kwam op haar over als een verleidelijke, maar niet realistische fantasie. Zoals ze weleens vaker droomde over levens die ze niet leidde.

Maar op een bepaald moment – ze fietste van de supermarkt naar huis – was ze tot het inzicht gekomen dat het helemaal niet bij een fantasie hoefde te blijven. Het was een serieuze mogelijkheid.

Bernhard gaf haar zelfvertrouwen. Nog altijd kon ze niet goed geloven dat zo iemand als hij verliefd op haar was. Ze had zich altijd zo gewoon gevoeld. Opgegroeid in een arbeidersgezin, verloskundige geworden en getrouwd met haar middelbareschoolvriendje. Geen slecht leven maar ook geen opzienbarend leven. Tot hij haar begon te vereren en haar het gevoel gaf dat ze bijzonder was – in ieder geval voor hem.

Ook binnen de Saamhorigheidsgroep was ze zich sterker gaan voelen. Hun relatie voelde als een overwinning op Hester en Wijnie. *Zij* waren de knappe vrouwen in de groep. Maar *zij* had een verhouding met Bernhard.

Niet eerder in haar leven had ze zich gerealiseerd dat zelfvertrouwen en geluk zo nauw met elkaar verbonden waren. En misschien was het wel iets heel particuliers, ging dit voor andere mensen helemaal niet op. Maar bij haar wel: ze zag zichzelf als het ware door de ogen van Bernhard, creëerde daardoor een betere versie van zichzelf en werd vervolgens gelukkiger. Gelukkiger dan ze misschien wel ooit geweest was.

Desalniettemin vond ze Bernhard een beetje karakterloos. De verrechtsing van Nederland, de groeiende werkloosheid, de aantasting van het milieu en verschrikkelijke dingen die er gebeurden in de wereld, leken hem allemaal niet echt aan het hart te gaan. Ze had geen flauw idee welke waarden voor hem belangrijk waren. Hij leek eigenlijk altijd alles wel best te vinden.

Wat dat betreft was Tristan veel bevlogener. Die maakte zich boos over misstanden. Van hem wist ze hoe hij dacht over de wereld. Ze wist dat hij moreel zuiver was, dat hij het goede van het kwade kon onderscheiden en steevast zou kiezen voor de underdog. Ze wist kortom zeker dat hij een goede man was. Dat hij altijd voor haar zou klaarstaan en dat hij haar – mocht het nodig zijn – ten koste van alles zou beschermen.

Maar wie was Bernhard? Wat waren zijn interesses? Waar leefde hij voor?

Hij luisterde graag naar opera's. Maar als ze hem vroeg wat hij er zo mooi aan vond, kwam er niet echt een antwoord. Hij liet haar platen luisteren maar hij deed geen moment zijn best om haar voor de muziek te begeesteren. Hij wilde haar alleen maar laten horen wat *hij* mooi vond.

Maar verder? Afgezien van die liefde voor operamuziek en zijn liefde voor haar, leek er bij Bernhard niet zoveel over te blijven aan gevoelens of interesses. Als ze aan hem dacht, kreeg ze soms zelfs het beeld voor ogen van een hol vat. Het beeld beangstigde haar, en ze kreeg het koud van de gedachte dat ze verliefd was geworden op een man zonder karakter.

En tegelijk was dat lichte, of misschien zelfs oppervlakkige, van zijn persoonlijkheid juist zijn grote aantrekkingskracht.

Bernhard had iets charmants en iets chics. Ze wist wel dat hij zich opzettelijk een beetje verlaagde om in de Saamhorigheidsgroep niet uit de toon te vallen. Iedereen voelde dat aan. Het was niet dat hij van adel was, maar je merkte aan alles dat hij een heel andere opvoeding had gehad en zich nooit zorgen had hoeven maken over geld. Het zat 'm in terloopse opmerkingen, in zijn kleding en in zelfverzekerde gedragingen waarvan hijzelf zich waarschijnlijk niet eens bewust was.

Ze dacht weer aan die middag in Amsterdam, toen hij tweehonderd gulden had betaald voor een hoed. Het was een moment – en daar waren er wel meer van geweest – waarop ze als het ware plotseling was wakker geworden en had ingezien hoe anders ze waren. En waarop ze ook had begrepen hoe dwaas haar idee was om met Bernhard verder te gaan. Bovendien: het was onmogelijk om Tristan te verlaten. Na al die jaren, na hun plan dat ze hadden beraamd op Elswout. Het zou de verschrikkelijkste vorm van verraad zijn jegens haar allerbeste vriend.

En toch: een toekomst met Bernhard was zo aanlokkelijk. Over een aantal jaren zou hij ambassadeur zijn. En stel dat ze bij elkaar bleven, en waarom zou dat niet gebeuren, dan werd zij ambassadeursvrouw. Ze keek nog eens nadrukkelijk naar het Haarlemse weiland, alsof ze er al bijna afscheid van moest nemen... Ze probeerde zich een voorstelling te maken van het leven dat ze in het buitenland zou leiden, en voelde zich helemaal opgloeien. Ze dacht ook onmiddellijk weer aan Hester en Wijnie: hoe ze hen de ogen zou uitsteken als ze aan de zijde van Bernhard de wereld zou overtrekken, aanschuivend bij chique diners en luxueuze borrels op de meest exotische plekken. Het was een leven dat ze associeerde met dat van de leden van het koningshuis.

Onmiddellijk schaamde ze zich voor de gedachte. Een dergelijk leven was niets voor haar. Ze moest zichzelf, en de waarden van de Saamhorigheidsgroep, niet verloochenen. En ze realiseerde zich dat Hester en Wijnie juist helemaal niet jaloers op haar zouden zijn. Ze zouden op haar neerkijken als ze zou kiezen voor zo'n afhankelijk bestaan.

Daar kwam nog bij dat ze zich Bernhard niet kon voorstellen als vader. Hij zou zich geen raad weten als ze hem vertelde dat hij de verwekker was. Dus zou ze gewoon bij Tristan blijven. En als het kind was geboren, moest het voorbij zijn met Bernhard.

Maar al op de fiets naar huis wist ze het niet meer zo zeker. Ze vroeg zich af of ze ooit in staat zou zijn om afscheid van hem te nemen. En het was ook jammer voor Melle. Ze zou hem geen leugen hoeven voorhouden en hij zou opgroeien in weelde. Maar Tristan... Arme, lieve Tristan...

Wat is het toch moeilijk, dacht ze. Wat heb ik het mezelf moeilijk gemaakt.

50

Bernhard parkeerde zijn auto in de winkelstraat op de Zandvoortselaan. Het was zaterdagmiddag en hij was net bij Liza geweest.

Nadat hij voor twee dagen boodschappen had gedaan, kwam hij de supermarkt weer uit. Hij nam plaats achter het stuur en wilde de motor al starten toen hij op de stoep ineens Bronno zag. Hij zette zijn fiets vlak naast de auto van Bernhard neer.

Bronno boog voorover om het sleuteltje uit het slot te halen. Hij was nu met zijn hoofd op dezelfde hoogte als Bernhard. Als hij naar links zou kijken, zou hij hem zien.

Bernhard realiseerde zich dat hij nu niet de motor kon starten. Bronno zou dan zeker even in de auto kijken. Hij wendde zijn hoofd af om oogcontact te vermijden.

'Moet je nou kijken,' hoorde hij Bronno zeggen (het raampje van de bijrijdersstoel stond op een kier), 'al die rommel die mensen zomaar op straat gooien.'

Bernhard keek tersluiks naar rechts en zag Bronno met een ernstig gezicht allerlei vuilnis van de stoep rapen: een blikje 7-Up, snoepverpakkingen, het klokhuis van een appel.

'Is het nou zóveel gevraagd om het even in de vuilnisbak te gooien.'

Op de stoep ontstond wat gedrang omdat mensen er niet langs konden.

'Pardon, meneer, kan ik misschien even...' Een vrouw met twee zware boodschappentassen probeerde hem te passeren.

'Mag ik dit misschien even afmaken? Of vindt u het wel best, al die rommel op straat?'

'Ik heb er geen last van,' zei de vrouw.

'Nee, ú heeft er geen last van. Maar andere mensen misschien wel. Als iedereen dezelfde mentaliteit als u zou hebben...'

'Jaja, het zal wel,' zei ze. De vrouw liep weg.

Bernhard zat al met zijn hand aan de autosleutel.

'Ongelooflijk dat mensen al die elastieken weggooien,' zei Bronno. 'Deze kun je prima nog gebruiken.' Hij veegde twee elastiekjes schoon en hing ze aan zijn stuur. Mensen wurmden zich langs hem.

'En een handje helpen, ho maar.' Hij hurkte nu vlak

bij de auto. 'Wat ligt hieronder toch weer allemaal...' Bernhard kon Bronno nu niet meer zien. Vanonder de auto klonk het geschuif van vuilnis over de grond.

'Onder auto's ligt vaak ontzettend veel rommel,' zei Bronno. 'Ook omdat mensen hun sigaretten uit het raam gooien en die verdwijnen dan tussen de steentjes.' Het klonk alsof hij met zijn zakmes iets tussen de tegels vandaan peuterde.

'Zo,' riep hij. 'Dat is weer schoon.' Hij klapte even in zijn handen.

Via de buitenspiegel zag Bernhard hem een bakker in lopen. Hij zuchtte opgelucht.

Bernhard startte de motor en verliet de parkeerplaats. Maar hij had niet opgelet of er verkeer aan kwam.

'Toettoet!' riep een bekende stem. 'Moet het weer zo asociaal?' Hij keek opzij en zag Renate staan, met haar handen bij de remmen van haar fiets. Ernaast stonden Hester en Olga, ook op de fiets.

'Ben jij dat, Bernhard? Nee toch?'

'Bronno, moet je kijken wie we hier aantreffen!'

Achter hen kwamen er nog meer fietsers aan. Twee auto's wachtten tot ze erlangs konden.

'Nee maar!' zei Bronno. Hij had een brood onder zijn arm. 'Dit is mag ik hopen niet je eigen auto?'

'Jawel,' antwoordde Bernhard. 'Sorry, ik had het jullie misschien eerder moeten zeggen.'

'Maar Bernhard, je weet toch wel wat voor gevolgen autorijden voor het milieu heeft?' vroeg Olga. Ze was met haar fiets naast zijn raam komen staan. 'Hoeveel dieren er jaarlijks door automobilisten worden doodgereden? Hoeveel kilometers snelweg we inmiddels in ons kleine landje hebben?'

Bronno kwam naast haar staan. 'Een lid van de Saamhorigheidsgroep met een auto,' zei hij. 'Dat is toch wel héél erg kras.'

'Bernhard, mag ik even iets vragen?' vroeg Renate van rechts. Ze had haar mond door het open stukje raam gestoken.

'Ja, hoor.'

'Hoelang heb jij deze auto al?'

'Eh, een jaar of drie.'

'En dat heb je al die tijd voor ons verzwegen?'

'Ja, het spijt me...'

Een van de auto's achter hem begon te toeteren. 'Nou, ik moet gaan,' zei Bernhard.

Hij drukte het gaspedaal in. Via de binnenspiegel zag hij ze hun neus dichtdrukken. Renate wapperde met een vies gezicht de uitlaatgassen weg.

51

Bronno en Olga kwamen het Elisabeth Gasthuis uit. Ze stapten op hun fietsen en reden zwijgend via De Hout in de richting van hun huis. Bij het Hildebrandmonument gingen ze op een bankje tussen de bomen zitten. Ze luisterden een tijdje naar een merel.

'Zeg voorlopig maar niks tegen de anderen,' zei Olga.

'Wat je wil.'

'Ik vertel het ze wel na Pont-de-Barret. Ik wil er een mooie laatste vakantie van maken.'

'Wil je niet liever met z'n tweeën weg?' Hij pakte haar hand.

'Nee. Met z'n allen.'

52

De Saamhorigheidsgroepleden hadden het herhaaldelijk over het beginnen van een commune. Tijdens de zomervakanties kwamen ze het dichtst bij dat ideaal. Ze gingen ieder jaar, vier weken lang, naar een camping in de Drôme.

Thuisblijven betekende een maand Liza niet zien, dus Bernhard ging mee.

Nu hij eenmaal was ontmaskerd als autobezitter, werd er ook meteen van geprofiteerd. Bronno, Olga en hun zoontje Takele reisden mee op de achterbank van zijn auto, terwijl Wiebe naast hem zat en de kaart las. Diens vrouw hield niet van kamperen en bleef thuis.

Felix reed met zijn kinderen in de gele Lada van hun buren naar Zuid-Frankrijk. Tristan en Liza liftten. Dat leek Bernhard gezien haar toestand niet zo'n goed idee, maar zelf zag ze het probleem niet. Laurens, Renate, Hester, Ralf en Wijnie en hun zoon en dochter gingen met z'n allen met de fiets in de trein.

Ze reden er met de Volvo in twee dagen naartoe. Om de zoveel kilometer stopte Bernhard om te tanken. Als het weer eens zover was, waren Bronno, Olga en Wiebe net in slaap gevallen. Of ze zaten midden in een verhitte politieke discussie, waardoor ze niet mee leken te krijgen dat er getankt en ook betaald moest worden. Maar als ze weer onderweg waren, klaagden ze over de stank op het benzinestation en zei Bronno of Wiebe: 'De volgende keer betaal ik!' Alleen waren ze de volgende keer weer in slaap gevallen of aan het discussiëren.

Bernhard had nog nooit gekampeerd. Hij mocht

de oude tent van Wiebe lenen. Die lekte hier en daar en er zaten in de bovenhoeken allerlei donkerbruine schimmelvlekken, die bovendien zorgden voor een onaangename geur binnen. Daar kwam nog bij dat het, door Bernhards lengte, onmogelijk was om níét ergens met zijn lichaam tegen het tentzeil te komen, waardoor hij, als het regende, als een ongelukkige foetus ineengekruld lag, terwijl er om de zoveel tijd een druppel op zijn neus of slaapzak viel.

Hij lag op een uiterst dun kampeermatje, ook van Wiebe geleend, dat ieder steentje eronder probleemloos deed voelen. Ook had Bernhard last van het hoogteverschil: in zijn slaap zakte hij helemaal naar één kant van de tent. Hij leerde van Bronno dat je altijd met je hoofd op het hoogste punt moest gaan liggen, maar daar lag dan weer net een onaangename kei. Bernhard vroeg zich af hoe hij dit vier weken ging volhouden.

Afgezien van de ongemakken deed hij blijkbaar voortdurend alles verkeerd. Het begon al tijdens de reis ernaartoe. Ergens bij Metz gooide Bernhard een klokhuis door het raam naar buiten, waarna Bronno hem fijntjes wees op de hoeveelheid dode vogels die er langs de snelweg werden gevonden.

In Pont-de-Barret, bij het opzetten van zijn tent, sloeg hij een haring door een boomwortel. 'Au!' riep Olga. 'Kun je wel tegen zo'n weerloze boom?' Bronno noemde hem zelfs een moordenaar.

Terwijl hij stond af te wassen met Wiebe, liet hij de kraan lopen. Wiebe zei er niets over maar hield ineens een ernstig betoog over de droogte in Afrika. Bernhard, druk met afwassen, begreep pas na een tijdje waar deze preek vandaan kwam. Toen hij de kraan uitdraaide, begon Wiebe meteen over iets anders.

Op een ander moment hadden ze water gekookt voor de thee. Wat er over was, gooide Bernhard tussen de planten. Dat was blijkbaar ook niet de bedoeling.

Vervolgens zat er een takje in zijn thee. Hij maakte er een opmerking over. 'Nou, Bernhard, daar ga je heus niet dood van,' zei Olga. Een paar uur later hoorde hij haar tegen de anderen zeggen: 'Die Bernhard, hè, die een takje in zijn thee had.' Ze moesten er erg om lachen.

Op de tweede of derde avond (de treinreizigers waren inmiddels ook aangekomen) liep Bernhard net na het eten naar de wc's. Deze bevonden zich in een zelden schoongemaakt gebouwtje waar ook de douches en de afwasbakken waren. 'Nooit met lege handjes naar de keuken, Bernhard!' riep Wijnie. 'Geldt ook op de camping.' Hij sjokte terug en nam alvast een paar vieze borden mee.

53

Pas na vijf dagen kwamen Liza en Tristan het kampeerterrein op lopen. Bernhard zag hem even naar zijn auto kijken en merkte dat er iets was. Een paar uur later kwam Tristan nerveus naar hem toe. Hij was zo onrustig dat Bernhard bijna dacht dat hij een klap ging krijgen.

'Is die auto van jou?' vroeg hij dwingend.

'Jazeker.'

'Ik zag 'm een paar weken terug op Middenduin staan.'

'O, dat kan.'

'Was jij dat, met die vrouw?'

'Welke vrouw?' Hij deed alsof hij nadacht. 'O, díé vrouw. Ja, ik was met een vriendinnetje aan het wandelen.'

'Een vriendinnetje?'

'Ja, die neem ik af en toe mee de natuur in.'

'Ken ik haar?'

Bernhard liet even een stilte vallen. Hij zag Tristan lijden. 'Nee, die ken je niet,' antwoordde hij rustig. 'Dat was een vriendinnetje uit Den Haag.'

'Godzijdank,' zei Tristan. 'O, godzijdank.' Hij legde zijn hand dankbaar op Bernhards schouder. Zonder nog iets te zeggen, liep hij weg.

Een paar minuten later lagen Liza en Bernhard op een afgelegen stukje van de camping. De maan scheen tussen de naaldbomen. In de verte hoorden ze de anderen lachen en praten.

54

Het was duidelijk dat de Saamhorigheidsgroepleden deze vakantie als het hoogtepunt van het jaar beschouwden. Bernhard was onder de indruk van hun immer beklijvende goede humeur. Ze waren altijd vrolijk en aan het lachen en hadden voortdurend zin om dingen te ondernemen. Ook Felix leek weer een beetje de oude te worden, ook al sliep Hester de hele vakantie in de tent van Renate. Overdag zorgde ze voor haar kinderen alsof er niets aan de hand was.

Felix had een De Waard-tent, die door de anderen

spottend ‘het kasteel’ werd genoemd. Verder sliep iedereen in lage tentjes.

De camping lag aan de oever van een tussen de rotsen stromende rivier, die uitmondde in de Rhône. Omdat er op de plek vroeger een arboretum was geweest, groeiden er allerlei bijzondere bomen. In het midden van het terrein stond een stenen prieel, dat deed denken aan de muziekkoepel in de Haarlemmerhout. Als het regende, gingen ze er met z’n allen eten.

Veel andere kampeerders waren er niet. Heel af en toe arriveerde een gezinnetje, dat na een paar nachten of zelfs de volgende dag alweer vertrok. Bernhard vermoedde dat ze geïntimideerd waren door de dominante aanwezigheid van de Saamhorigheidsgroep. Overdag kwamen er Fransen zwemmen in de rivier, die tegen zonsondergang weer weggingen. ’s Avonds klonk alleen het stromen van de waterval aan de noordkant van de camping, het tsjirpen van krekels en het knetteren van een vuur dat ze hadden gemaakt.

Aanvankelijk had Bernhard het initiatief genomen bij het maken van een kampvuur. Hij ging aan de slag met lucifers en krantenpapier en merkte al meteen dat hij weer iets verkeerd deed. Bronno kwam erbij zitten. Hij liet hem zien hoe je met een takje en een steen ook vuur kon maken. Bernhard vond het leerzaam en irritant tegelijk.

Onder leiding van Hester werd er iedere dag een activiteit georganiseerd: ze gingen mandala’s tekenen op de rotsen, zonnebloemen schilderen in een zonnebloemenveld en elkaar masseren terwijl ze tot hun middel in het stromende water stonden. Ook was er een vertrouwensoefening: je moest je achterwaarts laten vallen, met gesloten ogen, in de hoop dat een van de anderen je opving. Bij een andere oefening moest je aan een appel denken. Terwijl je dat deed, weer met de ogen gesloten, probeerde Ralf je naar de grond te trekken. Toen Bernhard aan de beurt was, cirkelde Hester om hem heen en herhaalde op bezwerende toon: 'Denk aan de appel, denk aan de appel.' Het idee was dat je, door aan die appel te denken, zo stevig was verbonden met de aarde, dat Ralf je niet naar beneden kreeg. Bernhard moest toegeven dat het werkte. Ralf deed echt zijn best.

Ook aan de kinderen werd gedacht. De hele vakantie lang repeteerden ze, begeleid door Wiebe en Olga, een toneelstuk over Robin Hood. Op de laatste avond werd het stuk opgevoerd in het prieel.

Ook speelden de kinderen 'sociopoly': een socialistische, door Bronno geknutselde variant van monopoly. Het doel was nu niet om zo rijk mogelijk te worden, maar om zo veel mogelijk geld weg te geven. In plaats van huizen en hotels kon je scholen en weeshuizen bouwen. De stations waren veranderd in goede doelen en de straten in Afrikaanse landen. De waterleiding bleef een waterleiding maar die werd nu aangelegd in Zaïre. Zodra iemand bijna blut was, konden de anderen ongelimiteerd geld aan diegene geven, zodat er eigenlijk nooit een einde aan het spel kwam.

Frida, de dochter van Ralf en Wijnie, luisterde het gros van de tijd naar haar walkman terwijl ze verveeld aan een Rubiks kubus draaide. Douwe was bijna altijd verdiept in een dik en serieus ogend boek. Ondanks de hitte droeg hij iedere dag het merkwaardige rode jasje dat hij ook op de knutselavond had aangehad.

De jongere kinderen liepen de hele dag bloot. Bernhard vond het een beetje raar en vroeg zich af waarom ze niet af en toe kleren konden dragen (ook omdat hun roodverbrande huid in vellen aan hun schouders hing). Maar omdat hij geen verstand had van kinderen, nam hij aan dat dit nudisme op die leeftijd heel gewoon was.

Wiebe, Felix, Ralf en Bronno hadden de godganse dag louter hun glanzende ballenknijper aan – met soms een T-shirt of een hemd erboven. Na een paar dagen werd Bernhard er haast onpasselijk van om voortdurend geconfronteerd te worden met die in polyester verpakte geslachten. Of ze nou aan het badmintonnen waren of aan het ontbijten, er kwam altijd wel een moment waarop Bernhard achteloos zijn blik liet dwalen om vervolgens de shuttle te missen of zich te verslikken in een slokje oploskoffie (zelf droeg hij zijn zwembroek alleen als hij ging zwemmen).

Ralf liet geen gelegenheid voorbijgaan om zijn zwembroek uit te trekken. Na het zwemmen legde hij hem bijvoorbeeld even op de rotsen 'om te drogen' maar 'vergat' vervolgens urenlang om hem weer aan te trekken.

Iedere morgen wandelde Bernhard met Laurens naar het dorp om baguettes en croissants te kopen. Hij leerde deze ochtendroutine al snel waarderen, al was het alleen maar om even weg te zijn bij de groep. Ze maakten een praatje met de bakker en de bakkersvrouw. Op hun espadrilles slenterden ze vervolgens terug naar de camping. Ze namen de tijd.

De rest van de dag waren ze weer de hele tijd met z'n allen.

Het viel tegen hoe vaak hij kon wegglippen met Liza. Tristan zwermde voortdurend bezitterig om haar heen. Bernhard moest zich daarom tevredenstellen met korte, intense momenten op schaduwplekken van de camping – één lange, verrukkelijke ochtend uitgezonderd.

55

De hele groep maakte zich klaar voor de wandeling. Alleen Laurens en Liza bleven achter op de camping. Tristan gaf haar een kus voor hij wegging.

De wandeling begon in het dorp en vormde een traject van een *Grande Randonnée*-pad. Net na de brug liepen ze het struikgewas in. Op een es troffen ze de eerste rood-witte markering aan.

Ze maakten deze wandeling ieder jaar, dus Tristan wist al dat ze het eerste stuk flink moesten klimmen, waarna ze een heel eind op nagenoeg vlak terrein zouden lopen. Vanaf die hoogte was er mooi uitzicht op de camping en de rivier.

Het pad was smal. In ganzenrij liepen ze omhoog. Josefien en Takele gingen mee in twee draagzakken. Tristan liep ergens vooraan.

'Au!' hoorde hij Bernhard achter zich roepen. 'Ik verstap me.'

Net als de anderen draaide hij zich om. Bernhard stond met een van pijn vertrokken gezicht naast het pad. Hij hield zich vast aan een es en probeerde zijn voet te bewegen. 'Ik ga terug,' zei hij.

'Moet er iemand met je meelopen?' vroeg Olga.

'Nee, dank je. Ik red me wel.' Hinkend begon hij aan de afdaling.

Bernhard verdween langzaam tussen de bomen. Tristan keek hem na.

'Nou, kom op,' zei Wiebe die achter hem liep. 'We gaan weer.'

Laurens is er ook, bedacht hij. Hij maakte de achterstand op Bronno goed.

Ze kwamen boven de boomgrens. Af en toe waren er uitgestrekte rotspartijen waar ze overheen klauterden. Soms verdwaalden ze en moesten ze zoeken naar de rood-witte strepen. Na een uur of twee arriveerden ze bij het uitzichtpunt.

Bronno haalde gekookte eieren, twee reageerbuisjes gevuld met peper en zout en nog enkele broodjes uit zijn tas. In de diepte lag de camping. Ze wezen elkaar aan waar hun tenten stonden.

'Hee, maar zijn dat niet...'

'Inderdaad, ja.'

'Ja, je hebt gelijk. Dat had ik nou nooit gedacht, zeg.'

'Echt niet? O, ik wel, hoor. Ik had het al in de gaten.'

'Nou nou, wat dierlijk.'

'Dat moet denk ik wel zo. Anders zit die buik in de weg.'

'Waar hebben jullie het over?' vroeg Tristan, steeds ongeruster.

Ze reageerden niet.

Hij spande zijn ogen tot het uiterste in. Hij probeerde iets te ontwaren. Maar hij zag alleen vaag waar de camping was. De tenten waren troebele vlekken tussen het groen.

'Wat zien jullie?' vroeg hij wanhopig.

'O, niks hoor,' zei Renate. 'Kom, laten we gaan. Dan

zijn we niet al te laat weer bij de camping.'

'Beter ook maar niet te vroeg,' merkte Ralf op.

Alle anderen lachten.

Tijdens de wandeling terug ging het over Reagan. Niemand had het nog over wat ze gezien hadden.

'Waar ging dat nou net over, tijdens de pauze?' vroeg Tristan aan Wijnie, die voor hem liep.

'O, niks. Bij het water lagen twee mensen die van elkaar genoten, zullen we maar zeggen.'

'Twee mensen? Wie dan?'

'Bronno!' riep Wijnie. 'Je laat je zakdoek vallen!' Ze passeerde Olga, Wiebe en Douwe en raapte hem van de grond. Daarna kon Tristan haar niet meer bereiken, omdat de anderen tussen hen in liepen.

Ze kwamen weer uit bij het dorp.

'Hoelai!' riep Laurens.

'Waar ben jij geweest?' vroeg Ralf.

'O, lekker gelezen op het terras van de bar-tabac.' Hij zwaaide met een boek van Harry Mulisch.

Zonder nog te wachten op de anderen liep Tristan gehaast naar de camping. Hij rende bijna. Bij de rivier klonk veel rumoer en gespetter. Bernhard was nergens te bekennen.

Hij vond Liza in de tent. Ze lag te slapen. Hij schudde haar wakker.

Moeizaam opende ze haar ogen. In de tent was het warm en benauwd. Ze kwam uit een heel diepe slaap.

'Wat is er?' vroeg ze. 'Ik heb de hele ochtend geslapen. Ben zo moe, Tristan, zo moe...'

Opgelucht liet hij zich languit naast haar vallen.

'Is er iets?' vroeg ze.

'Nee, niks. Laat maar. Ik haalde me dingen in mijn hoofd.'

56

Na vier weken opende Bernhard eindelijk weer de deur van zijn appartement. Mevrouw Verschuur had de post en de kranten op vier verschillende stapels op zijn bureau gelegd. Hij keek naar zijn meubels als naar goede, te lang verwaarloosde vrienden. Hij keek naar zijn bed en dacht aan al die beroerde nachten van de laatste weken. Hij nam plaats op de wc en was blij dat hij niet meer boven een gat in de grond hoefde te hurken.

Bovenal was het heerlijk om weer alleen te zijn. Hij zou zelfs Liza een poosje niet opzoeken.

Bernhard ging voor zijn platenkast staan en zette uiteindelijk *La traviata* op. Een paar uur lang bladerde hij de kranten door terwijl hij naar de muziek luisterde. Daarna belde hij zijn ouders op. Ze hadden zijn kaarten ontvangen. Zijn moeder vroeg hoe het met 'die getrouwde vrouw' ging.

'Goed,' antwoordde hij. 'Maar ze is nog steeds getrouwd.'

'Kun je dan niet beter een ander leuk meisje zoeken?'

'Nee. Dat is onmogelijk.'

'O... Nou ja. Als je maar gelukkig bent.'

Hij wist niet zo goed wat hij daarop moest antwoorden.

Bernhard hing op en struinde door zijn kamer. Op de tafel lag de fedora. Tijdens de vakantie had hij hem op de hoedenplank laten liggen. Hij had aangevoeld dat het niet een hoed voor op de camping was. Nu zette hij hem na die lange onderbreking weer op. Hij bekeek zichzelf in de spiegel. Dit is wie ik ben, dacht hij.

Met de hoed op zijn hoofd ging hij naar 't Smalle. Hij zag dezelfde mensen als altijd. Rond een uur of elf kwam hij voor de tweede keer die dag thuis. Zonder de lampen aan te doen ging hij bij het raam zitten. Tot na middernacht staarde hij naar het vertrouwde, geliefde uitzicht. Op zondag werd hij pas tegen de middag wakker.

57

Laurens liep onrustig heen en weer door zijn huis. Op tafel lagen de brieven van Rafiq. Het waren er om en nabij de honderd. Omdat hij nog een halfuur moest wachten, las hij hier en daar een paar regels terug. Rafiqs brieven lazen als een autobiografie. Hij wist zo'n beetje alles van hem. Hij wist hoe hij zijn jeugd in Fez had ervaren, als zoon van een winkelier. Hoe zijn tijd in Casablanca was geweest, waar hij studeerde. En hoe hij daarna aan de slag was gegaan als ingenieur in Tanger – tot hij op een dag werd opgepakt.

Er was een tijd geweest dat Laurens meer dan twintig brieven per week verstuurde. Slechts twee of drie gevangenen schreven hem terug. Met sommigen ontstond een correspondentie. Hij informeerde naar hun welzijn en vroeg of hij iets voor ze kon doen. Soms stuurde hij wat geld op. Zelden werden de brieven echt persoonlijk, zoals met Rafiq.

Op de tafel lag een zwart-witfoto. Rafiq had een snor en dikke lippen waar hier en daar wat haartjes overheen groeiden. In zijn kin zat een kuiltje en hij had donkerbruine ogen. Dat laatste wist hij uit een brief. Op de foto lachte hij naar Laurens.

Hij had de foto altijd bij zich, in een vakje van zijn portemonnee. Af en toe, tijdens de les, opende hij de portemonnee en wisselde hij een blik met Rafiq.

Laurens keek op zijn horloge. Hij had munt gekocht, zodat hij Marokkaanse thee kon maken. Hij liep naar de keuken en zette alvast het water op.

Terwijl hij met een lucifer een van de pitten aanstak, realiseerde hij zich plotseling, voor het eerst, dat ook *zijn* brieven lazen als een autobiografie. Hij wist niet alleen alles van Rafiq, maar Rafiq ook alles van hem. Hij had hem, zonder ook maar iets achter te houden, over zijn leven geschreven. Over de Saamhorigheidsgroep, over school, over Douwe die af en toe kwam dansen... Hij had zijn ziel opengelegd voor iemand die hij nooit had gezien...

En nu kwam hij naar Haarlem. Met een treinticket dat door hem betaald was.

De ketel floot, maar Laurens had het aanvankelijk niet in de gaten. Daardoor wist hij ook niet zeker of hij nu de bel hoorde of niet.

Hij draaide het gas uit en wachtte. Er werd op de deur geklopt.

In plaats van naar de gang te gaan, rende hij naar boven. Hij bekeek zichzelf in de spiegel, rechtte zijn rug en streek zijn baard plat met zijn vingers. Daarna liep hij kalm naar beneden. Hij opende de deur.

Rafiq droeg een ouderwetse koffer en had een zandkleurig pak aan. Hij keek hem somber aan. Zijn blik was volkomen anders dan op de foto die, zag Laurens nu, misschien wel tien jaar geleden was gemaakt. Of zou hij snel verouderd zijn in de gevangenis? Dat was mogelijk. Hij had er onder erbarmelijke omstandigheden geleefd.

Laurens liet hem binnen. Hij liet hem plaatsnemen in de huiskamer. Hij informeerde hoe de reis was geweest.

'Goed,' antwoordde Rafiq in het Engels. De taal van hun brieven.

Laurens wist niet zo goed wat hij moest zeggen. Rafiq duidelijk ook niet. Het contrast met de vertrouwelijkheid van hun correspondentie was schrijnend.

'Ik heb Marokkaanse thee gemaakt,' zei hij. 'Ik zal het halen.'

'Nee. Geen thee. Water.'

'Maar ik heb speciaal munt in huis gehaald. Voor jou.'

'Water,' herhaalde hij bars.

Laurens stond op en liep naar de keuken. Hij vulde het glas maar bleef vervolgens staan. Hij voelde een enorme weerzin om terug naar de huiskamer te gaan.

Laurens zat weer tegenover Rafiq. Hij probeerde het gesprek op gang te krijgen, maar het lukte niet. Hij dacht aan het logeerbed boven, dat hij had opgemaakt. Aan de geheimen die ze elkaar in hun brieven hadden toevertrouwd en de tedere, soms zelfs vurige woorden die ze hadden geschreven. Sommige passages getuigden van een genegenheid die het midden hield tussen een intense vriendschap en een voorzichtige verliefdheid. Hij had die passages ontelbare keren teruggelezen.

Ze zwegen. Laurens dacht aan Douwe. Hoe vrolijk en gezellig het altijd was als die langskwam.

Misschien moest hij gewoon meer zijn best doen om Rafiq op zijn gemak te stellen. Hij kon een plaat opzetten? Ze konden gaan dansen? Maar de energie die dit plan hem gaf, verdween onmiddellijk toen hij weer naar de sombere, oude man tegenover hem keek.

Laurens kreeg ineens een idee. 'Ik heb een vriend in Amsterdam,' zei hij. 'Misschien wil je liever bij hem verblijven.' Bernhard zou het vast geen probleem vinden als Rafiq een paar dagen bij hem logeerde.

Rafiq knikte droevig terwijl hij hem aankeek.

'Ja, graag,' antwoordde hij.

'Haarlem is denk ik een beetje saai voor je. In Amsterdam is veel te beleven. Er zijn bars... Die heb je hier in Haarlem niet.'

Rafiq knikte nog eens, dronk zijn glas water leeg en stond op. Hij wierp een blik op de brieven op tafel en leek even te twijfelen. 'Dank je wel voor alles,' zei hij toen. Voor het eerst school er in zijn stem en ook zijn blik iets van het gevoel van de brieven. Laurens stapte op hem toe en schudde zijn hand.

'Dank je wel,' zei Rafiq nog een keer. 'Ik zal je nooit vergeten.'

Hij liep de kamer uit en opende zelf de voordeur. Laurens wilde nog iets zeggen maar hij wandelde al weg, zijn rug een beetje gebogen, met de koffer in zijn hand.

Terwijl Laurens de deur sloot, bedacht hij dat hij niet had aangeboden om hem naar Bernhard te brengen. Hij had zelfs niet eens diens adres gegeven. Hij wilde al naar buiten rennen, toen hij zich realiseerde dat het niet nodig was. Dat het waarschijnlijk goed was zo. En dat Rafiq zich wel zou redden in Amsterdam. Of waar dan ook. Hij was in ieder geval vrij.

Hoewel het nog ochtend was, schonk Laurens zichzelf een groot glas advocaat in. Hij ging in zijn fauteuil zitten en liet Vergilius op schoot springen. Terwijl hij een cassettebandje opzette, moest hij denken aan een uitspraak van zijn vader. 'Afstand is goed,' had die ooit gezegd. Laurens had geen idee meer in welk verband. De woorden waren hem altijd bijgebleven. Hij keek nog eens naar de brieven op tafel en realiseerde zich dat zijn vader gelijk had gehad.

58

Liza was acht maanden zwanger en nog altijd had ze geen besluit genomen. Ze stond op de stoep voor De Ransuil te wachten.

Tristan was onderweg naar mensen in Heemstede die de oude box van hun kinderen verkochten. In de Albert Heijn had ze op het prikbord een briefje gevonden.

Via kennissen en vrienden hadden ze de rest van de uitzet verzameld. Van Felix kregen ze babykleren, die hij op zijn beurt jaren eerder van Ralf en Wijnie had gekregen. Wiebe had een mutsje, een trui en een broek gebreid. Olga en Bronno hadden melkflesjes gegeven, die Takele niet meer gebruikte.

De hulp van hun vrienden was hartverwarmend, maar vergrootte ook haar schuldgevoel.

Bernhards Volvo kwam de laan in rijden. Hij liet de motor draaien, terwijl ze instapte. Ze reden weg en ze dacht: ja, zo zie ik het wel voor me de komende jaren. Bernhard achter het stuur, ik naast hem en Melle op de achterbank.

Ze legde haar hoofd op zijn schouder en kuste hem in zijn nek. Vlak boven zijn adamsappel had hij een scheerwond, die ze aantrekkelijk vond. Ze gleed met haar hand onder zijn overhemd naar zijn buik. Met haar vingers kroop ze onder zijn broekband. Daar liet ze haar hand liggen.

Hij keek even lachend opzij, terwijl de wind door het open raam naar binnen waaide. Aan het einde van de Bentveldweg sloeg hij rechts af, de Zandvoortselaan op.

Melle was erg actief. Ze haalde haar hand weg en ging weer recht zitten. 'Kijk eens?' zei ze. Ze trok haar T-shirt tot boven haar buik. Vlak bij haar navel stak een bewegende bobbel uit.

'Wat is dat?' vroeg hij. 'Een arm? Een been?'

'Zijn been,' zei ze.

Hij keek weer naar de weg. Ze had op wat meer belangstelling gehoopt.

Ze parkeerden de auto helemaal aan de zuidkant van de boulevard. Hand in hand wandelden ze rustig naar beneden, terwijl ze opnieuw dacht: zo zie ik het wel voor me over een paar jaar. Dan lopen we met Melle tussen ons in. Niet langs het strand van Zandvoort maar misschien wel ergens aan de kust van Afrika of Zuid-Amerika.

Ze kwamen bij het zand en allebei trapten ze hun schoeisel uit. Bernhard droeg blauwe espadrilles die hij in Pont-de-Barret had gekocht.

Bij het water, luisterend naar de branding die over haar voeten stroomde, kwam ze tot een inzicht dat even alle twijfels leek weg te nemen: met Bernhard hoefde het niet te blijven bij Melle. Ze zouden een groot gezin kunnen stichten, met wel drie of vier kinderen. Het besef drong ineens alle andere overwegingen naar de achtergrond, alsof het allemaal alleen maar dáárom ging: een zo groot mogelijk gezin.

Ze hurkte om wat schelpen te verzamelen. Bernhard hurkte ook. Ze lieten de schelpen in haar tas glijden. En Liza dacht aan Tristan, die al maanden in slechte doen was, wat ze weet aan nervositeit voor de geboorte. Maar zijn slechte humeur en zijn geestelijke afwezigheid maakten dingen wel lastig, of juist gemakkelijker: ze was deze laatste weken veel liever in het gezelschap van Bernhard dan van Tristan.

Ze móést beslissen voor de geboorte. Ze kon het niet langer uitstellen. Wat betekende dat ze nog drie weken had, maximaal. En dan? Ze dacht aan de chaos die zou ontstaan als ze Tristan zou zeggen dat ze bij hem wegging. Vlak voordat het zover was.

Toen ze eenmaal ver voorbij de laatste strandtent waren, legde Bernhard de handdoeken neer. Ze kleedde zich uit en ging op haar knieën zitten. Het bovenstukje van haar bikini maakte ze los. Bernhard cirkelde om haar heen. Hij kuste haar rug. Hij ging een eindje verder in het zand liggen en keek naar haar. Toen verplaatste hij zich en bekeek haar van een andere kant. Ze voelde hoe mooi hij haar vond. En ondertussen streek ze met haar handen over haar buik.

‘Kun je een foto van me maken?’ vroeg ze. In haar tas zocht ze naar het toestel.

Bernhard nam het aan, keek door de lens maar aarzelde om op de knop te drukken. ‘Vraagt Tristan zich dan later niet af wie die foto gemaakt heeft?’

‘Het maakt me niet meer uit of Tristan erachter komt.’

59

Laurens stond op de stoep tegenover het huis van Ralf en Wijnie. Het was al helemaal donker op straat. In het huis hadden ze de gordijnen opengelaten. Ralf zat bij het raam de krant te lezen. Wijnie zag hij eerst niet, tot ze op een bepaald moment met een pot thee door de kamer liep. Op de zolderverdieping was de kamer van Douwe.

'Pssst,' hoorde hij. Laurens keek omhoog. Douwe hing uit het raam van zijn kamer. 'Ik kom naar beneden,' fluisterde hij. Ondanks de afstand klonk zijn stem in de stille straat merkwaardig dichtbij.

Laurens wachtte tot hij naar buiten kwam. Hij liet zijn fiets staan en volgde Douwe, die hem wenkte. Pas toen ze de hoek van de straat om waren, begonnen ze te praten.

'Wat heb je nou bij je? Een moersleutel? Wat ga je daarmee doen?'

'Dat zul je wel zien,' antwoordde Douwe.

Ze liepen door de buurt. Af en toe keek Douwe gespannen om zich heen. Maar er was verder niemand op straat.

'Wat gaan we precies doen?' vroeg Laurens ongeduldig.

'Wacht nou maar, je zult het wel zien.'

Ze waren inmiddels tamelijk ver van zijn huis geraakt. Plotseling bleef Douwe staan. Hij keek nog eens zorgvuldig om zich heen. Laurens keek mee maar snapte er niets van.

Ze stonden naast een verkeersbord van een woonerf: de afbeelding van een huis met een wit vierkant eromheen, dat aan de onderkant open was gelaten.

'Deze heb ik nog niet,' zei Douwe. Met opvallende souplesse klom hij in de paal, terwijl hij uit de zak van het gekke jasje de moersleutel pakte.

Binnen de kortste keren had hij een van de bouten los, die op de straat rinkelde.

'Ik krijg die andere niet los. Kun je kijken of het jou lukt?'

'Ik kan er niet bij.'

'Nee, je moet er wel in klimmen natuurlijk.'

Douwe sprong op de grond. Laurens trok zichzelf omhoog. Vanuit zijn ooghoek zag hij in een van de huizen een verlicht slaapkamerraam. Hij hoopte dat daar niet een van zijn scholieren woonde.

Terwijl hij de moersleutel verstelde, zag hij al voor zich wat een hoop gedoe het zou opleveren als hij betrapt zou worden. Meneer Overweel die in een paal hing om een verkeersbord te jatten. O, en was hij alleen? Nee, Douwe Reefhuis uit 6B was er ook bij...

Hij had hem los. Hij gooide de bout naar Douwe. Vervolgens konden ze het bord met z'n tweeën met gemak naar beneden schuiven.

'Geweldig!' riep Douwe. 'Dank je wel voor je hulp!'

'Geen dank. Ik ben blij dat ik eindelijk weet wat je 's nachts uitspookt.'

Ze liepen weer terug naar Douwes huis, terwijl hij Laurens vertelde over zijn verkeersbordencollectie.

'En waar bewaar je die dan?'

'Op de vliering op zolder.'

'En Ralf en Wijnie hebben niks in de gaten?'

'Nee, die komen er nooit. Ze zullen er op een dag wel achter komen. Maar dan ben ik het huis al uit.'

Ze waren er bijna.

‘Maar Douwe, ik ben toch benieuwd: waarom doe je dit?’

‘Geen idee. Uit onvrede, denk ik.’

‘Maar je bent nu niet meer ontevreden, toch?’

‘Nee... Nu, niet meer. Hoe dan ook: ik ga bijna naar Amsterdam, dus dan stop ik ermee.’

Ze waren er. Laurens kon zijn fiets zien staan. Beneden in het huis waren alle lichten al uit.

Douwe schudde hem de hand. ‘Als ik straks ga studeren, hè, blijven we elkaar dan zien?’

‘Wat mij betreft wel. Het is waarschijnlijk meer de vraag of jij dan nog wel zin hebt om met je oude leraar af te spreken.’

‘Natuurlijk heb ik dat.’

Een kat kwam aanlopen over de stoep. Laurens keek naar het beest om zijn ontroering te verbergen. Hij dacht weer aan de opmerking van zijn vader en zei: ‘Voel je in ieder geval niet verplicht om me op te zoeken. Al kom je maanden niet bij me langs, weet dat ik het je niet kwalijk zal nemen. Maar weet ook dat je altijd welkom bent.’

Douwe knikte en liep over het tuinpad naar de deur.

‘Wacht even,’ zei Laurens. ‘Hoe smokkel je dat verkeersbord nou ongezien naar binnen als je ouders nog wakker zijn?’

‘Simpel.’ Hij verplaatste het bord naar zijn rug en schoof het onder het rode jasje.

Laurens lachte. Hij wachtte tot Douwe de deur had gesloten en stak toen de straat over naar zijn fiets.

60

Bryan parkeerde zijn auto vlak bij de winkelstraat in Zandvoort. Ze liepen een steeg in en kwamen bij café De Gnoom.

'Hier gaan we even wat drinken met iemand,' zei Bryan.

Ze liepen naar binnen. Aan de deur hing een affiche: ALS 'T STRAKS, ZONDER CIRCUIT, MAAR NIET ÁL TE STIL ZAL ZIJN IN ZANDVOORT...

Er waren geen andere gasten in het café. Annelies ging aan een tafel in het midden van de ruimte zitten. Ze snapte niet waarom ze niet naar het hotel of zijn strandtent gingen, zoals gewoonlijk.

De kastelein vroeg wat ze wilden drinken. 'Een dubbele wodka, een witte wijn voor mevrouw en een stapeltje hotdogs.' Het was elf uur 's ochtends.

'Doe maar geen wijn,' zei Annelies. 'Water met bubbeltjes liever.'

Bryan negeerde haar, de kastelein ook.

Terwijl ze wachtten, dacht ze aan de middag in de Keukenhof. Het was alweer maanden geleden dat ze er waren geweest, maar ze bleef er maar verrukt aan terugdenken. Ze merkte dat er sindsdien iets was veranderd in haar verhouding tot Bryan: ze had zich volledig aan hem overgegeven. En het voelde heerlijk.

De kastelein bracht de wodka en de wijn. Bryan hield zijn glas omhoog. 'In één keer,' zei hij lachend.

'Hè, waarom?'

'Omdat we wat te vieren hebben.'

Ze snapte het niet.

'We zijn een jaar bij elkaar.'

Annelies kreeg tranen in haar ogen. Ze proostten en ze dronk het glas helemaal leeg. Met de mouw van haar jurk veegde ze wat wijn van haar kin.

'En nu nog een keer.' Bryan wenkte de kastelein en bestelde opnieuw een witte wijn en een wodka. En weer wilde Bryan dat ze het in één keer leegdronk.

Er volgde nog een derde keer. Op tafel verschenen nogmaals twee volle glazen, nu met de hotdogs erbij.

Ze begreep niet waar dit allemaal voor nodig was.

'Ik kan niet nog een keer, Bryan, ik heb nu al het gevoel dat ik moet overgeven.'

'Neem lekker een hotdog, schatje.' Hij hield haar de schaal voor.

'Nee, bedankt,' zei ze walgend. Ze hield haar hand voor haar mond. 'Zullen we naar het hotel? Ik zou heel graag even liggen...'

'Straks. Eerst nog met iemand praten.'

Door de steeg kwamen twee mensen aanlopen: een dikke man in een bontjas, die eruitzag als een rijke marktkoopman, en naast hem een heel lange vrouw met een permanent en hoge rode hakken, die tikten op de straatstenen.

Bryan en de man sloegen elkaar op de schouder. Ook hij droeg een schakelketting. Bryan gaf de vrouw twee zoenen en legde zijn hand op haar kont.

'Leo, dit is Annelies; Annelies, dit is Leo.' Ze schudde zijn hand. Aan de vrouw werd ze niet voorgesteld.

Er werd nog meer wodka en witte wijn bijbesteld. De twee mannen begonnen een gesprek, dat een halfuur of misschien nog wel langer doorging. Geen moment gaven ze de indruk dat ze wisten dat Annelies er ook was. De andere vrouw werd ook genegeerd.

'Ik voel me niet zo lekker, Bryan. Vind je het goed als we misschien zo...'

'Even je bek houden, Annelies, ik kom zo bij je.'

Leo lachte.

Ze hervatten hun gesprek.

Annelies stond op en liep naar de wc.

Voor de spiegel bedwong ze haar tranen, maar toen ze weer zat, begon ze te huilen.

Bryan boog zich naar haar toe en legde zijn arm om haar heen. 'Sorry, lieverd, zo bedoelde ik het niet.'

'Ach, gut...' zei de vrouw. Ze had een plat Amsterdams accent.

'Misschien kunnen we even ter zake komen,' zei Leo. 'Wij moeten er ook zo weer vandoor.'

'Goed idee.' Bryan liep naar de bar, waar een *Haarlems Dagblad* lag. Hij keerde terug naar de tafel met de krant opengeslagen. 'Hier. Hier gaat het om,' zei hij. Hij wees naar een advertentie in het midden van de pagina. BEL WENDY'S SEXLIJN, EEN UNIEKE EROTISCHE SENSATIE, stond er.

'Wendy,' zei Annelies. 'Zo heette toch je ex?'

'Ja. En zo heet ook mijn strandtent, weet je nog wel? Die meid heeft een bijzonder plekje in mijn hart.'

'Ze kon anders wel jatten,' zei Leo.

'Dat kan die van jou toch ook?' Hij wees naar de vrouw, die deed alsof ze het niet hoorde. Ze pulkte aan haar gelakte nagels.

Leo zei niks meer.

'Waar het om gaat, is dit,' zei Bryan. 'Als mensen naar dit nummer bellen, moet er ook iemand zijn om de telefoon op te nemen. Lara hier doet veel uren, en we hebben nog wat meisjes die voor ons werken, maar we zouden willen vragen of jij ook mee wil doen.'

‘Wat moet ik dan doen als ze bellen?’

‘Weet ik veel. Gewoon geil doen. Een spannend verhaal vertellen.’

‘Je mag er je eigen invulling aan geven,’ zei Leo.

Ze keek even naar Bryan en daarna naar Leo.

‘Oké,’ zei ze aarzelend.

‘Hoera!’ riep Leo. ‘Zullen we dan maar meteen naar de studio rijden?’

‘Nee, niet nu.’ Ze was bang voor Leo. ‘Ik moet nu echt naar huis. Bryan, kun je me alsjeblieft naar huis rijden?’

‘Natuurlijk, schatje.’ Hij zei het met zijn vertrouwde, liefdevolle stem.

Bryan rekende af en hij nam haar mee naar zijn auto. Voordat ze instapte, kroop ze tegen hem aan en begon ze te huilen.

‘Stil maar, lieverd, stil maar... Als je het niet wilt, doen we het gewoon niet, oké? Sorry, we hadden het je misschien niet moeten voorstellen...’ Hij aaide over haar rug.

‘Nee, ik wil het niet,’ zei ze vastberaden. ‘Ik wil het écht niet.’

‘Dan doen we het niet. Ik bel morgen Leo.’ Hij zoende haar op haar voorhoofd en drukte haar nog dichter tegen hem aan. Ze dacht weer aan de middag in de Keukenhof. Hoe mooi de bollenvelden waren geweest.

In de auto naar huis zwegen ze allebei. Annelies keek uit het raam en dacht na. Toen ze er waren, had ze een besluit genomen.

‘Ik wil je nooit meer zien,’ zei ze terwijl ze alvast het portier openmaakte.

‘Wat? Waarom?’

'Dat heb ik besloten.'

'Maar we hebben het toch goed, Annelies? Wat er net gebeurde...'

'We hádden het goed. Je hebt me vanmiddag de ogen geopend. Ik ben ongelooflijk, ongelooflijk stom geweest. Als je me nog een keer opzoekt, bel ik de politie. Dan vertel ik ze over die louche zaakjes van je.'

'Je doet maar,' zei hij. Maar ze voelde aan dat hij zou luisteren. Dat hij vanaf nu uit haar leven zou verdwijnen.

Ze stapte uit en liep weg van de auto. Op de dakgoot van hun huis zaten zwaluwen, die wegvlogen toen ze eraan kwam. Bij de voordeur, uit het zicht, bleef ze even staan. Ze hoorde Bryan wegrijden. Ze dacht aan hun ontmoeting in de bioscoop en aan Bryans krulwimpers. Aan het rijbewijs dat ze met zijn hulp had gehaald. Daarna dacht ze aan het gesprek van zo-even, met Leo en de Cittasnol.

Het afgelopen jaar kwam haar nu dwaas voor, alsof ze niet helemaal goed bij haar hoofd was geweest.

Ze ging naar binnen.

In de woonkamer zat Wiebe de krant te lezen. 'Ha,' zei hij.

'Ha.'

Ze ging bij hem zitten. 'Ik ben de laatste tijd niet zo'n goede vrouw geweest,' begon ze. Ze vertelde hem alles.

Wiebe keek verbluft voor zich uit.

'Maar het is voorbij nu,' zei ze. 'En ik wil het weer goedmaken met jou. We kunnen trouwen? We kunnen kinderen nemen? O, en ik wil gaan werken.'

61

Tristan dacht terug aan een halfuur geleden, toen alles nog rustig was geweest. Hij voelde aan de theepot, die nog warm was. Ze hadden op de bank zitten lezen, hij de krant, Liza een boek.

De verloskundige was onderweg. Op de fiets. Ze moest uit Haarlem-Noord komen. Maar ze zou haast maken.

Tristan liep onrustig heen en weer tussen de slaapkamer en de woonkamer. Af en toe klonk er vanaf het bed een kreet en snelde hij naar haar toe. Hij hield haar hand vast, aaide over haar bezwete hoofd. Daarna leek ze weer rustig te worden, in slaap te vallen zelfs, met een bezorgd, van pijn vertrokken gezicht. Hij liep naar de woonkamer, waar nu nauwelijks nog ruimte was met de box in de hoek. Als er een nieuwe jammerkreet klonk, ging hij weer snel naar haar toe.

Ze riep hem. Hij kwam bij het bed staan. Ze zat op handen en voeten op de matras. 'Bel Bernhard,' zei ze.

'Wat? Waarom?'

'Hij heeft een auto! Voor als het misgaat. Voor als we naar het ziekenhuis moeten.'

Hij keek naar haar. Als een hond zat ze op het bed. Ook de uitdrukking op haar gezicht was eerder dierlijk dan menselijk.

'Maar we hoeven toch niet uitgerekend hém te bellen? De buren van Felix...'

'Bel alsjeblieft Bernhard.' Haar ogen dwaalden van hem weg.

Hij liep de kamer uit. Besluiteloos bleef hij bij het raam staan. Het werd langzaam donker buiten. In de verte zag hij de lantaarnpalen op de weg aan springen. Drie gele vlekjes lichtten op tussen de bomen.

Liza begon weer te kermen. Hij vroeg zich af hoelang het zou duren totdat de verloskundige kwam, en of Bernhard dan nog wel nodig was. Of zou ze echt denken dat er iets mis was? Hij keek over zijn schouder de slaapkamer in. Kermend lag ze op het bed.

Met grote tegenzin liep hij naar de kast, waar de papieren van de Saamhorigheidsgroep lagen. Uiteindelijk vond hij Bernhards telefoonnummer.

Tristan liep naar de telefoon. Met de hoorn al in zijn hand twijfelde hij nog. Hij beet op zijn onderlip. Zijn vinger ging naar de kiesschijf, naar de 0, de 2, weer naar de 0... Hij luisterde naar het geratel van de schijf. En toen had hij ineens Bernhard aan de lijn.

'Ja, hallo?'

'Je spreekt met Tristan, van de Saamhorigheidsgroep,' hoorde hij zichzelf zeggen.

Bernhard lachte even ongemakkelijk. 'Ah, ha Tristan. Alles goed hoop ik?'

'Ik bel je omdat Liza op het punt staat om te bevallen. We zouden je willen vragen of je met je auto hiernaartoe zou willen komen, zodat we in geval van nood snel naar het ziekenhuis kunnen.' Hij verbaasde zich over zijn eigen formele, afstandelijke toon. 'Is dat mogelijk?'

'Eh, ja, dat kan op zich wel... Ik...'

'We stellen het erg op prijs. Zoals je begrijpt is er enige haast bij geboden.'

'Ik snap het. Ik kom zo snel mogelijk.'

Tristan hing op. Hij was enorm tevreden over het telefoongesprek. Hij had laten merken wie de baas was. Hij, de echtgenoot van Liza, had een bevriende andere man, een *kennis* eigenlijk meer, om een gunst gevraagd. Hij was vooral erg tevreden over dat 'we stellen het erg op prijs'. *We*. Tristan en Liza.

Maar nadat hij naar de slaapkamer was gelopen, en haar had bijgestaan tijdens een nieuwe wee, kreeg hij al verschrikkelijke spijt van het telefoontje. Hij kon haast niet geloven wat hij had gedaan. Hij had moeten aandringen om iemand anders te bellen. Niet hem. Iedereen behalve hem! Hij begon door de kamer te ijsberen.

Uit de slaapkamer kwamen steeds regelmatigere kreunen en kreten van pijn. Hij vergat Bernhard weer. Wat als het niet goed ging? Als Liza het niet zou overleven? Hij kon het niet aanhoren hoe ze lag te lijden. Het kind mocht sterven, dat kon hem niets schelen, maar er mocht niets met haar gebeuren.

Door de tuin kwam de verloskundige aanlopen. Met een zaklamp scheen ze bibberig op het grasveld. Terwijl hij vast naar de deur liep om die te openen, voelde hij zich, tot zijn eigen verbazing, opgelucht. Hij begreep het eerst niet goed. Toen besefte hij dat het kwam door die gedachte die hij zo-even had gehad: het kind mocht sterven... Hij had een uitweg gevonden voor zijn lijden. Het was verschrikkelijk, en Liza zou zelf willen sterven van verdriet, maar voor hem zou het zijn redding betekenen.

Hij deed de deur open en voelde zich nog steeds merkwaardig blij. De afgelopen maanden had hij zich neergelegd bij een leven in de duisternis. En nu doemde daar deze mogelijkheid op, als de zaklamp van de verloskundige in het donker. De brenger van leven was ze. Hij hoopte dat ze de brenger van de dood zou worden.

Hij schudde haar de hand. Hij had haar al weleens

gezien. Ze was een van de oudste collega's van Liza.

Ze ging hem voor naar de slaapkamer. Hij volgde en voelde zich machteloos. De verloskundige ging meteen aan het werk, stalde haar spullen uit en hij stond daar maar in de deuropening, te hopen dat het allemaal mis zou gaan.

Liza riep hem bij zich. 'Ga maar in de woonkamer zitten, dit duurt nog wel even,' zei ze rustig. Hij begreep het niet. Was er niet nog steeds een kans dat het mis zou gaan? Dat ze naar het ziekenhuis moesten? Of was het gevaar geweken nu de verloskundige er was?

'Ga maar in de woonkamer zitten,' zei ze nog een keer. 'Het komt goed.'

Terwijl hij, zoals ze had gezegd, op de bank plaatsnam, voelde hij een woede opkomen waarvan hij nog niet wist of die gerechtvaardigd was. Was ze echt in paniek geweest en had hij daarom Bernhard moeten bellen? Of was er een andere reden geweest?

Hij kreeg geen kans om er langer over na te denken, want er werd op het raam geklopt. Hij deed de deur open en liet Bernhard binnen. Hij had een bezorgde, ernstige uitdrukking op zijn gezicht. Tristan kende hem niet zo.

'Liza zou toch pas over een paar weken bevallen?'

'Ja... Ja, dat klopt...' Hij trachtte weer die afstandelijke, formele toon aan te nemen, maar hij slaagde er niet in.

Ze stonden vlak bij elkaar in de kleine woonkamer. De deur naar de slaapkamer was dicht. Bernhard ging op de bank zitten, alsof hij zich onmiddellijk thuis voelde. Of omdát hij zich thuis voelt, dacht Tristan. Maar nee, teister jezelf niet, sprak hij zichzelf toe. Hij is hier nog nooit geweest...

'Hoe wist je eigenlijk waar we wonen?'

'Van Felix...' zei Bernhard afwezig. Hij staarde naar de slaapkamerdeur.

Tristan ging ook zitten. 'Ja, je bent eigenlijk niet meer nodig. Het lijkt nu allemaal wel goed te gaan.'

'Dat is mooi om te horen, mooi om te horen...' Maar hij stond niet op om weg te gaan.

'Ik ga even bij d'r kijken.' Tristan opende de deur en sloot die vervolgens meteen weer. Liza lag met haar hoofd achterover in het kussen. Haar benen stonden gespreid. Er heerste een merkwaardige, onverwachte rust in de kamer.

'Alles gaat goed,' zei de verloskundige. 'Je hoeft je geen zorgen te maken.'

'Bernhard is er,' zei hij tegen Liza. 'Zal ik hem wegsturen?'

'Laat hem maar blijven.' Ze zei het met zoveel moeite, en het was zo duidelijk dat ze met haar hoofd ergens anders was, dat hij niet aandrong. Hij opende de deur en ging weer bij Bernhard zitten.

'Hoe gaat het binnen?'

'Het gaat goed. Maar de verloskundige vroeg me of je voor de zekerheid misschien toch nog even wil blijven.'

'Uiteraard. Geen probleem.'

Zwijgend zaten ze bij elkaar. De gordijnen waren open. De twee schemerlampen in de kamer werden weerspiegeld in het zwarte raam.

Tristan luisterde naar de roep van een uil. Hij dacht niet aan iets specifieks. Hij voelde zich helemaal leeg.

Uit de slaapkamer kwam steeds meer kabaal, maar het was alsof hij was vastgebonden aan de stoel. Hij voelde zich niet in staat om erheen te gaan. Hij was te bang dat alles goed ging.

Zo gingen er voor zijn gevoel meer dan twee uren voorbij. Af en toe wisselde hij een blik met Bernhard.

De slaapkamerdeur ging open en de verloskundige verscheen. 'Alles is goed gegaan,' zei ze. 'Jullie mogen naar binnen komen.'

Tristan stond op. Bernhard stond ook op. Met z'n tweeën gingen ze de slaapkamer in. Hij begreep niet waarom het zo vanzelfsprekend had geklonken dat ze 'jullie' had gezegd. Hij voelde de aandrang om Bernhard tegen te houden. Maar ze stonden al met z'n tweeën bij het bed.

'Ga maar zitten,' zei de verloskundige.

Bernhard nam plaats aan de linkerkant van het voeteneind. Tristan ging aan de rechterkant zitten.

Liza zat in het midden met haar rug tegen twee kussens. In haar armen had ze een klein, donkerpaars wezen, dat zijn zoon moest zijn.

62

Al een dag later mocht hij weer komen. De hele Saamhorigheidsgroep was uitgenodigd om de geboorte te vieren. Na een korte nacht reed Bernhard wederom naar Aerdenhout. Op de achterbank zat een krankzinnig grote, veel te dure teddybeer. Af en toe keek hij via de binnenspiegel naar zijn passagier. Bij stoplichten klonk er gelach uit de andere auto's.

Hij parkeerde de Volvo voor De Ransuil en nam de beer onder zijn arm. Bij de pilaar stonden de fietsen van de anderen al.

Op het grasveld, zo'n zestig meter voor het huis van Tristan en Liza, stonden Olga en Bronno geconcentreerd naar beneden te kijken. Ze zagen hem niet aankomen. Toen hij erbij kwam staan, zeiden ze hem afwezig gedag. Bronno hurkte en hing met zijn kabouterbaard vlak boven het grasveld.

'Paddenstoeltjes,' zei Olga.

'Ah, interessant.'

Bronno stond op, trok zijn korte broek tot boven zijn heupen en gespte zijn riem nog wat steviger dicht. 'Niet zomaar paddenstoeltjes. Kleverige koraalzwammetjes. Die zie je niet vaak. Zeker niet bij ons in de buurt. Zal zo eens vragen of ik Tristans fototoestel mag lenen.'

Ze moesten lachen om de beer. 'Is die niet wat groot voor de baby?' vroeg Olga.

Tristan deed de deur voor hen open. 'Ik heb een appel meegebracht,' zei Bronno. 'Van harte gefeliciteerd met de geboorte van jullie kind.' Hij schudde Tristan de hand en overhandigde hem vervolgens de appel.

'Ja, van harte,' zei Bernhard. Hij gaf de beer aan Tristan.

In de kleine woonkamer zat de rest van de Saamhorigheidsgroep. Omdat er niet genoeg stoelen waren, zat de helft van de bezoekers op de grond. Bernhard deed dat ook maar. Liza zat in het midden van de bank, met Melle in haar armen, gewikkeld in een handdoek. Naast haar zat de beer en daar weer naast Renate. Bernhard zag nu ook dat het bespottelijk was: die kleine baby en dan daarnaast zo'n grote beer. Hij schaamde zich voor zijn cadeau. Al was het nog altijd beter dan een appel.

Het groepsgesprek ging over een Zuid-Koreaanse Boeing die door de Sovjet-Unie uit de lucht was geschoten. Meer dan tweehonderd mensen waren in zee gestort. Daarna hadden ze het langdurig over de protesten in Chili tegen het regime van Pinochet. En ten slotte ging het ook nog over gevechtsoefeningen van de NAVO in gebieden waar de Sovjet-Unie mogelijk zou kunnen binnenvallen.

Als het over de USSR ging, kwam er al snel een vergoelijkende toon in hun stem. De Russen deden in hun ogen weliswaar dingen verkeerd, maar ze waren nog altijd beter dan de Amerikanen, 'met hun plastic en hamburgers'.

Tristan schonk koffie in en deelde beschuiten met muisjes uit. De vriendin van Wiebe was er ook maar die zei niks. Liza mengde zich evenmin in de discussies. Ze had alleen maar oog voor de baby, die ze zacht heen en weer wiegde op haar arm. Toen Tristan even naar de keuken liep, verplaatste ze haar blik naar Bernhard. Ze keek hem langdurig aan, terwijl ze de baby een beetje optilde. Ze probeerde hem iets duidelijk te maken, maar hij begreep niet wat.

Toen de hele groep aanstalten maakte om te vertrekken, leek ze dat nauwelijks te merken. Ze was met haar aandacht volledig bij Melle. Alsof alle anderen niet bestonden.

Renate hielp Tristan met opruimen. 'Ik kan het niet laten,' zei ze, 'ik heb nog de Sociale Academie gedaan.' Ze veegde met een doekje over de kleine salontafel.

'Ik ga nog even lekker een plas doen,' zei Ralf. Hij liep de deur uit en urineerde tegen een boom die vlak voor het raam stond.

Tijdens het naar buiten lopen vroeg Bronno: 'Gaan jullie die appel nog opeten?'

'Neem gerust, hoor,' zei Tristan.

Bronno pakte de appel, veegde hem schoon aan zijn broek en liep al kauwend de deur uit.

'Nou, tot snel!' riep Hester. 'Jullie hebben een prachtige baby.'

Bernhard nam afscheid van de anderen en stapte in zijn auto. Onderweg naar huis besefte hij dat alles nu anders was geworden.

63

Hij tilde Josefien op en zette haar in het voorzitje. Terwijl hij de bandjes vastmaakte, keek hij nog even naar het Spartelmeer, dat blinkend in de namiddagzon tussen de duinen lag. Ze waren allebei rood en rozig. Omdat het maandag was, waren er nauwelijks andere mensen.

Hij duwde de fiets door het zand. Pas toen hij bij het pad aankwam, nam hij een kleine aanloop en sprong op het zadel. Hij fietste zonder schoenen, met zijn zanderige voeten op de pedalen. Als ze over een drempel, een boomstronk of een paar losse stenen reden, tikten Josefiens schepje en emmertje in zijn rugzak tegen elkaar.

Felix draaide de Zeeweg op en reed Overveen in. Josefien legde haar achterhoofd telkens tegen zijn borst en begon dan te lachen terwijl ze omhoogkeek. Omdat hij verrast 'Hee!' riep, voelde ze zich aangemoedigd om het spelletje te herhalen. Ze begon steeds harder te lachen. Felix fietste de winkelstraat door en was blij dat ze publiek kregen. Vanuit zijn ooghoeken signaleerde hij dat mensen op de stoep hen gadesloegen en ook begonnen te lachen. Het was verbijsterend hoeveel blijdschap een dreumes teweeg kon brengen, niet in de laatste plaats bij hemzelf. Het gaf een heerlijk gevoel: zij was blij, hij werd blij en vervolgens staken ze ook andere mensen aan met hun vrolijkheid. Ze zouden, bedacht hij, dreumesen moeten inzetten bij conflictsituaties.

Maar het was natuurlijk niet altijd zo. Nadat hij een einde had gemaakt aan het spelletje, omdat hij bang werd dat ze zouden vallen, bedacht hij dat een dag doorbrengen met een kind van twee nooit *alleen maar* leuk was. Gelukkig ook niet alleen maar stom. Zo ongeveer een kwart van de tijd was het vrolijk en gelukkig makend, een ander kwart uitputtend en moeizaam en de rest van de tijd, als ze niet sliep, was het... gewoon. Was het tijd die verstreek en verder eigenlijk niks.

Felix reed door het bos en kwam bij de voetbalvelden van Alliance. Telkens als ze een boom passeerden, wees hij haar ernaar en zei 'boom'. Josefien reageerde niet, hoewel ze het woord toch echt al kende. Hij vroeg of ze de kinderen zag die aan het voetballen waren. Hij vertelde dat de bladeren in het najaar van de bomen zouden vallen en dat ze dan bruin zouden worden. Pas na een tijdje begon hij door te krijgen dat ze in slaap aan het sukkelen was. Haar hoofdje zakte steeds net iets meer naar voren, tot haar kin ten slotte op de rits van haar jas rustte. Bij het verkeerslicht voor de Randweg stopte hij en keek over haar schouder: ze sliep.

Hij voelde zich wat sukkelig door al zijn gepraat

en zweeg terwijl hij het laatste stuk naar huis aflegde. Toen hij in zijn straat aankwam, zag hij de fiets van de oppas niet op de stoep staan. Hij wilde Josefien niet wakker maken en zette zijn fiets daarom voorzichtig tegen de heg aan. Een beetje ongerust ging hij naar binnen. Vanuit de woonkamer hoorde hij een vertrouwde stem. Hester zat op het tapijt, met hun zoon en dochters om haar heen. Ze las voor uit *De kabouterkinderen.*

'Ik ben er weer,' zei ze toen ze hem zag.

64

Dit is niet mijn zoon, dacht hij. Ik ben niet zijn vader.

Tristan keek naar het jongetje in zijn handen. Van de trots die andere jonge vaders moesten hebben als ze hun pasgeboren zoon vasthielden, was bij hem geen sprake. Hij voelde een instinctieve afkeer, terwijl hij het tere lijfje in zijn handen woog, beseffend dat hij het niet kon maken om het kind meteen weer terug te geven aan Liza. Vanaf het bed keek ze gelukzalig en trots naar hun zoon.

De naam 'Melle' kreeg hij niet over zijn lippen, zo weinig associeerde hij dit kind met de zoon die hij altijd had gewild. In de trekken van het jongetje meende hij Bernhard te herkennen.

De kraamverzorgster was bezig in de keuken. Hij luisterde naar het geklingel van kopjes en schoteltjes en zei: 'Ik zal haar zo even gaan helpen.' Hij gaf het kind terug aan Liza. Dankbaar nam ze Melle over. Hij liep de kamer uit en draaide zich in de deuropening om. Liza drukte een kus op het kleine babyhoofdje.

65

Ongeveer een maand na de geboorte reed Bernhard naar een vergadering van de Saamhorigheidsgroep. Hij parkeerde zijn auto voor het huis van Bronno en Olga. Terwijl hij werd binnengelaten, dacht hij aan die allereerste keer dat hij hier was geweest, toen Takele zo had gehuild en geen van de aanwezigen zich daar druk over leek te maken.

Zijn slaapkamerdeur was nu dicht. Erachter was het stil.

Liza was niet bij de vergadering aanwezig. Bernhard vroeg zich af wat hij er deed.

Na afloop bekeken ze de dia's van de vakantie. Hij zag Liza in sepia op de Franse rotsen liggen, lachend met haar zonnebril op, haar handen op haar ronde buik.

In het donker luisterde Bernhard naar het gesnor van de projector. Hij zat helemaal achteraan. Telkens als Liza in beeld kwam, voelde hij zich melancholisch worden.

Hij overwoog naar haar toe te rijden, terwijl Tristan hier was, maar hij wist niet goed wat hij daar moest doen met de baby erbij.

Een beetje droevig zat hij het dia-avondje uit. Alle anderen waren opgewonden door het herbeleven van hun vakantie. De dia's werden voorzien van vrolijk commentaar en er werd veel gelachen.

66

Op 29 oktober 1983 stapte Bernhard met de Saamhorigheidsgroepleden in een volle trein naar Den Haag. Bij ieder station kwamen er meer mensen bij, ook al was er eigenlijk geen plek meer. Bernhard stond ingeklemd tussen Ralf, Renate en een man met getinte brillenglazen. Vlak voordat ze er waren, stonden ze een halfuur stil. Later hoorden ze dat dat vanwege een bommelding was geweest.

Op Den Haag Centraal Station lieten ze zich meevoeren door de massa. Er waren aanhangers van de Volksunie aanwezig, die de Hitlergroet brachten en 'IKV is KGB' riepen. Ze werden opgepakt door de politie, terwijl de demonstranten het station uit stroomden, op weg naar het Malieveld.

Bernhard had zijn ouders maar niet verteld dat hij naar de demonstratie ging. Ze zouden niet begrijpen wat hij er deed en eigenlijk zou hij het ze ook niet kunnen uitleggen. Ze vonden het al heel bedenkelijk dat hij PvdA stemde. Bernhard droeg zijn hoed en had een iets te keurige regenjas aan, die misprijzend werd bekeken door een punker met een hanenkam.

Tijdens de demonstratie zorgden ze ervoor dat ze op één lijn liepen. Afwisselend hielden ze hun spandoek vast, met daarop de tekst: HET IS HEUS GEEN PRETJE, EEN KERNRAKETJE. Ralf droeg een gasmasker en maakte andere demonstranten aan het schrikken. De kinderen van de Saamhorigheidsgroep trokken op de schouders van hun bebaarde vaders ten strijde voor de wereldvrede.

In de lucht vloog een reclamevliegtuig van het Oud-Strijders Legioen. Op het doek stond: LIEVER

EEN RAKET IN DE TUIN DAN EEN RUS IN DE KEUKEN. De massa scandeerde vol pathos: 'Wij vechten tegen de wapens, de wapens van de macht.'

Het gros van de dag liep Bernhard naast Felix. De somberheid had hij van zich afgeschud en op zijn gezicht verschenen weer de vrolijke kraaienpootjes van weleer. Ze praatten alsof ze met z'n tweeën door Den Haag slenterden en alsof er niet duizenden schreeuwende en zingende mensen met hen meeliepen. Of eigenlijk was het alsof ze weer samen bij de open haard zaten – al bleef één belangrijk onderwerp onbesproken.

Sinds de geboorte had hij Liza bijna niet meer gezien. Ook vandaag was ze thuisgebleven, wat hij eigenlijk wel had kunnen bedenken.

Die paar keer dat hij in haar huisje was geweest, was ze moe van het slaapgebrek. Hij was ongemakkelijk, omdat hij niet wist hoe hij met de situatie om moest gaan. Het kind had hij in zijn armen gehad, eventjes.

'Geef me een paar weken. Dan ben ik weer de oude,' had ze gezegd.

Om hem heen werd het steeds chaotischer. Het lukte allang niet meer om met de Saamhorigheidsgroep op één lijn te lopen. Hij keek over zijn schouder, zag dat hun spandoek nog wel in de lucht werd gehouden, maar hij vond de anderen niet meer. Hij liet zich meesleuren door de menigte. Na een tijdje zag hij ook het spandoek niet meer. Hij was alleen.

67

Bronno liep naar de tuin met een oude matras, die hij uit de logeerkamer had gehaald. Hij doorkruiste de moestuin, wandelde over het pad tussen de mais en de worteltjes en belandde op de plek waar Olga dacht dat hij een compostkuil had gemaakt.

De bouw had hem drie weekenden gekost. Nu was hij af. En het had geen enkele zin meer. De aanval was niet van buitenaf gekomen maar van binnenuit.

Natuurlijk, hij was begonnen in de wetenschap dat ze ziek was en dat het snel kon gaan – maar zo snel had hij niet verwacht.

Volgens een rapport van de CIA was de kans op het uitbreken van een kernoorlog in 1984 'zeer groot'. Olga ging 1984 niet eens halen.

Hij zette de matras op de grond en wreef in zijn ogen, tot hij merkte dat er aarde aan zijn vingers zat. Hij veegde zijn handen af aan zijn broek en keek om zich heen, naar de tuin die ze met z'n tweeën hadden gemaakt. Tien jaar geleden, toen ze het huis kochten, groeide er nog overal onkruid.

'We hebben een nieuwe compostkuil nodig,' had hij gezegd. 'Je hoeft niet te helpen. Ik wil het graag alleen doen.'

Vlakbij, aan een tak van de walnotenboom, hing een bamboe windgong, uit de derdewereldwinkel. Hij luisterde naar het onregelmatige, rustgevende getingel.

Ze hadden de anderen nog altijd niet ingelicht. Misschien was het wel beter zo. De afgelopen maanden hadden ze geleefd alsof er niets aan de hand was. Als de rest had geweten wat er gaande was, had dat niet gekund.

Hij tilde de matras op en liep naar de ingang. Om hem naar binnen te krijgen, moest hij de matras zo veel mogelijk dubbelvouwen. Na wat gestuntel lukte het uiteindelijk.

De schuilplaats was slechts bedoeld om de kernaanval zelf en de eerste fall-outperiode te overleven. Langer dan een paar dagen konden ze er niet doorbrengen. Maar als het goed was, was dan het ergste achter de rug.

Het enige wat hij nodig had gehad, waren enkele oude deuren en van dat dikke zwarte plastic waarmee boeren ingekuild gras afdekten. De deuren waren makkelijk: in de buurt waren ze bezig een huis te slopen en hij mocht er vier meenemen. Voor het plastic fietste hij aan het einde van een werkdag naar een boer in Schalkwijk. Toen hij uitlegde waar het voor was, kreeg hij het gratis mee.

Hij legde de matras op de grond. Om met z'n drieën comfortabel te kunnen zitten, zou hij er eigenlijk nog een nodig hebben. Daar was wel ruimte voor. Misschien konden ze op het laatste moment hun eigen matras meenemen. Maar de vraag was of daar dan tijd voor was.

De constructie had een vrij hoge fall-outbeschermingsfactor. Het ontwerp was van de Britse burgerbeschermingsdienst.

Eerst had hij een loopgraaf gemaakt van zo'n halve meter diep. Vervolgens had hij aan weerszijden aarden wallen gemaakt, die waren verstevigd met oude kleden en dekens. Het dak werd gevormd door de deuren. Daaroverheen kwam het plastic. Voordat hij er aarde overheen stortte, had hij aan de achterkant met behulp van een pvc-buis een ventilatiepijp gemaakt. De buitenkant ervan had hij bedekt met gaas om te voorkomen dat er alsnog fall-outstof kon binnendringen.

Met de zaklamp scheen hij om zich heen. Nadat hij de ingang had gesloten (een half afgezaagde, rechtopstaande deur) was het compleet donker binnen. Omdat hij een kniestuk had gebruikt, kon er ook geen licht binnenkomen via de ventilatiepijp.

Bronno voelde hoe een zekere trots bezit van hem nam. Hij had voorzorgsmaatregelen genomen om zijn gezin te beschermen. Met de zaklamp scheen hij op de noodvoorraad: flessen water, voedsel in blik, koekjes en enkele weckflessen met fruit. Er waren ook een radio, een blikopener en een emmer.

Tegen een blik bonen stond een ingelijste foto van Olga, voor het geval ze er al niet meer zou zijn. Hij scheen rond in de ruimte en zei tegen de foto: 'Kijk, dit heb ik voor jou gemaakt. Hier was je veilig geweest.'

Hij knipte de zaklamp uit en bleef nog even in het donker zitten. Daarna duwde hij de deur open en werd als een mol overweldigd door het zonlicht.

68

Ze wandelde door Aerdenhout naar Elswout. Af en toe stopte ze en dekte ze Melle beter toe. De kinderwagen piepte en kraakte maar rolde soepel over de bladeren op de weg.

In de afgelopen weken had Liza haar dagelijkse wandeling steeds iets langer gemaakt. Eerst beperkte ze zich nog tot rondjes door het Meester Enschedepark, vlak bij hun huis. Maar inmiddels kon ze probleemloos een uur lopen.

Het voelde fijn om haar benen weer te strekken, de geur van het bos op te snuiven en – misschien nog wel het meest – haar leefwereld steeds iets verder op te rekken. Wekenlang was ze het huis niet uit geweest. En nu voelde het alsof ze langdurig ziek was geweest en eindelijk weer naar buiten mocht.

In zekere zin wás ze ook ziek geweest. Haar lichaam moest herstellen van de bevalling. Maar het was toch niet alleen iets fysieks geweest. Ze was licht geschrokken van haar eigen geestelijke toestand, die eerste twee weken na de geboorte. Naast alle liefde die ze voor Melle voelde, naast al het geluk, had ze zich ook neerslachtig gevoeld, soms uren achter elkaar, zonder dat ze begreep waar dat door kwam.

Misschien was het wel simpelweg het besef dat ze moeder was geworden.

Voor de poort van Elswout was niemand. In het zwarte water dreven twee futen rond hun nest. Terwijl ze twee kwartjes entreegeld betaalde bij het loket, sloeg de bel tien keer. Melle kreunde even in zijn slaap.

In augustus, een paar dagen voor de bevalling, had ze op het punt gestaan om Tristan te vertellen dat ze bij hem wegging. Ze had zelfs al haar tas met kleren gepakt, die ze zou meenemen naar de Brouwersgracht. De box, de commode en de rest van de babyuitzet zouden ze later wel ophalen met de auto, op een dag dat Tristan naar zijn atelier was. Ze had het allemaal uitgedacht. Maar er was helemaal geen tijd meer geweest.

Het leven van Melle was daardoor op een heel andere manier begonnen dan ze zich van tevoren had voorgesteld. Daar kwam nog bij dat de charme van het tuinhuisje ineens niet meer opwoog tegen de ongemakken ervan. De kraamverzorgster had in haar notities geschreven: 'Huis is moeilijk warm te krijgen, erop letten dat baby altijd wollen truitje aanheeft.' Vaak, als ze het koud had in huis of bang was dat de baby het koud had, verlangde ze naar het comfort op de Brouwersgracht, waar centrale verwarming was, een grote badkamer met een bad en meer ruimte.

Ze liep rechtdoor, naar de grote weide. Het hek was dicht maar ze liep toch de brug over en keek uit over het ongemaaide grasveld. Helemaal aan de andere kant zaten drie rode ara's in de top van een beuk, kabaal makend. Er leefden er een stuk of tien van op Elswout. Altijd als ze de ara's zag, zoals nu, was ze voor even ontregeld door dat exotische rood in het bruingroen van een Nederlands bos.

De vogels vlogen op en verdwenen krassend achter de bomen. Liza draaide zich om en liep weer terug naar het poortgebouw, denkend aan de wandeling met Tristan waarmee het allemaal was begonnen.

Het voordeel van de situatie was wel dat ze de kans had gekregen om haar beslissing, die zoveel consequenties met zich meebracht, rustig te overdenken. Zo had ze zich gerealiseerd dat ze beter eerst met Bernhard kon praten voordat ze het Tristan vertelde. Al wist ze wel zeker dat hij haar, en Melle, niet zou afwijzen. Daarvoor was zijn liefde te groot. En daarvoor was hij bovendien een te nette man. Als ze hem zou vertellen dat hij de vader was, zou hij zijn verantwoordelijkheid nemen.

Ze kwam weer op de Zijweg. Een fietser naderde haar van achteren en belde. Terwijl hij passeerde, en ze afwezig zijn 'goedemorgen' beantwoordde, kreeg ze een inzicht, waarvan ze het belang onmiddellijk begreep maar dat toch niet helemaal tot haar doordrong. Haar hersens werkten nog traag. Omdat al haar aandacht en energie de afgelopen tijd naar Melle waren gegaan, was het overige ineens ingewikkeld geworden. En dat was precies de reden waarom ze tijd had gevraagd aan Bernhard. Ze was er nog niet aan toe geweest om het gesprek met hem te voeren. Maar nu was ze zover. Bijna.

Ze stak de Duinlustweg over en liep verder rechtdoor, langs de grote villa met de tennisbaan in de tuin. Het net hing slap en op het gravel lagen gele bladeren.

Eindelijk kreeg ze greep op de gedachte die ze zoeven nog niet goed kon bevatten: ze wilde niet dat Bernhard voor haar zou kiezen uit plichtsbesef.

Liza keek naar de grillige, imposante eiken die aan weerszijden van de weg groeiden en boven haar hoofd een dak van takken vormden, waardoor ze zoals altijd de sensatie had dat ze door een tunnel liep. De bomen veroverden steeds meer terrein op de weg, die met de jaren smaller werd. Ze liep verder, over het glooiende fiets- en wandelpad, terwijl ze zich zowel gesterkt als opgelucht voelde door het inzicht. Voorlopig zou ze Bernhard niets zeggen. Pas later.

Ten opzichte van Tristan voelde ze zich een verrader, meer dan ooit gedurende het afgelopen jaar. Al die tijd had ze gedacht dat haar relatie met Bernhard iets tijdelijks was. Dat ze daarna weer verder met Tristan zou gaan. Maar nu de beslissing eenmaal was genomen, voelde het slecht om bij hem te zijn terwijl hij nog van niets wist.

Toch overheerste de euforie. Ze kon niet wachten om Bernhard te vertellen dat ze voor hem koos. Terwijl ze op de T-splitsing rechts afsloeg en in de verte de poort van De Ransuil al zag, dacht ze nog even terug aan de ara's op Elswout, die haar nu voorkwamen als een symbool voor het exotische leven dat haar aan de zijde van Bernhard te wachten stond.

69

Bernhard wachtte op Felix.

Uit de tuin en het huis klonk geroezemoes. De voordeur stond open. Af en toe liepen er mensen langs hem die naar binnen of buiten gingen.

Bronno verscheen, met aan zijn zijde een vrouw met piekerig rood haar en een ziekenfondsbrilletje op haar neus. Terwijl ze over het tuinpad op Bernhard afliepen, was Bronno ernstig en enigszins plechtstatig aan het woord. Zoals altijd articuleerde hij wat al te duidelijk. De vrouw knikte af en toe aanmoedigend en noteerde ondertussen op een blocnote wat hij vertelde.

'Wanneer staat het erin?' vroeg Bronno ter afronding van zijn monoloog.

'Volgende week,' antwoordde de vrouw. 'Ik stuur vanmiddag nog even een fotograaf langs.' Ze sprong op een fiets en reed de straat uit.

Bernhard stak zijn hand uit naar Bronno. 'Gecondoleerd,' zei hij. 'Wie was dat?'

'Een journaliste van de *Heemsteedse Courant*. Maar

ik vermoed dat de landelijke kranten het nieuws ook wel zullen oppikken.'

'Ik hoop het voor je,' zei Bernhard maar.

Bronno ging weer naar binnen. Felix kwam aanfietsen.

'Ik snap toch niet zo goed dat je publiciteit zoekt voor de dood van je vrouw,' zei Bernhard.

'Tja. Maar Olga wilde het zo.'

Ze liepen over het tuinpad naar binnen. In de woonkamer stonden mensen koffie te drinken. Hij zag een paar leden van de Saamhorigheidsgroep, maar Liza was er niet.

'Zullen we eerst even naar haar toe?' stelde Felix voor.

Via de open achterdeuren kwamen ze weer in de tuin. Helemaal achterin was de plek waar ze moesten zijn. Er was niemand te bekennen maar ze hoorden toch mensen praten. Ineens doken er een man en een vrouw uit de grond op.

Terwijl Bernhard door de kale, al winterse tuin liep, stelde hij zich de kop in de *Heemsteedse Courant* voor: VROUW LAAT ZICH OPBAREN IN ATOOMKELDER BIJ WIJZE VAN PROTESTACTIE.

Ze begroetten de man en de vrouw, die Bernhard niet kende, bukten en gingen zelf naar binnen. Olga droeg een lange gele jurk, die tot haar voeten kwam. Ze lag in een open kist, omringd door waxinelichtjes die op blikken voedsel waren neergezet. Uit een radiootje klonk newagemuziek.

De ruimte was ongeveer anderhalve meter hoog. Ineengedoken stonden Bernhard en Felix bij de kist. Eerst nam Felix afscheid, duidelijk aangedaan, daarna Bernhard.

Ze gingen weer het huis in en kregen koffie aangereikt. Hier en daar werd gesproken over de ontvoering van Heineken. 'Als je stopt met zeep, neemt het lichaam het reinigingsmechanisme vanzelf over,' hoorde hij Wiebe tegen iemand zeggen. Alle anderen hadden het over Olga's bijzondere laatste daad.

70

Olga had inderdaad het landelijke nieuws gehaald: in NRC *Handelsblad* had een artikeltje gestaan, met een onduidelijke foto van de atoomkelder erbij.

Er kwamen honderden mensen op de uitvaart af. Olga bleek in de jaren zeventig een actieve dolle mina te zijn geweest.

Omdat er geen zitplaatsen meer waren, bleef Bernhard net als veel anderen staan, achter in de ruimte. Hij zag Liza. Ze zat tussen Tristan en Hester in. De baby had ze niet bij zich. Voortdurend draaide ze haar nek en keek zoekend om zich heen. Bernhard betrapte zich op de neiging om zich te verstoppen achter zijn voorganger, een man met een rood peace-teken op de rug van zijn spijkerjack. Bijna niemand had een pak aan. Afgezien van Bernhard alleen drie oudere heren, mannen van de vorige generatie. Ook de vrouwen hadden zich niet bijzonder netjes of sober gekleed. Ze droegen dezelfde kleding als wanneer ze boodschappen deden of een fietstocht maakten.

De plechtigheid begon. Bronno's toespraak was merkwaardig afstandelijk. Hij sprak, zoals hij zelf zei, 'niet alleen als echtgenoot maar ook als voorzitter van de Saamhorigheidsgroep'. Hij vertelde wat Olga allemaal voor de groep had gedaan. Hij wees het publiek uitvoerig op het gevaar van nucleaire dreiging.

Pas aan het einde van zijn toespraak werd zijn verhaal persoonlijker en kwamen er tranen. Hij greep naar zijn katoenen zakdoek en deed alsof hij moest niezen.

Ook Felix en Hester spraken. De vrouwen van de Saamhorigheidsgroep zongen een lied. Liza stond tussen Renate en Wijnie. Bernhard vermeed het om te kijken. Hij staarde naar de grond terwijl hij luisterde. Twee keer keek hij toch op, zag haar te midden van de anderen op het podium. Snel verplaatste hij zijn blik weer naar zijn voeten.

Bij het graf sprak Bronno nog een keer, met Takele in zijn armen. Nu sprak hij wel alleen als echtgenoot. Hij huilde, en Takele huilde, en Bernhard was blij toen het treurige tafereel was afgelopen. De massa verplaatste zich naar de condoleanceruimte. Bernhard bleef een beetje dralen tussen de graven. Hij wist dat ze naar hem toe zou komen.

Een sluier van minuscule regendruppels hechtte zich vast aan zijn kleding en aan de bomen. Terwijl ze aan kwam lopen, met haar bleke gezicht en in een iets te grote jas die hij nooit eerder had gezien, dacht hij: maar ze is helemaal niet zo mooi! En toch!

Ze zoenden elkaar. Terwijl hij haar tegen zich aan drukte, en haar gezicht niet kon zien, had hij de sensatie dat hij nog nooit iemand met zoveel liefde had vastgehouden. Maar toen hij haar blik zag, waarin zulke andere verwachtingen waren te lezen, voelde hij weer dezelfde afstand als in de ceremoniezaal.

'Ik ga weg bij Tristan,' begon ze. Ze was opgetogen.

Ze wist nog van niks. Hij had haar voor moeten

zijn. Waarom had hij het haar ook niet eerder verteld, een paar dagen geleden al, meteen nadat hij het nieuws had gekregen? Omdat hij eerst zelf nog aan het idee had moeten wennen. En bovendien: hier had hij nooit rekening mee gehouden.

Bernhard keek van haar weg, naar de bemoste, natte graven om zich heen, waarop soms zowel een mannen- als een vrouwennaam stond. Het idee was aanlokkelijk. Maar hij zag het toch niet voor zich. Niet met Liza in elk geval.

'Ik vertrek over een paar weken naar Jeruzalem. Ze hebben er iemand per direct nodig.'

Het duurde even tot het nieuws tot haar doordrong. Terwijl hij naar haar keek, voelde hij een merkwaardig contrast tussen zijn liefde voor haar, die er nog altijd was, en zijn verliefdheid van vroeger.

'En wij dan?' vroeg ze.

Onder haar open jas had ze een zwarte, eenvoudige jurk aan. Ook die had hij nooit eerder gezien. Ze droeg de mintgroene hakken die ze samen op het Waterlooplein hadden gekocht.

'Het is voorbij, het spijt me,' zei hij. Hij had het al beseft toen hij met de hele Saamhorigheidsgroep op kraamvisite was geweest, die dag na de geboorte, en had gezien hoe ze naar het kind keek. Hij had toen al begrepen dat het afgelopen moest zijn. Of eigenlijk dat het al afgelopen was. Ze had een kind op te voeden, samen met haar man.

'Kunnen we niet mee naar Jeruzalem?'

'"We"?'

'Melle en ik.'

'Nee. Nee, dat kan echt niet.' Hij vond het een bespottelijk idee.

'Ook niet als ik je vertel...' Ze keek nadenkend voor zich uit, met die bleekblauwe ogen in dat zo vaak, zo veel geliefkoosde gezicht.

'Als je me wat vertelt?'

'Niks. Laat maar.' Ze keek weg, boos, wat hij natuurlijk begreep. Daarna duwde ze haar hoofd in zijn hals en begon ze zich aan hem vast te klampen terwijl ze smekende, wanhopige woorden sprak.

Hij wilde zeggen dat ze zijn eerste en ook zijn laatste grote liefde was, dat hij dat zeker wist, maar op de een of andere manier kreeg hij het niet over zijn lippen. Het begon harder te regenen. In de verte verlieten sommige bezoekers al de begraafplaats. Opeens liet ze hem los en liep gehaast weg, voor zover ze daarin slaagde op haar hakken. Ze ging rechtstreeks naar de uitgang, waar haar fiets moest staan. Hij keek haar na, in de regen, en voelde geen spijt. Er was alleen een haast ondraaglijk besef van verlies.

De regendruppels vielen op zijn hoed en maakten een ratelend geluid. Hij ging het condoleancegebouw binnen, kreeg een kop koffie op een schoteltje aangereikt en zag de anderen. Ze stonden er met z'n allen, bijna op een rij: Felix en Hester, Ralf en Wijnie, Bronno, Wiebe en zijn vriendin, Laurens, Renate en Tristan. Alleen Liza ontbrak. Alsof ze op hem hadden staan wachten. Ja, hij was deze mensen oprecht toegenegen. Hij bewonderde hun goedheid, hun altruïsme, hun engagement. Maar hij was zelf niet zo.

Hij liep op hen af en vertelde dat hij naar Jeruzalem ging. Felix en Hester wisten het al.

'Maar daar hebben we toch helemaal geen ambassade meer?' vroeg Wiebe. 'Daar was drie jaar geleden nog al dat gedoe over. Nederland was zo'n beetje het allerlaatste land met een ambassade in Jeruzalem.'

Bernhard vertelde dat de ambassade inderdaad in 1980 naar Tel Aviv was verhuisd, en hij vertelde er ook bij dat het aan een eigenwijze ambassadeur had gelegen dat dat niet al in 1950 was gebeurd, toen alle andere landen hun ambassade verhuisden. 'Nederbragt heette hij. Hij was zo aan Jeruzalem gehecht, dat hij er per se wilde blijven.'

'Dan hoop ik dat jij het daar ook naar je zin zal gaan hebben,' zei Renate. Ze legde even haar hand op zijn pols.

'Dank je wel.'

'Maar wat ga je daar dan doen als er geen ambassade meer zit?' vroeg Ralf. 'Ja, we gaan je wel missen, hoor!'

'Buitenlandse Zaken leent me voor een paar jaar uit aan de VN. Ik ga werken voor UNRWA. Die zetten zich in voor de Palestijnse vluchtelingen.'

Toen ze dat hoorden, werden ze allemaal buitengewoon enthousiast. De rest van de condoleancebijeenkomst ging het alleen nog maar over de Palestijnse zaak en 'die held van een Yasser Arafat'.

71

Hij schrok wakker van de wekker, wist de eerste paar seconden niet waar hij was. Tot hij zijn koffer in het midden van de woonkamer zag staan. Hij legde het deken weg en ging rechtop op de bank zitten. De gordijnen waren niet gesloten. Een lantaarnpaal scheen over de heg een strook licht naar binnen. Hij realiseerde zich dat hij moest opschieten, liep naar de keuken om zijn gezicht te wassen en zag even later de taxi al in de straat staan.

Rond een uur of twaalf was hij naar bed gegaan. Hij had hooguit drie uur geslapen. Hij keek om zich heen, naar de in het donker gehulde huiskamer van Felix en Hester, met de mandala's aan de muur en al dat speelgoed op de vloer, en dacht aan zijn eigen meubels, die al in een zeecontainer onderweg waren naar Israël. Hij ging weer op de bank zitten om zijn veters te strikken. Na hoeveel jaar zou hij weer terugkomen in Nederland? Wanneer zou hij Felix en de anderen weer zien? En Liza?

Bernhard tilde zijn koffer op en liep naar de voordeur. Zo zacht mogelijk haalde hij die van het nachtslot. Even later stond hij in het lantaarnlicht op de stoep, een paar passen afstand van de taxi. Hij keek naar het donkere huis waar Felix en zijn vrouw en kinderen lagen te slapen. Ook hun buren sliepen allemaal. Nergens brandde licht. Niemand was wakker. Alleen hij. En de taxichauffeur.

De man stapte uit en zei 'goedemorgen', wat vreemd klonk in de stille straat. Bernhard tastte in zijn binnenzak naar het vliegticket. Zijn vlucht vertrok pas om zeven uur, maar op Schiphol wachtten hem uitgebreide controles door de Israëlische beveiligingsdienst, waar je ook als diplomaat helaas niet aan ontkwam.

Terwijl de chauffeur zijn koffer in de achterbak legde, zag hij ineens Liza. Een beetje schuchter kwam ze aanlopen over de stoep, alsof ze zich schaamde voor haar komst. Hij liep naar haar toe.

'Neem uw tijd,' zei de chauffeur, 'ik merk het wel als u klaar bent om te vertrekken.' Hij stapte in en sloot het portier. Uit de dichte auto klonk nu zacht muziek.

'Ik wilde niet dat ons gesprek op Westerveld het laatste was,' zei ze. Ze droeg een dikke warme jas en een gebreide muts. Zelf had hij alleen een jasje aan. Winterkleding had hij voorlopig niet nodig.

'Dank je wel dat je gekomen bent.'

'Ik heb iets voor je meegenomen.'

Terwijl ze in haar jaszak greep, wierp hij een blik op de chauffeur die in het warme autolicht achter het stuur zat en de andere kant op keek. Hij luisterde naar jazz.

'Alsjeblieft.' Ze gaf hem een ketting van schelpen, die met een touwtje aan elkaar vastzaten.

Hij begreep het niet goed. Het leek hem iets wat je aan een kind gaf. 'Wat is dit?'

'Schelpen uit Zandvoort. Die we verzameld hebben toen we de laatste keer op het strand waren.'

Hij herinnerde het zich nu. 'Dank je wel,' zei hij. Maar eigenlijk wist hij niet zo goed wat hij ermee aan moest. Hij borg de ketting snel op in zijn broekzak.

Een koude wind blies dwars door zijn overhemd tegen zijn borst. Toch had hij het vreemd genoeg niet koud.

'Zal ik meegaan?' Ze keek even naar de taxi.

Hij was bang dat ze het meende, maar ze zei het met een lachje.

'Ik zal je schrijven vanuit Jeruzalem,' beloofde hij.

'Nee, doe dat maar niet. Ik denk dat je dat wel begrijpt.'

'Natuurlijk.'

Hij zei nog dat hij haar nooit zou vergeten en dat

het afgelopen jaar voor hem... Nou ja, ze wist het allemaal wel.

'Ja, ik weet het,' zei ze. Hij drukte haar tegen zich aan, veel te kort eigenlijk, en had onmiddellijk spijt toen hij haar alweer losliet. Maar hij besefte dat het niet aan hem was om nu moeilijk te doen.

Hij stapte in de taxi. De chauffeur startte de motor en reed weg. Liza zwaaide naar hem vanaf de stoep.

Pas in de warmte van de auto merkte hij hoe verkleumd hij was geraakt. De taxi reed dwars door Haarlem in de richting van Schiphol. Ze zagen geen enkele andere auto rijden. De hele stad was stil en verlaten en zij schoven erdoorheen, in hun met jazzmuziek gevulde cocon.

Via de brug over het Spaarne verlieten ze Haarlem. Hij zou haar nooit meer zien. Nooit meer. Hij zou de rest van zijn leven uit Nederland wegblijven.

Deel drie

Jeruzalem, 1984

1

Bernhard wandelde door de Via Dolorosa in de richting van het hart van de oude stad. Aan de muur rechts van hem, net na de Kerk van de Flagellatie, hing een bruin bordje, met een Bijbeltekst erop: IF ANY MAN WILL COME AFTER ME, LET HIM DENY HIMSELF, AND TAKE UP HIS CROSS, AND FOLLOW ME. Mattheus 16:24.

Om zijn Frans te oefenen las hij ook nog even de Franse vertaling. Daarna kuierde hij op zijn gemak verder.

Het was wel jammer dat het Bijbelcitaat, en überhaupt deze hele Via Dolorosa, hem zo weinig zei. Met enige verbazing had hij een week eerder toegekeken hoe in de Heilig Grafkerk gelovigen wat olie druppelden op de plek waar Jezus zou zijn gezalfd. Met een zakdoek veegden ze eroverheen en borgen die vervolgens vol emotie op in hun tas of jaszak. Op de raarste plekken in de Oude Stad vielen christenen in extase neer, omdat Jezus of anders wel Maria daar het een of ander had beleefd.

De religieuze ervaring kon zelfs zo ver gaan, had Bernhard gelezen, dat gelovigen last kregen van het jeruzalemsyndroom: een mentale stoornis die begon met ernstige nervositeit en eindigde met een psychose, waarbij iemand zich inbeeldde dat hij de Koning van Israël of Jezus zelf was.

Het was wel fijn dat hij daar als atheïst niet zo snel last van zou krijgen. Maar hoewel Jeruzalem voor hem geen diepere, bijzondere betekenis had, was hij de afgelopen maanden steeds meer gefascineerd geraakt door de oude ommuurde stad. Ieder weekend ging hij er wel naartoe, om een paar uur lang door de nauwe en kronkelende stegen van de Arabische buurt te zwerven. Zijn voorkeur ging uit naar het gedeelte tussen de Leeuwenpoort en de Damascuspoort, dat je het gemakkelijkst bereikte via de rustige Herodespoort. Er viel daar voor pelgrims nauwelijks iets te zien en je zag ze er dan ook zelden. Er waren ook weinig winkels of pleisterplaatsen. Als Bernhard in zijn eentje door de wijk liep, kon het gebeuren dat hij minutenlang niemand tegenkwam, afgezien van zwerfkatten en heel soms een moslim in een djellaba, die hem het gevoel gaf dat hij daar niet hoorde.

Bernhard wist zelf niet goed wat hem zo aantrok in dit verlaten gedeelte van de Oude Stad. Hoewel de Arabische buurt helemaal niet zo groot was, raakte hij altijd de weg kwijt. Meestal dwaalde hij net zo lang rond totdat er een paniekerig gevoel in zijn buik begon te groeien (mede het gevolg van vermoeide benen) dat hij op de een of andere manier behaaglijk vond. Zijn oriëntatie was hij al na een paar kronkelende steegjes volledig kwijt. Hij had geen flauw idee meer waar de muur was, of de Via Dolorosa, of het Oostenrijkse hospice dat altijd het eindpunt van zijn zwerftochten vormde.

Waarschijnlijk vond hij het relatieve gevaar aantrekkelijk: het hospice, waar je apfelstrudel en Weense koffie kon krijgen, kon hemelsbreed niet verder dan een kilometer weg zijn. Écht verdwalen was onmogelijk. Daarvoor was het doolhof te klein. En toch: als iemand hem hier neerstak, dan waren er geen getuigen.

Voor bomaanslagen hoefde hij in het Arabische gedeelte niet bang te zijn. Dat scheelde weer.

Hij verliet de Via Dolorosa en sloeg rechts af, in de wetenschap dat hij alleen maar een eindje naar het noorden hoefde te lopen, en vervolgens nog een eindje naar het westen, om bij het Oostenrijkse hospice te komen. Maar al snel begreep hij dat het niet zo makkelijk ging worden. Hij kwam in een nauwe steeg, die omhoogliep. In het steen onder zijn voeten waren traptreden gehouwen. Boven zijn hoofd hing was te drogen. Uit een venster klonk Arabische muziek.

In een uitsparing van de muur lagen drie opengereten vuilniszakken. De geur van afval drong zijn neus binnen. Nadat hij links af was geslagen, belandde hij in een straat die een lange bocht maakte en uitkwam op een T-splitsing. Hij was nu al, na drie minuten lopen, zijn richtingsgevoel volledig kwijt. Hij beklom een trap en kwam in een overdekt gedeelte, meer een binnenplaats dan een straat, waar het schaduwrijk was en waar het sterk naar eten rook: gebakken uien. Iets verderop zag hij een strook blauwe lucht. Hij liep in die richting en kwam uit bij een groengeschilderd stalen hek. Hij kon niet verder. Bernhard draaide zich om, een beetje nerveus al, en dacht dat hij langs de muur van de binnenplaats een schaduw zag. Even daarna hoorde hij echoënde voetstappen.

Hij kwam weer bij de trap. Beneden hem, in de diepte, liep inderdaad iemand. Een donkerblonde paardenstaart ging op en neer terwijl de drager ervan wild naar beneden rende. Ineens was hij uit zicht: verdwenen in een onzichtbare steeg aan de rechterkant.

Waarschijnlijk kwam het door zijn vermoeide benen en door het inmiddels bekende paniekerige gevoel in zijn buik, maar Bernhard had heel even de gewaarwording dat het Tristan was die hij naar beneden had zien rennen. Hij daalde af en toen hij bij dezelfde steeg kwam, keek hij naar rechts. Er was niemand. Omdat hij vermoedde dat daarachter ergens het hospice moest zijn, ging hij de steeg in. Minutenlang doolde hij rond zonder iemand tegen te komen en zonder nog een moment aan Tristan te denken. Hij dacht alleen maar aan zijn beloning voor dit nutteloze maar heerlijke gedwaal door de Arabische wereld: een warme en westerse apfelstrudel.

2

'Shokran,' zei Tristan. Hij nam de kamersleutel in ontvangst en liep door de gangen van het Pilgrim Guest House naar zijn kamer. Afgezien van het schilderij had hij geen enkele bagage bij zich. Een steile trap leidde naar de eerste verdieping. Hij hees zichzelf omhoog. Bovengekomen keek hij even door een raam naar de binnenplaats. Een groot metalen kruis stond op een sokkel en eromheen waren auto's geparkeerd. Buiten was het veertig graden maar in de gang van het pension was het koel. Dikke stenen muren scheidden hem van de hitte.

Hij vond zijn kamerdeur en ging de kloostercelachtige ruimte binnen. Vlak onder het hoge plafond zat een klein, gesloten raam. Het schilderij zette hij op de grond. Hij knipte het bedlampje aan.

Zijn spijkerpak was nat van het zweet. Ook zijn onderbroek was vochtig. Hij trok alles uit en liet zich naakt op het eenpersoonsbed vallen. Star staarde hij naar het plafond. Hij kreeg het koud maar ging niet onder het deken liggen.

Tristan vroeg zich af hoelang hij al van huis was. Hij dacht na en kwam uit op drie dagen, maar het voelde langer.

Al weken, misschien wel maanden, had hij rondgelopen met het idee om naar Jeruzalem te gaan. Er moest iets gebeuren. Hij kon niet langer zo verder leven. Op donderdagochtend fietste hij naar zijn atelier, toen hij op de Grote Markt een affiche zag hangen. Een man wandelde langs de zee. Erboven stond: KEER TERUG NAAR GOD. EEN LEVEN ZONDER JEZUS IS EEN VERLOREN LEVEN. Hij fietste door en bleef maar aan het affiche denken. Waarom deed hij dat? Niet omdat hij zich aangesproken voelde. Nee, hij beschouwde het als een teken dat hij inderdaad naar Jeruzalem moest gaan. Hij wilde verlost worden. En dat kon alleen in die stad.

In twee dagen liftte hij naar Athene. Het grootste deel van het traject reed hij mee met een vrachtwagenchauffeur, die met zijn DAF naar Zuid-Joegoslavië moest. De grensovergangen duurden eindeloos. Niet alleen tijdens het wachten maar ook tijdens het rijden las de chauffeur een boek van Konsalik. Hij had naar eigen zeggen de hele bibliotheek van Schiedam uitgelezen. Tristan was blij dat ze niet hoefden te praten.

Voor zijn vertrek had hij een boodschap voor Liza

achtergelaten, zonder te vertellen waar hij heen ging. In Athene schreef hij haar een ansichtkaart, met op de voorkant de Akropolis. Hij verontschuldigde zich voor zijn plotselinge vertrek. 'Ik ben zoals je ziet naar Griekenland gegaan,' schreef hij, 'en ik denk dat ik hier een week, misschien twee weken blijf.' Hij had geen idee hoelang het zou duren voordat hij Bernhard had gevonden. 'Wat ik precies ga doen, weet ik nog niet. Ik moet alleen zijn en nadenken. Hopelijk lukt het me om mijn depressie kwijt te raken. Weet dat mijn liefde voor jou onverminderd is.'

Nadat hij de kaart had verstuurd, ging hij naar het vliegveld. Zijn plan was geweest om vanuit Griekenland de boot te nemen, maar dat bleek helemaal niet te kunnen. Gelukkig viel de prijs van een vliegticket mee. Hij nam de laatste vlucht van de dag naar Tel Aviv en checkte het schilderij, verpakt in karton, in. Voor, achter en naast hem zaten orthodoxe joden, met bonte bruine hoeden op, prevelend de Thora te lezen. Hij werd er zenuwachtig van. Zijn buurman sprak hem aan in het Hebreeuws. Tristan maakte een niet-begrijpend gebaar. De rest van de vlucht negeerde de man hem.

Het was al na middernacht toen Tristan aankwam op Ben Gurion. Er gingen geen busjes meer naar Jeruzalem, alleen taxi's. Op een bankje in de aankomsthal sliep hij een paar uur onrustig. Vroeg in de ochtend reed hij met acht andere mensen naar de heilige stad.

Omdat alle andere passagiers naar een hotel in Oost-Jeruzalem moesten, was de chauffeur bereid om ze daar af te zetten.

Hoewel het hotel er duur uitzag, besloot hij er voor

de eerste nacht een kamer te nemen. Hij verlangde naar een bed. Later zou hij wel een goedkoper onderkomen zoeken.

Terwijl hij de trap van het Ambassador Hotel op liep, maakte een portier de deur al voor hem open. Hij kreeg een kamer op de zesde verdieping, met een balkon dat uitzag op een verzorgde tuin waar hoge palmbomen groeiden, die bewogen op de wind. Het schilderij legde hij op het bed. Hij had dorst maar hij wist niet of je het kraanwater kon drinken. Tristan liep weer naar beneden om het te vragen. Terwijl hij van de trap naar de receptie wandelde, kwam Bernhard de lobby in. Tristan draaide zich snel om.

Een grote groep luid pratende Amerikanen verplaatste zich op datzelfde moment van de ontbijtzaal naar de twee liften. Omdat er maar vijf of zes tegelijk in konden, ontstond er een opstopping. Tristan verschool zich achter de groep. Hij zag Bernhard naar het bargedeelte lopen en een joviaal gesprek beginnen met de ober. Die was duidelijk blij om Bernhard te zien. Tristan voelde zich ineenschrompelen van afgunst en bewondering, terwijl hij de scène bekeek: hoe Bernhard als wereldburger een praatje maakte met deze ober van een chic hotel in Jeruzalem.

In het vliegtuig had Tristan zich proberen voor te stellen hoe het zou zijn om Bernhard weer te zien. Maar hij had er niet op gerekend dat het al zo snel, meteen na zijn aankomst in Jeruzalem, zou gebeuren. Hij was er eigenlijk nog helemaal niet klaar voor.

De lift pingde en er verdwenen weer zes Amerikanen. Twee vrouwen die vlak bij hem stonden, keken geërgerd naar hem. Een van hen draaide haar rug naar hem toe, terwijl ze haar hand bij haar neus hield.

Tristan werd zich bewust van zijn lichaamsgeur. Hij had zich al dagen niet gewassen. Omdat de geslonken groep Amerikanen zich herschikte, moest hij zich ook verplaatsen. Bernhard en de ober waren nog steeds met elkaar in gesprek. Bernhard leunde nonchalant met zijn elleboog op de bar. Hij droeg zijn grijsbruine hoed, die hij nu met een tikje van zijn vinger iets naar achteren verplaatste. Zijn gezichtshuid was bruiner geworden. Hij had een kaki colbertje aan en daaronder een lichtblauw overhemd. Hij zag er blakend van gezondheid uit.

Weer een deel van de groep toeristen verdween in de lift. Tristan kon zich achter nog maar vijf mensen verschuilen, die bovendien niet als een haag naast elkaar bleven staan maar zich ongeduldig verspreidden. Noodgedwongen begon hij ook te drentelen. Als deze laatste vijf mensen weg waren, zou hij in het volle zicht van Bernhard komen. Af en toe liet die zijn blik genoeglijk door de lobby dwalen. Hij was hier kind aan huis. Hij woonde dan waarschijnlijk ook vlakbij.

De liftdeuren openden zich. De Amerikanen gingen erin en Tristan liep zonder nadenken naar de uitgang. Hij zou buiten wel op Bernhard wachten.

Rechts van de toegangstrap was een winkeltje. Ze verkochten er houten kamelen, lichaamsbedekkende sjaals en allerlei religieuze prullaria. Tristan liep naar binnen en deed alsof hij geïnteresseerd was in een Mariabeeldje. Ondertussen kon hij door het raam de uitgang in de gaten houden.

De verkoper was aan de andere kant van de winkel bezig om twee toeristen iets aan te smeren. Tristan scharrelde rond, pakte af en toe iets op en wachtte op Bernhard.

Eindelijk kwam hij naar buiten. In zijn ene hand hield hij een papieren zakje vast, in de andere een plastic koffiebeker. Tristan kon het niet uitstaan hoe voldaan en zelfgenoegzaam hij uit zijn ogen keek. Hij daalde de trap af, met zijn kin omhoog en zijn schouders naar achteren alsof hij een prins was op wie iedereen had staan wachten. En ja hoor, de portier begroette hem vriendelijk en ook een stel taxichauffeurs lachte naar hem. Om het allemaal nog erger te maken, kwam hij aan de voet van de trap een westerse vrouw tegen, met een kind aan haar hand. De vrouw straalde welvaart uit. Ze waren waarschijnlijk bevriend. De vrouw flirtte met Bernhard, tenminste, die indruk had Tristan. Gelukkig begon het kind te dreinen en aan de hand van haar moeder te trekken, zodat er voor de moeder niets anders op zat dan zich mee te laten voeren – uiteraard niet zonder uitvoerig haar excuses te maken naar Bernhard. Tristan vrat zichzelf op van ergernis. Vanuit zijn ooghoek zag hij de verkoper op hem afkomen. Snel verliet Tristan de winkel. Bernhard was rechts afgeslagen.

Auto's scheurden toeterend voorbij. Bernhard wandelde rustig over de stoep. Tristan volgde op zo'n vijftig meter afstand. Over de muur rechts van hem groeide een roze bougainville.

Bernhard liep de tweede straat in die ze passeerden. Op de hoek stond een broodverkoper, een mollige, kale man. Hij had geen klandizie, maar werd wel omringd door duiven en kraaien die stukken brood van de stoep oppikten.

Bij het laatste huis in de straat stopte hij. Hij opende het toegangshek en ging de tuin in, waarna het hek met een harde metalen kleng weer in het slot viel. Tristan kwam voorzichtig dichterbij. Afgezien van de broodverkoper in de verte was er niemand op straat.

Aan weerszijden van het toegangshek was een manshoge muur, die nog werd verhoogd door donkergroene ijzeren spijlen van ongeveer een meter. Tristan tuurde voorzichtig over de muur. Bernhard zat op de veranda van zijn huis, in een luie tuinfauteuil. Om hem heen stonden exotische planten in potten. Op een sierlijk Arabisch tafeltje had hij de beker koffie neergezet. Hij vouwde een krant open.

Het tafereel was haast te idyllisch om te verdragen. Tristan moest het even verwerken. Hij ging met zijn rug tegen de muur staan, een beetje door zijn knieën om er niet met zijn hoofd bovenuit te komen.

Toen hij nog in Nederland was, had hij zich weleens een voorstelling proberen te maken van Bernhards leven hier. Als er in de krant een stuk over Jeruzalem stond, las hij het met extra aandacht. Bijna altijd ging het over een bomaanslag van de PLO waarbij mensen om het leven waren gekomen. Hij putte voldoening uit dit soort berichten. Niet dat hij hoopte dat Bernhard een van de slachtoffers was (al fantaseerde hij ook daar weleens over). Het was eerder zo dat deze artikelen bijdroegen aan een niet bepaald rooskleurig beeld van het leven in Jeruzalem. En dat stemde hem tevreden.

Maar nu bleek dat hij hier een luxeleventje leidde.

Hij liep verder langs de muur. Terwijl hij snel het toegangshek passeerde, wierp hij een blik in de tuin. Aan weerszijden van een stenen pad groeiden citroen-, mandarijn- en grapefruitbomen.

Aan het einde van de doodlopende straat stond een

vuilniscontainer op wieltjes. Drie straatkatten zaten op de rand afwachtend naar Tristan te kijken.

Hij keek weer over de muur heen. Vanaf deze plek was hij beter verborgen. Tristan zag dropzwarte, duimdikke bramen tussen de struiken hangen. De gele grapefruits waren zo groot als meloenen. Er groeiden bloemen en planten die hij nooit eerder had gezien.

Af en toe, als Bernhard een pagina van de krant omsloeg, klonk er papieren gekraak vanaf de veranda.

Tristan dacht terug aan die keer aan de Brouwersgracht. Alle gevoelens van toen kwamen weer boven. Hij werd zo bang dat Bernhard hem zou betrappen, dat hij over zijn hele lijf begon te trillen. Wat moest hij dan zeggen? Hoe moest hij zijn aanwezigheid in Jeruzalem verklaren? Hij kon het zichzelf nauwelijks uitleggen.

Tristan wilde weg. Hij wist nu waar Bernhard woonde. Dat was op dit moment genoeg.

Hij stond al op het punt om terug te lopen naar het hotel, toen Bernhard plotseling naar het hek wandelde. Hij ging de straat op.

Tristan dook omlaag. Hij maakte zich zo klein mogelijk. Na even gewacht te hebben, durfde hij voorzichtig op te kijken. Bernhard liep al halverwege de straat. Tristan ging snel achter hem aan. Op de weg die langs het hotel leidde, kon hij zich af en toe verschuilen achter geparkeerde auto's, waardoor hij wat dichterbij durfde te komen. Bernhard stapte ondertussen voortvarend door. Hij stak de straat over en verdween tussen twee huizen uit het zicht. Tristan wilde ook oversteken maar moest wachten voor een passerende auto. Daarna kwam hij bij de trap die Bernhard had genomen. Onder hem lag een onbebouwde vallei.

Tristan rende snel naar beneden, tot hij Bernhard weer zag. Door de hitte en de honger (hij had al langer dan vierentwintig uur niet gegeten) voelde hij zich licht in zijn hoofd. Hij passeerde kapotgeschoten huizen met gebroken ramen. Te midden van de chaos hing was te drogen. Hier en daar verschenen kinderhoofden op de balkons.

Bernhard hield een hoog tempo aan. Tristan hijgde terwijl hij hem volgde. Ze kwamen in een drukker gedeelte. Aan weerszijden van de smaller wordende weg waren winkels. Ze liepen over de Salah ad-Din Street, zag hij op een bordje. Omdat er inmiddels zoveel Arabieren rondliepen, durfde Tristan bijna op gelijke hoogte met Bernhard te lopen, aan de overkant van de straat. De glimp die hij af en toe opving van diens tevreden gezicht maakte hem razend. Wat was die Bernhard toch met zichzelf ingenomen! Wat had hij het met zichzelf getroffen! En hoe verschrikkelijk, hoe radeloos voelde hij zichzelf! Door hém! Hij lette niet op en botste tegen een gesluierde vrouw op. Nadat hij Bernhard weer had ingehaald, stond hij ineens aan de rand van de oude stad.

Het eerste wat hem opviel waren de tientallen soldaten met geweren in hun handen. Tristan werd overvallen door een vlaag van paniek, maar kreeg geen kans om er aandacht aan te besteden, want Bernhard liep al in de richting van de poort.

Op de grond voor de stadsmuur zaten oude vrouwen kruiden te verkopen. Hun koopwaar lag in veelkleurige plastic zakken voor ze, waardoor de grote balen salie, kamille, amandelen, tijm en druivenbladeren in rode, gele en blauwe cirkels werden gepresenteerd. De doorgang van de poort was zo smal dat Tristan bang was dat hij op de kruiden en specerijen van de vrouwen ging staan. Omdat hij naar de grond keek, raakte hij Bernhard bijna kwijt. In de verte, over de hoofden van tientallen mensen heen, zag hij nog net vaag diens hoed schommelen.

De verschillende geuren, kleuren en indrukken van de oude stad waren haast niet te bevatten. Terwijl hij zich een weg baande door de mensenmassa, viel zijn oog op een grote metalen bak vol roze bloemkool. Uit een zijstraat kwam een processie van in zwart geklede, zingende mannen dichterbij. Uit boxen schalde drukke Arabische muziek, die zich vermengde met het onverstaanbare maar melodische geschreeuw op straat. Joden met keppels op hun hoofden verschenen en Tristan verbaasde zich dat die zomaar te midden van de Arabieren durfden te lopen. Uit een deur aan zijn linkerzijde kwam ineens een ezel naar buiten. Het volgende moment moest Tristan zich tegen de muur drukken, omdat drie jongens met een brede kar naar beneden kwamen rennen en er blijkbaar van uitgingen dat iedereen wel opzijging. Een oude autoband, die met een ketting aan de kar was verbonden, gebruikten ze als rem. Als ze té veel vaart maakten, ging een van hen op de band staan. Toen ze allang weer voorbij waren, hoorde Tristan nog steeds het gekletter van de ketting op de straatstenen.

Langzamerhand kwamen ze in een rustiger gedeelte van de oude stad. Bernhard had zijn tempo wat vertraagd. Tristan liep langs kleermakers die in de deuropening met hun voet een Singer-naaimachine bedienden. Iedere verkoper die hij passeerde probeerde hem iets aan te smeren: kleden, schaapshuiden, granaatappelsap, dikke, stroperige koeken die hij nooit eerder had gezien. Op een kruising van twee straatjes zaten twee mannen een waterpijp te roken. Bernhard sloeg links af. Tristan volgde. Tot zijn geruststelling waren er in dit rustigere gedeelte ook minder soldaten. Toen hij de oude stad net was binnengekomen, stonden ze nog op iedere straathoek, dreigend kijkend, met hun vinger al bij de trekker.

Het werd steeds ingewikkelder om Bernhard niet kwijt te raken. De straten werden nauwer en kronkeliger. Andere mensen zag hij bijna niet meer. Hij passeerde een donker, uitgestorven winkeltje.

Tristan vroeg zich af wat Bernhard hier te zoeken had. Kende hij iemand die hier woonde? Hij besteeg nu een steil oplopende trap. Tristan wachtte tot hij boven was en ging toen ook de trap op. Hij kwam uit bij een donkere binnenplaats en liep voorzichtig verder. Hij zag of hoorde Bernhard niet meer. Ineens dook hij op aan de andere kant van het pleintje. Tristan rende zo snel als hij kon weg. Als een bezetene stormde hij de trap af en sloeg vervolgens een steeg naar rechts in. Omdat hij zich nergens kon verschuilen, bleef hij doorrennen. Hij was zo bang dat Bernhard hem zou zien, dat hij de ene na de andere straat in stoof, ook al kwam hij steeds meer mensen tegen die hem verbaasd bekeken. Pas na een aantal minuten, aan de voet van de stadsmuur, kwam hij hijgend tot stilstand. De muur was zo'n tien meter hoog.

Tristan ging ervan uit dat hij vanzelf bij een poort kwam als hij de muur volgde. Maar de weg maakte een bocht naar links en noodgedwongen liep hij weer dieper de stad in. Hij voelde zich beklemd. Zolang hij in dit labyrint was, kon hij Bernhard bij iedere straathoek tegen het lijf lopen. Hij klampte mensen aan en vroeg de weg naar de stadspoort. De ene voorbijganger wees hem de ene kant op, de volgende de andere kant. Eindelijk ontmoette hij een jongen die bereid was om hem naar de Damascuspoort te brengen.

Uitgeput liep Tristan terug naar het hotel. Hij kon zich amper staande houden en was bang dat hij zou flauwvallen.

Het hotel waar hij die ochtend had ingecheckt, stond hem nu tegen. Hij dacht aan de twee Amerikaanse vrouwen die hem het gevoel hadden gegeven dat hij niet in dit luxe hotel thuishoorde. Hij dacht aan Bernhard die kind aan huis in de lobby was.

Hij zou zich er geen moment op zijn gemak voelen. Het was bovendien te riskant, als Bernhard er vaak kwam.

Terwijl hij hierover nadacht, passeerde hij een goedkoop ogend pension, dat was gevestigd in een oud klooster. Op een bordje stond PILGRIM GUEST HOUSE. De toegangspoort gaf zicht op een rustige, door de zon beschenen binnenplaats.

Nadat hij had geïnformeerd of er een kamer vrij was, liep hij door naar het Ambassador, checkte na een paar uur alweer uit en was verrast toen bleek dat hij niet voor de kamer hoefde te betalen. Hij haalde het schilderij uit de kamer en wandelde terug naar het pelgrimspension.

Tristan lag op zijn zij op het bed. Hij wist dat hij ondanks zijn vermoeidheid niet zou kunnen slapen. Hij zag weer voor zich hoe hij achter Bernhard aan was gegaan in de oude stad. Hij voelde weer de angst toen hij op dat donkere pleintje bijna door hem was betrapt. De vernedering als hij daar oog in oog met Bernhard had gestaan! Dat mocht nooit gebeuren. Bernhard mocht nooit weten dat hij naar Jeruzalem was gekomen. Hij moest dus van achteren... Of hij moest zichzelf vermommen, onherkenbaar worden...

Als hij eindelijk maar eens kon beginnen met logisch nadenken. Maar daar was geen kans voor geweest. Hij was Bernhard tegengekomen voordat hij een plan had kunnen maken.

Zijn oog viel op een spijker aan de muur, ongeveer ter hoogte van het voeteneind. Hij stond op en bukte om het schilderij van de vloer te pakken.

Hij hing het doek op aan de spijker. Daarna ging hij weer op zijn zij op het bed liggen, starend naar het portret van Bernhard.

3

Zijn hoed kwam in het heilige land goed van pas. Toen Bernhard eind december in Jeruzalem was aangekomen, had het gesneeuwd. Gesneeuwd! Dat was wel het laatste waar hij op had gerekend bij zijn aankomst in de Levant. De sneeuwval duurde maar een paar uur en de sneeuw bleef niet liggen, maar toch. Die eerste weken regende het voornamelijk. Bernhard had zich laten vertellen dat er in Jeruzalem in twee maanden tijd evenveel regen viel als in Londen in een jaar. Maar toen die twee maanden voorbij waren, bleef het ook de rest van het jaar droog. Inmiddels, eind augustus, kon hij zich haast niet meer voorstellen dat het ooit geregend had. Iedere dag was er diezelfde, oneindig aanvoelende hitte.

Het was merkwaardig om te bedenken hoe vreemd en onbekend alles was geweest toen hij hier aankwam, terwijl Oost-Jeruzalem hem nu, een paar maanden later, even vertrouwd was als de buurt waarin hij was opgegroeid.

Al meteen na zijn aankomst had hij gevoeld dat hij het naar zijn zin ging hebben op zijn eerste standplaats. Hij werd ondergebracht in het Ambassador Hotel, waar hij ongeveer een maand had vertoefd. Iedere ochtend wandelde hij naar het kantoor van UNRWA. Zijn westerse collega's waren vriendelijk, zij het allemaal een beetje ontworteld. Het werk was moeilijk genoeg om hem niet te vervelen maar tegelijk dermate overzichtelijk dat hij er 's avonds aan de bar van het hotel geen moment meer aan dacht.

Hij had niet verwacht dat hij na zijn toetreding tot het corps diplomatique nog iets aan zijn rechtenstudie zou hebben. Als hij archeologie of Frans had gestudeerd, was het ook best geweest, zei hij weleens tegen mensen. Het ging meer om een brevet van vermogen. Maar in dat geval had hij toch niet deze baan gekregen. Want bij UNRWA zochten ze per direct een juridisch medewerker. En aangezien Bernhard begin december licht wanhopig de kamer van Personeelszaken was binnengestapt, om te vragen of ze hem zo snel mogelijk namens koningin en vaderland wilden uitzenden, maakte niet uit waarheen, kon Buitenlandse Zaken aan de VN-organisatie melden dat ze nog wel een jurist in de aanbieding hadden.

Het was een echte kantoorbaan. Hij hield zich bezig met de aanbesteding van scholen en ziekenhuizen en stelde contracten op. Een heel enkele keer reed hij met een paar collega's in een 4x4 naar een vluchtelingenkamp om te zien waarvoor hij het nou allemaal deed.

Bernhard genoot van de Palestijnse hartelijkheid en gastvrijheid. Het gebeurde weleens dat iemand, zomaar op straat, hem een hand gaf en die hand daarna naar het hart verplaatste. Mensen nodigden hem bij hen thuis uit. Hij kende inmiddels de obers en winkeliers in de buurt en zij kenden hem. En hij leerde wat Arabisch.

Hij had al snel een huis gevonden in de wijk Sheikh Jarrah, op een steenworp afstand van het Ambassador. Om de zoveel tijd belde hij naar de haven, om te vragen of zijn container al was aangekomen. Na drie maanden begon hij te denken dat die ergens op de bodem van de Middellandse Zee lag. Tegen die tijd had hij wel al zijn nieuwe huis betrokken. Hij leende het hoognodige (een tafel, een bed, een stoel en wat keukenspullen) van andere expats in de straat en merkte dat je uitstekend met weinig kunt leven. Toen er dan eindelijk een verlossend telefoontje uit Tel Aviv kwam en de verhuizers een dag later bij hem op de stoep stonden, was hij bijna teleurgesteld – zo gehecht was hij inmiddels geraakt aan het minimalistische leven. Dit gevoel was kortstondig, want al snel genoot hij van het weerzien met zijn eikenhouten bureau, zijn platencollectie en de schilderijen die hij aan de kale muren kon hangen.

Wat hem vooral beviel aan het huis was de tuin. Iedere avond ging hij op de veranda zitten, kijkend naar de cipressen aan de overkant van de straat, die werden beschenen door de laatste zonnestralen van de dag. Na al die jaren in het centrum van Amsterdam te hebben gewoond, voelde deze tuin als een openbaring. De perken stonden vol met bloemen, waaronder roze, bijna oranje rozen die tegen het raam van de woonkamer groeiden (hij kon er ook binnen van genieten). Overdag leefden er allerlei kleine, veelkleurige vogels die op de bomen en het hek gingen zitten. 's Avonds namen grote kraaien de tuin over. Ze landden op de takken van de cipressen, die krom bogen onder het gewicht van de grijszwarte, krassende vogels. Er kwamen ook zwaluwen, die achter elkaar aan zaten en hem vrolijk maakten met hun sierlijke vlucht en gekwetter.

Tijdens de warmste dagen klonk uit een naaldboom af en toe het gekraak waarmee de dennenappels zich openden. Verder waren er voornamelijk miauwende zwerfkatten te horen. Bernhard kreeg al snel het idee dat de vorige bewoner een hechte band met ze had gehad. Telkens wanneer hij de deur van zijn huis opende, verschenen er allerlei smekende poezenhoofdjes op het pad. Het waren altijd dezelfde smoezelige, scharminkelige beesten. Op een ochtend had hij er negen voor zijn deur staan.

Bernhard ontwikkelde een weekendroutine: op zaterdag- en zondagochtend wandelde hij naar het Ambassador, waar ze croissants en Europese koffie verkochten. Op straat was dan nog niemand. De zwerfkatten wachtten op de hoek op de broodverkoper. In de tuin, bij de opkomende zon, genoot hij van de croissant en de koffie. Het was een eenzaam geluk, maar het was geluk.

Op zaterdagmiddag deed hij boodschappen of zwierf door de oude stad. Op zondag ging hij naar de Israëlische kust.

Hij dacht zelden aan Liza. Hij dacht ook niet aan andere vrouwen. Zijn libido was weer net zo klein als in de jaren voor haar geworden. En omdat dat de grootste periode van zijn leven was geweest, voelde dat heel natuurlijk.

Als hij op een spaarzaam moment toch terugdacht aan die intensieve seksuele maanden in Haarlem, voelde hij zelfs een lichte afkeer. Op een ochtend herinnerde hij zich hoe Liza op hem had gezeten op de achterbank van de Volvo, met haar armen gespreid, haar handen aan de twee handgrepen boven de ramen. Wie was die man geweest? In wat voor mysterieuze bedwelming had hij al die tijd geleefd dat hij er zelfs Angola voor had afgezegd?

Bij hem in de straat woonde een Japanse vrouw, die soms eten voor hem bereidde. Ze was getrouwd met een Zwitser die voor het Rode Kruis werkte en bijna altijd op missie was. Af en toe maakten ze een praatje. Nadat ze elkaar zo'n vijf of zes keer hadden gezien, stond ze op een dag ineens voor zijn hek op hem te wachten. In haar handen hield ze een schaal met Japans eten. Ze had voor hem gekookt.

Hij bedankte uitvoerig en nodigde haar uit om bij hem binnen te komen. Dat wilde ze niet. Het eten was verbluffend lekker. Twee dagen later wachtte ze hem opnieuw op met een maaltijd.

En het gebeurde nog veel vaker. Twee of drie keer per week stond ze aan het einde van de middag voor zijn hek. Soms was hij er al voor vijven en dan stond ze er. Soms moest hij nog iets afmaken en kwam hij pas tegen halfzeven aan. Ook dan stond ze er. Het eten was altijd warm. Hoe ze dat uitkiende, was hem een raadsel. Als ze er niet stond, was hij teleurgesteld.

Op een bepaald moment was hij maar gestopt met haar vragen of ze binnen wilde komen. Ze liep altijd meteen weer weg nadat hij het eten had aangenomen. Maar na verloop van tijd kwam het wel voor dat hij bij haar thuis ging lunchen. Ze spraken dan van tevoren af hoe laat hij er zou zijn. Hij belde op het afgesproken tijdstip aan, werd binnengelaten, deed zijn schoenen uit bij de deur en nam vervolgens plaats aan de tafel, die voor één persoon was gedekt. Terwijl hij at, ging ze achter de piano zitten. Ze speelde beginnersliedjes ('The Girl from Ipanema', dat soort werk) en begon vaak opnieuw omdat ze een toets verkeerd had aangeslagen. Als hij klaar was met eten, legde hij heel stil zijn vork en lepel op het bord, om haar niet te storen. Maar hoewel ze met haar rug naar hem toe achter de piano zat, stopte ze altijd onmiddellijk wanneer hij klaar was. Hij snapte niet hoe ze dat merkte.

Hij bedankte haar voor het eten en ging weer terug naar zijn werk.

4

Tristan knipte het bedlampje aan. Hij had geen idee hoe laat het was. Er hing geen klok in de kamer en hij had geen horloge om. Hij vermoedde dat het een uur of drie was. Heel af en toe hoorde hij buiten een auto langsrijden.

Ergens halverwege de nacht had hij het licht uitgedaan en was hij onder het deken gaan liggen, maar hij had niet geslapen. Omdat hij nog altijd niet wist of hij uit de kraan kon drinken, had hij verschrikkelijke dorst. En hij had al uren en uren niet meer gegeten.

Tijdens de slapeloze uren was hij op de gedachte gekomen dat deze reis naar Jeruzalem een strafexercitie was. Hij moest lijden. Flink lijden. En misschien dat dat reinigend werkte.

Het bedlampje bescheen vaag het portret van Bernhard. Hij had het schilderij alweer meer dan een jaar geleden gemaakt, en daarna had hij het opgeborgen in een kast, wachtend tot Bernhard ernaar zou vragen. Maar dat was nooit gebeurd.

Het bevestigde Tristan in de gedachte dat Bernhard helemaal niet geïnteresseerd was in een portret van zichzelf, dat hij alleen maar naar zijn atelier was gekomen om hem te sarren. Dat hij blijkbaar bereid was om daar zevenhonderd gulden voor te betalen, voelde vernederend. Of misschien was hij het hele portret wel gewoon vergeten. Dat was nog vernederender.

Tristan had alleen zijn gezicht geschilderd, niet de rest van zijn lichaam. Dat was dan zijn mild verzet. Zoals hij had gevreesd, was het daarna nauwkeuriger op zijn netvlies verschenen als hij aan hem dacht. Hij kende inmiddels iedere rimpel, iedere oneffenheid op zijn gelaat. Desalniettemin had hij het portret tamelijk emotieloos kunnen maken, toch wel een beetje tot zijn eigen verbazing. Zoals altijd wanneer hij iemands gezicht schilderde, vergat hij volledig dat de geportretteerde ook een persoonlijkheid bezat. Hij schilderde mensen die in zijn beleving niet bestonden, behalve op de foto's aan de waslijn. Ze lééfden niet. Het was geruststellend om aan Bernhard te denken als aan iemand die niet bestond.

Tristan kon zichzelf niet goed uitleggen waarom hij het portret had meegenomen naar Jeruzalem. Hij had een paar keer op het punt gestaan om het doek in het Spaarne te gooien. Maar op de een of andere manier kon hij zich daar op het laatste moment niet toe zetten. Was dat dan toch zijn kunstenaarseer? Nee, het was iets anders. Maar hij wist nog niet wat.

Toen Bernhard uit Nederland was vertrokken, had hij gehoopt en ook wel verwacht dat de dwanggedachtes zouden weggaan. Maar het gebeurde niet. Met iedere blik die hij op zijn zoon wierp, werd hij herinnerd aan Bernhard.

Het onaangenaamste was nog wel dat hij er met niemand over kon praten, wat de dwanggedachtes maar ook de nachtmerries verergerde. Hij wilde Liza niet belasten met zijn waanzin. Hij kon het niet over zijn hart verkrijgen om haar te vertellen hoe hartgrondig hij het kind verafschuwde. En aan Bronno of Wiebe vertellen dat Melle niet zijn zoon was, wilde hij al helemaal niet.

Achteraf was die eerste periode na de geboorte nog niet eens het pijnlijkst. De baby sliep voornamelijk. Maar na een paar maanden begon het jongetje steeds meer contact te maken. Het was haast ondraaglijk om Melle in de ogen te kijken. Hij lachte naar hem met een verwachtingsvolle blik en vond het duidelijk volkomen vanzelfsprekend dat Tristan zijn vader was, de man bij wie hij op onvoorwaardelijke liefde kon rekenen.

Op een ochtend was Liza boodschappen doen. Melle lag te slapen in de slaapkamer. Na een tijdje begon hij te huilen. Tristan ging de kamer binnen, waar ondanks het gepruttel van de baby een vredige, voorwereldlijke rust heerste. Een baan zonlicht scheen langs de groene gordijnen en maakte een streep op de vloer.

Door het open raam klonk het gekwetter van meesjes. Hij boog zich over de wieg en zocht in het halfduister naar de speen die ergens in het bedje lag. Toen hij die had gevonden, strekte hij zijn arm om de speen in de mond van de baby te stoppen. Op dat moment, razendsnel, klampte Melle zich met allebei zijn handjes aan hem vast. Daarna legde hij zijn hoofd opzij en viel meteen in een diepe slaap. Het was onmogelijk voor Tristan om zijn hand nog weg te trekken. Hij kon een paniekaanval ternauwernood onderdrukken.

Die ochtend, hangend boven de wieg, had Tristan ingezien dat het jongetje zich vanaf nu, de rest van zijn leven, aan hem zou vastklampen. Dat er niet te ontkomen viel aan zijn vaderschap.

Buiten klonk een aanzwellend, bezwerend gezang. Pas na een tijdje drong het tot Tristan door dat dit de muezzin was, die opriep tot het ochtendgebed. Hij had helemaal niet gemerkt dat het langzaam licht werd.

5

Bernhard wierp een zwembroek, een handdoek en een boek in een rieten tas en liep naar zijn auto. Het was ongeveer een uur rijden naar het strand ten zuiden van Tel Aviv, waar hij bijna iedere zondag naartoe ging. Tijdens sabbat was het er druk maar op zondag, als de rest van het land werkte, kwamen er bijna alleen expats die in Jeruzalem woonden.

Bernhard zorgde ervoor dat hij altijd vroeg wegging, zodat hij nog een paar uur had om in zijn eentje te zwemmen en lezen. Rond het middaguur arriveerden de Europeanen, onder wie ook een paar landgenoten, met hun gezinnen en hun koelboxen vol drank. Dan kwam er een borrel op gang, die tot de schemering duurde.

Zoals altijd wanneer hij zijn auto bij het strand parkeerde, voelde hij een vage melancholie. De zee was azuurblauw en de golven die op het strand aanspoelden, waren niet grijs zoals in Zandvoort, maar zuiver wit. Tussen de zee en de plek waar hij zijn handdoek neerlegde, lag een strook rozerode schelpen, van zo'n tien meter breed.

In de verte was de Sint-Petruskerk op de heuvel van Jaffa te zien. Hij zwom een paar minuten door het zoute water en ging daarna op zijn handdoek liggen. Er waren slechts vijf andere mensen op het strand. Een paar meter van hem vandaan zat een oudere Israëlische dame een boek te lezen, van achter naar voren. Het bleef een merkwaardig gezicht.

Bernhard pakte ook zijn boek, begon wel aan de voorkant, maar hij kon zich niet concentreren. De avond ervoor had Misaki weer voor hem gekookt. Ze bereidde het eten inmiddels bij hem thuis, hij had haar de sleutel gegeven. De hele toenadering was zo geleidelijk verlopen, dat hij het nauwelijks in de gaten had gehad. Maar hij kon inmiddels niet meer ontkennen dat er een nieuwe vrouw in zijn leven was: als hij thuiskwam van werk stond ze in zijn keuken.

Haar man had hij nog altijd niet ontmoet. Een enkele keer vertelde ze dat hij een paar dagen thuis was geweest en dan had Bernhard haar ook een paar dagen niet gezien. Maar vervolgens ging haar man weer op missie en verhuisde Misaki haar tas met kookspullen terug naar Bernhards huis.

Hij voelde zich lichamelijk niet tot haar aangetrokken, hij kon met haar geen gesprekken van betekenis voeren (ze deden niet eens een poging daartoe), maar hij voelde zich wel bij haar op zijn gemak. Ze maakte hem gelukkig, of misschien kon hij beter zeggen: tevreden, zonder dat ze in staat was om zijn eenzaamheid op te heffen. Het was een wonderlijk, eigenlijk heel prettig gevoel. Alsof het hem opluchtte dat hij zijn eenzaamheid niet hoefde prijs te geven.

Bernhard realiseerde zich dat hij in het verleden een vergelijkbare band met Haje had gehad, ook gebaseerd op voedsel. Ook zij praatten niet veel en ook bij hem had hij zich jarenlang erg op zijn gemak gevoeld. In de tijd dat hij bij Haje op de boot kwam om te eten, had hij weleens bedacht dat hun band veel dieper was dan met mensen met wie hij persoonlijke aangelegenheden uitwisselde. Het was een verstandhouding die door een combinatie van zwijgen, distantie en gewoonte betekenisvol was geworden. Omdat het nooit te intiem werd, ontstonden er ook geen meningsverschillen. Er ging een enorm respect voor de ander van uit.

Maar bij Haje was die band gebaseerd op een duidelijke uitwisseling van diensten: hij bereidde het eten en Bernhard betaalde ervoor. Misaki kookte voor hem zonder dat ze vooralsnog iets terugvroeg. Hij had al wel begrepen dat het niet lang meer kon duren voordat dat zou veranderen.

Gisteravond was het dan zover. Ze had sushi en teriyaki voor hem gemaakt. Daarna deed ze altijd de afwas en ging ze naar haar eigen huis. De rest van de avond zat hij in zijn eentje op de veranda met een glas whisky, te kijken naar de kraaien in de cipressen.

Maar nu kwam ze na het schoonmaken van de keuken bij hem zitten. Aanvankelijk zei ze niets en zaten ze naast elkaar te zwijgen. Het was een kalm, eigenlijk erg mooi moment. Toen stond ze op en trok ze hem ook omhoog. Terwijl Misaki zijn handen vasthield, vroeg ze hoe je 'I love you' in het Nederlands zei.

Hij vertelde het.

Lachend, een beetje verlegen, deed ze een poging. Het klonk niet eens zo onaardig. Maar hij kon het niet aanhoren. Niet van haar. Niet zo raar, met Japanse tongval uitgesproken. Niet zo verschrikkelijk banaal, nadat hij alleen maar een paar weken, of misschien waren het al maanden, haar maaltijden had opgegeten.

Ze moest wel merken hoe onaangenaam hij erdoor getroffen was. Maar omdat ze de afstand respecteerde, kon het moment voorbijgaan. En nu, terwijl hij naar de zee keek en naar de golven luisterde, dacht hij er al heel anders over.

Maar hij zou niet hetzelfde tegen haar zeggen. Dat nooit.

Achter zich hoorde hij het eerste vertrouwde gejoel, dat het begin van de zondagmiddag inluidde. Hij stond op en verwelkomde drie van zijn buurtgenoten, die een barbecue met zich meetorsten. De rest van de dag ging in lichtzinnigheid voorbij. Maar af en toe wierp Bernhard een blik op de zee, en op die strook schelpen vlak voor de branding, en dan dacht hij aan Zandvoort en aan Liza.

6

Tristan zat in de ontbijtzaal. Alle andere tafels waren bezet door bejaarde Amerikaanse pelgrims, die een blije opgewondenheid aan de dag legden omdat ze eindelijk, al aan het einde van hun leven, in de heilige stad waren aangekomen. Terwijl Tristan pita's met hummus wegwerkte en glazen granaatappelsap dronk, hoorde hij ze druk keuvelen over de kruisiging, de Drie Wijzen en de herrijzenis. Tristan was buiten deze groep de enige andere gast in het pension. Als hij 's ochtends te laat aankwam, moest hij minutenlang wachten in de rij voor het buffet. Terwijl hij zoeven yoghurt opschepte uit een glazen schaal, vroeg de man achter hem: 'Is Jezus uw herder?'

Tristan schudde zijn hoofd en keerde snel zijn rug naar de man toe. Hij wilde zo min mogelijk lastiggevallen worden. Omdat hij al een paar dagen met niemand had gepraat, was hij steeds meer in zichzelf gekeerd geraakt.

Het was nog vroeg maar de Amerikanen hadden de ochtenddienst er al op zitten. Een kathedraal grensde aan het oude klooster en was via de binnenplaats bereikbaar. De priester die de dienst leidde was een Nederlander, zo ving Tristan op uit een gesprek. Hij was een magere man met een uitgebeend en zacht gezicht, die een zwarte pij droeg en net als Tristan iedere ochtend in zijn eentje aan een tafeltje zat.

Tristan had in de gaten dat de Amerikanen voortdurend blikken op hem wierpen, maar daar was hij de afgelopen dagen aan gewend geraakt. Hij was nu bijna een week in Jeruzalem. Iedere morgen na het ontbijt wandelde hij naar het huis van Bernhard. Als die naar buiten kwam, volgde hij hem naar zijn werk. Het was een paar minuten lopen. Daarna dwaalde Tristan de hele dag in zijn eentje door de oude stad. In de avond ging hij weer naar het huis van Bernhard.

Hij bezocht de Klaagmuur, de Al-Aqsamoskee en de Heilig Grafkerk. Hij zwierf urenlang door de verschillende wijken van de stad: het Armeense kwartier, waar de bewoners zich schuilhielden achter gesloten deuren, de Joodse wijk, die hem hier en daar deed denken aan een Zuid-Frans dorp, en het Arabische gedeelte, waar hij die eerste keer al was geweest, toen hij Bernhard achtervolgde. Hij kende inmiddels ieder straatje van dit middeleeuwse labyrint.

Omdat het iedere dag ondraaglijk heet was, had Tristan zijn spijkerpak verruild voor een djellaba. Eindelijk had hij het niet meer zo verschrikkelijk warm. Maar hij had al snel spijt gekregen van deze nieuwe kleding.

Nadat hij het witte gewaad had gekocht en aangetrokken in een winkeltje vlak bij de Heilig Grafkerk, had hij zijn spijkerpak in een plastic zak gedaan. Toen hij even later zat uit te rusten op het grote plein bij de Klaagmuur, werd hij weggejaagd door een soldaat. Hij zat blijkbaar ergens waar je niet mocht zitten. Pas een uur later realiseerde hij zich dat hij de plastic tas had laten liggen. Hij ging terug maar kon hem niet terugvinden.

Sinds hij in de djellaba door de oude stad doolde, werd hij regelmatig aangestaard. Hij begreep aanvankelijk niet waarom. Pas toen het al een paar keer was gebeurd dat iemand lachend 'Jezus!' naar hem had geroepen, begreep hij wat er aan de hand was. Hij kwam langs een spiegel en bekeek zichzelf: zijn voeten waren zwart door het lopen op de open sandalen; het witte gewaad kwam tot zijn enkels; zijn baard en zijn lange staart vervolmaakten het beeld.

Gedurende een paar minuten lachte hij af en toe hardop. Wat een grap, dacht hij. Wat een belachelijke grap! Maar al snel vond hij er niets geestigs meer aan. Het kwam namelijk steeds vaker voor dat mensen hem aanstaarden alsof ze een spook zagen. Op een ochtend vielen er drie mannen op hun knieën voor hem, terwijl ze hun hoofd nederig naar de grond bogen. Eerst was Tristan bang dat ze het meenden, dat ze echt dachten dat ze een herrezen Jezus voor zich zagen. Maar toen ze weer opsprongen en bulderend begonnen te lachen, begreep hij dat ze hem in de maling namen. Sindsdien vermeed hij de drukke gedeelten van de oude stad en zwierf hij bij voorkeur in straten waar niemand te bekennen was.

Hij hoopte dat Bernhard op zaterdag weer naar de oude stad zou gaan. Dan zou hij toeslaan.

Tristan schepte nog wat labneh op, strooide er za'atar overheen en begon zijn bakje uit te lepelen. Omdat hij op zijn geld moest letten, en omdat hij bij het ontbijt en avondeten zoveel mocht nemen als hij wilde, zorgde hij dat hij voldoende had aan deze twee maaltijden. In de loop van de dag werd hij steeds hongeriger en ook verdwaasder. Pas als hij in de avond weer had gegeten, voelde hij zich weer enigszins bij zinnen komen. Maar hij besefte dat deze dagen in het hete Jeruzalem niet veel langer moesten duren, om niet krankzinnig te worden. Nog twee dagen. Dan kon hij naar huis.

De eetzaal was inmiddels helemaal leeg. Hij at nog een laatste pita en ging daarna van tafel. Hij liep de binnenplaats op maar kon de hitte en het zonlicht nog even niet verdragen. Hij besloot om vanochtend Bernhard niet te volgen naar zijn werk en in plaats daarvan een kijkje te nemen in de kathedraal.

Hij opende de zware houten deur en wandelde naar binnen. Zijn ogen moesten wennen aan het donker. Omdat er niemand was, slenterde hij wat rond. Op de kerkstoelen lagen kussentjes. Ze waren gemaakt door gelovigen uit de hele wereld. Op één stond 'Arkansas 1971'. Op een ander waren Ierse klavertjesdrie geborduurd, met op de zijkant de woorden 'Dublin' en 'peace'. Tristan bestudeerde de kussentjes, toen er achter hem gekuch klonk. Het was de priester.

'De dienst was vanochtend al, voor het ontbijt,' zei hij. Tristan wilde zich verontschuldigen voor zijn aanwezigheid, maar de priester voegde eraan toe dat hij altijd welkom was in de kathedraal. 'Bent u alleen in Jeruzalem?' vroeg hij. 'Ik zie u iedere morgen in de ontbijtzaal.'

'Ja,' zei Tristan.

'Vanwege het geloof?'

'Nee, ik geloof niet.'

'Wat brengt iemand naar Jeruzalem die niet gelooft?'

'Ik ben hier om iemand op te zoeken,' zei Tristan onwillig. 'Ik moet trouwens gaan.' Hij draaide zich om maar de priester legde zijn hand op zijn arm. Tristan schrok van het gebaar.

'Gaat het wel goed met u?'

'Waarom vraagt u dat?'

'U maakt, als ik zo vrij mag zijn, een noodlijdende indruk.'

'Het gaat prima met me. Sorry, ik moet echt gaan.'

'Ik woon en werk mijn halve leven in Jeruzalem. In al die jaren heb ik heel wat mensen ontmoet op wie de stad een ingrijpende uitwerking had. Er zijn mensen geweest die moesten huilen, die gedurende heel hun verblijf niet konden slapen. Het is bijna onmogelijk om hier te zijn zonder dat de stad iets met je doet.' De priester pauzeerde. 'Voor het gros van de mensen geldt dat een bezoek een verrijking van hun leven betekent,' ging de man verder, 'een verrijking die ze altijd bijblijft, ook nadat ze weer naar huis zijn gegaan en hun normale leven hebben opgepakt. Maar er zijn ook mensen op wie de stad niet zo'n goede uitwerking heeft. Die ervan in de war raken. Voor wie het allemaal wat te veel wordt. In de loop der jaren heb ik leren letten op de signalen. Heel fanatiek de handen wassen is er een van. De nagels afknippen totdat er niets meer aan de vingers zit, komt ook voor. Ik heb daarnaast weleens mensen gezien die zich uitdossen als Jezus en zich inbeelden *hem* te zijn.' De priester zweeg en keek Tristan veelbetekenend aan.

'O... O, dit.' Tristan keek even naar zijn djellaba. Hij lachte ongemakkelijk. 'Nee, dat is het niet.' Hij begon te vertellen wat er met zijn spijkerpak was gebeurd. 'Ik ben helemaal niet gelovig, dus dat waar u op doelt... Daar heb ik geen last van. Nee, dáár heb ik geen last van.'

'Waar hebt u dan wel last van?'

Tristan overwoog even om hem in vertrouwen te nemen. De priester maakte zo'n rustige en betrouwbare indruk. Het voelde bovendien fijn om met een landgenoot te praten. Maar hij bedacht dat het hem niet zou helpen. En hij was bang dat de man hem van zijn plan af zou praten.

'Ik moet gaan. Prettige dag nog.' Hij liep de kathedraal uit, het zonlicht en de hitte in.

De rest van de dag zwierf hij, net als de dagen ervoor, maniakaal door de stad. Hij wilde wel stoppen met lopen, maar hij kon het niet. Als hij langs een kraantje kwam, kreeg hij een enorme behoefte om te drinken en wat uit te rusten. Maar op de een of andere manier lukte het hem niet om zichzelf tot stilstand te dwingen.

Tijdens het avondeten vermeed hij oogcontact met de priester. Hij schepte zijn bord drie keer vol. Na zonsondergang ging hij zoals iedere avond naar het huis van Bernhard. Bij de container zaten weer de zwerfkatten. Sterren stonden aan de hemel. De maan ging half verscholen achter een spaarzame wolk. Uit het raam van de woonkamer van Bernhard kwam zachtgeel licht.

7

Bernhard zat op de veranda. Er floten hier en daar wat vogels, maar verder was het stil. De wind zette af en toe aan en deed de cipressen ruisen. Iemand liep langs het hek. Bernhard nam de laatste slok van zijn thee en besloot dat het tijd werd voor een gin-tonic. Hij liep naar de citroenboom die het dichtst bij de straat stond. Onwillekeurig keek hij over het muurtje om te zien waar die voorbijganger heen was gegaan, maar hij zag niemand. Blijkbaar was degene teruggelopen zonder dat hij hem had gezien. Aan het einde van de straat stond alleen de vuilniscontainer, belegerd door de zwerfkatten.

Omdat moslims geen brood mochten weggooien, lag er om de paar meter een stapeltje pita's op het muurtje. Af en toe ruimde hij ze op. Maar nu ging hij een gin-tonic drinken.

Hij plukte de rijpste citroen en liep zijn huis binnen om zijn drankje te maken. Toen hij even later weer plaatsnam in zijn fauteuil op de veranda, had hij voor de tweede keer het idee dat er iemand op de straat was. Hij ging op zijn tenen staan om over het muurtje heen te kijken. Hij zag niemand. Bernhard kreeg er een unheimisch gevoel van. Er liep bijna nooit iemand 's avonds. Af en toe een buurman die een vuilniszak weggooide.

Hij zette het glas op de grond en opende het hek. De zwerfkatten kwamen onmiddellijk naar hem toe rennen, omdat ze nog altijd dachten dat hij ze eten kwam geven. 'Kssst,' zei hij. Maar ze lieten zich niet wegjagen.

De straat was zowel links als rechts verlaten. Het onaangename gevoel zakte weg en hij besloot de pita's op te ruimen. Hij had de gewoonte ontwikkeld om ze van ver in de vuilnisbak te gooien. Niet zelden schrikte hij daarmee een onzichtbare kat op, die miauwend uit de container tevoorschijn sprong. Hij frisbeede de pita's een voor een in de bak. Geen opspringende kat dit keer. En geen één keer mis. Tevreden liep hij terug naar de veranda.

De ijsklontjes in zijn gin-tonic waren al bijna helemaal gesmolten. Hij dronk langzaam zijn glas leeg en bleef tot laat op de veranda zitten, kijkend naar de wuivende toppen van de cipressen.

8

Bernhard ging door de Damascuspoort. Tristan volgde op een paar meter afstand. Door de drukte durfde hij vlak bij hem te komen. Op een bepaald moment kwam hij zelfs zo dichtbij, dat hij, als hij zijn arm zou strekken, bijna Bernhards hoed zou kunnen aanraken.

Hij moest eens weten, dacht Tristan, wie er vlak achter hem loopt. Hij waant zich ver van alles en iedereen uit Nederland! Maar hier loop ik! Het gaf een gevoel van macht, dat hij Bernhard nu al een week schaduwde zonder dat die iets in de gaten had. En hij zou, als alles goed ging, ook nooit te weten komen dat Tristan in Jeruzalem was geweest.

Tristan had het schilderij bij zich. Vanochtend wist hij ineens waarom hij het had meegenomen naar Israël en waarvoor hij het ging gebruiken. Het schilderij was niet al te groot en paste gemakkelijk onder zijn arm.

Toen hij die ochtend bij het huis van Bernhard was aangekomen, had hij met afschuw naar de vuilcontainer gekeken. Hoewel zijn djellaba nog tamelijk schoon was, afgezien van wat bruingroene vegen aan de achterkant, stonk hij nog steeds naar afval.

Bernhard sloeg links af bij de kruising met de Via Dolorosa. Uit tegengestelde richting kwam een groep Chinese gelovigen, die een groot houten kruis met zich meedroegen. Hij had moeite om zich een weg door de massa te banen, waardoor hij bijna Bernhard uit het zicht verloor. Hij rende een stukje om hem weer in te halen.

Bernhard ging een zijstraat in, die zich na zo'n honderd meter vertakte in drie richtingen. Hij nam de middelste route. Tristan bereidde zich voor. Als de kans zich voordeed, moest hij onmiddellijk toeslaan.

Ze waren inmiddels, net als de week ervoor, in het ogenschijnlijk uitgestorven gedeelte van de oude stad gekomen. Bernhard ging een heel smalle en overdekte straat in. Aan weerszijden was een trappetje dat naar de deur van een huis liep. Iemand moest de straat net nog hebben schoongespoten, want de stenen waren glad en in de groeven ertussen dreef een laagje water.

Bernhard knielde en begon zijn schoenveter te strikken. De hoed had hij afgenomen en naast zich neergelegd.

Tristan sloop dichterbij. Hij haalde het schilderij onder zijn arm vandaan en tilde het in de lucht, boven Bernhards hoofd. Die wilde net opstaan. Tristan sloeg zo hard als hij kon met het schilderij. De lijst brak in twee stukken. Bernhard probeerde zich nog overeind te houden maar gleed uit over de natte stenen. Terwijl hij neerviel, sloeg Tristan nog een keer op zijn hoofd.

Bernhard lag bewusteloos op zijn zij. Hij was met zijn hoofd op de onderste trede van een van de trappetjes gevallen. Tot Tristans geruststelling was er geen bloed te zien. Hij ademde nog.

Tristan zocht naar Bernhards portemonnee. Hij vond hem in de achterzak van zijn kaki broek. Nu pakte hij het vernielde schilderij op. Hij wist dat hij zo snel mogelijk moest wegrennen, maar hij kon niet weg zolang hij niet zeker wist dat Bernhard bleef leven. Hij keek achter zich en voor zich, maar er was niemand die hem kon zien. Eindelijk ging er een haast onzichtbare reflex door de arm die op de grond lag. Bernhards linkerbeen maakte een schokkerige beweging. Ook in zijn gezicht ontstond wat leven.

Snel stond Tristan op. Hij rende weg en draaide zich bij de hoek van de straat nog even om, zich half verschuilend achter een elektriciteitskast. In de verte krabbelde Bernhard overeind.

Tot zijn schrik zag Tristan dat er nog een afgebroken deel van de lijst op de grond lag, vlak naast Bernhards hoed. Maar meteen daarna begreep hij dat het niet erg was. Bernhard zou het stuk hout niet herkennen als de lijst van zijn portret. Simpelweg omdat hij het niet kón herkennen.

Tristan liep gehaast, maar zonder een gehaaste indruk te maken, door de meanderende stegen naar de Herodespoort. Een groot voordeel ten opzichte van een week eerder was dat hij nu de weg kende. Bij de rotonde net buiten de stadsmuur stak hij over, naar de Salah ad-Din Street. Het was maar een paar minuten lopen naar het pension. Hij passeerde een vuilniswagen en gooide eerst het schilderij erin en daarna Bernhards portemonnee.

9

De pelgrims waren er nog niet. Tristan zat in zijn eentje in de ontbijtzaal. Helder zonlicht straalde door de ramen over de netjes gedekte tafels. Vanaf de binnenplaats klonk rumoer. Even later ging de deur open en verschenen de Amerikaanse bejaarden, van wie de voorste twee mannen een wedstrijdje deden wie het eerst bij het buffet was. Als laatste kwam de priester binnen. Hij stopte even bij Tristans tafeltje.

'Het gaat beter met u!' zei hij hartelijk.

'Ja, dat klopt,' antwoordde Tristan verrast. 'Dank u wel dat u het opmerkt.'

Door zijn vitaliteit en helderblauwe, kwieke ogen had de priester wel iets weg van een zeventigjarige jongen.

'En geen djellaba meer?'

'Nee, ik heb iets anders gekocht.' Nadat hij de dag daarvoor het schilderij en de portemonnee in de vuilniswagen had gegooid, was hij een winkel binnengewandeld en had, zonder maar even te aarzelen, een goedkope korte broek en een T-shirt aangeschaft. Bij de kassa lag een Engelstalige reisgids van Jeruzalem en die kocht hij ook, zonder zelfs op de prijs te letten. In het pension had hij een douche genomen. De rest van de middag had hij in de aangename koelte van zijn kamer de gids doorgenomen, om de achtergrondinformatie te lezen bij wat hij die afgelopen week allemaal had gezien. Na de avondmaaltijd had hij urenlang ononderbroken en heerlijk geslapen.

'Ik vertrek vandaag. Hopelijk gaat er vanmiddag een vlucht naar Nederland.'

'En hoe kijkt u terug op uw bezoek aan Jeruzalem? Heeft het u goed gedaan?'

'Absoluut,' antwoordde Tristan. Hij voelde zich opgelucht. Hoe het psychologisch precies zat, doorgrondde hij nog niet helemaal. Het enige wat hij wist, wat hij vóélde, was dat hij dit nodig had gehad. Hij had lucht gegeven aan zijn haat. Hij had zijn gevoelens van onmacht, die feitelijk de basis, de oorsprong hadden gevormd van zijn rancune jegens Bernhard, die níét onmachtig was, die zich wél kon voortplanten en die bovendien met zijn vrouw had geslapen, niet één keer maar twee keer, tenietgedaan. Hij was niet langer onmachtig. Hij had gehandeld.

Dat het nodig was geweest om geweld te gebruiken, voelde niet prettig, maar bezwaarde hem gek genoeg nauwelijks. Hij was en bleef een pacifist. Dat was zijn politieke opvatting. Het maakte deel uit van het gedachtegoed van de Saamhorigheidsgroep. Maar dat gedachtegoed, zo was het afgelopen jaar gebleken, was niet bruikbaar als het ging om de pijnlijke, donkere krochten van je ziel.

Misschien was dat nog wel de belangrijkste les van alles wat er gebeurd was: dat je jezelf voor de gek hield als je in het contact met anderen alleen ruimte gaf aan je optimistische en positieve gevoelens. Hij had het jarenlang geprobeerd, aangemoedigd door de rest van de Saamhorigheidsgroep. Hij had zijn schaduwkant laten bestaan in zijn eenzame schilderskelder. En die twee werelden hadden hem lang in balans gehouden. Maar toen kwam de dag waarop Bernhard in hun leven kwam.

Hij kon nog niet inschatten wat het effect op de lange termijn zou zijn. Maar voor nu voelde het heerlijk. Dat wat Bernhard hem had aangedaan, de slag die hij hem had toegebracht, was vereffend.

'Ik wens u een goede terugreis. Is er iemand die thuis op u wacht?'

'Mijn vrouw. En we hebben een zoontje. Over een maand wordt hij één.'

'U straalt helemaal.'

'Ja. Ik kijk ernaar uit om ze weer te zien.'

Deel vier

Haarlem, Overveen, 2019

1

Bernhard trok zijn jas aan, deed een sjaal om en zette de hoed op zijn hoofd. Hij stond in de gang van de Overveense villa en keek door het trapgat naar boven, waar Misaki lag te slapen. Ze waren nu bijna een week in Nederland maar hij had zich nog altijd niet aangepast aan de Europese tijdzone. Om een uur of vijf, als het langzaam licht begon te worden, voelde hij zijn ogen prikken en begon hij te gapen. Hij kroop bij Misaki en merkte niet dat ze een paar uur later opstond. Tegen de middag kwam hij zelf uit bed.

Hij zag geen reden om zijn ritme aan te passen, want hij had overdag toch niets te doen. Bovendien vond hij het aangenaam om die uren in de nacht alleen te zijn.

Zachtjes opende hij de voordeur en liep over de bakstenen buitentrap naar de weg. Het huis was van een bevriende diplomaat, die nu ambassadeur in Ljubljana was. Een paar maanden geleden, net nadat Bronno in New York was geweest, had Bernhard hem opgebeld en verteld dat hij van plan was om in Haarlem te gaan wonen. Hij kreeg onmiddellijk het leegstaande huis aangeboden. Ze mochten er blijven zo lang ze wilden.

Terwijl Bernhard door de stille Overveense laan

wandelde, besefte hij dat hij de afgelopen week nog maar nauwelijks buiten was geweest. Alsof hij zich had schuilgehouden en het nu pas aandurfde, terwijl iedereen sliep.

Er stond een gure wind, die de dennen in de tuinen deden ruisen. Hij drukte zijn hoed iets dieper over zijn hoofd en herschikte zijn sjaal, zodat zijn hals beter was bedekt. De route had hij opgezocht. Het was ongeveer drie kwartier lopen.

Hij verschoof zijn manchet en keek op zijn horloge. Voor halfvijf kon hij thuis zijn. Hij wilde niet dat Misaki wakker werd en zou ontdekken dat hij weg was.

Bernhard kwam bij het Overveense winkelstraatje, passeerde de supermarkt en stak de treinrails over. De taxi was een week geleden ook hierlangs gereden. Het had hem toen verbaasd hoezeer deze buurt hem na al die jaren nog vertrouwd was. Er leek niet zo gek veel veranderd te zijn. Maar misschien ontstond die indruk juist omdat hij hier nooit had gewoond: het was mogelijk dat de veranderingen zich daarom niet aan hem openbaarden. Waarschijnlijk werd zijn geheugen veel meer op de proef gesteld als hij door zijn oude buurt in Amsterdam liep.

Aan de rand van het dorp passeerde hij een in het donker gehuld restaurant en keek even door het raam naar de stoelen die ondersteboven op de tafels stonden. Naarmate hij het dorp verder achter zich liet, nam de straatverlichting af. Hij wist dat hij nu een heel stuk door het bos moest lopen. Bernhard begon zich een beetje allenig te voelen. Hij vroeg zich af of deze nachtelijke wandeling wel zo'n goed idee was. Om nog te kunnen zien waar hij liep, deed hij de lamp van zijn telefoon aan en scheen daarmee voor zijn voeten.

Een auto scheurde voorbij. Eerst werd hij verblind door het felwitte licht van de koplampen, daarna keek hij over zijn schouder naar de twee rode cirkels die verdwenen in het donker. Toen hij weer voor zich keek, ontdekte hij waar hij was: bij de ingang van Middenduin.

Hij herkende niet de plek maar wel de naam van het natuurgebied, die op een bordje van Staatsbosbeheer stond. Bernhard bleef even in verwarring op het bordje naast het wandelpad schijnen. Vervolgens sloeg hij rechts af en liep naar de parkeerplaats, waar hij lang geleden ontelbare keren zijn Volvo geparkeerd moest hebben. Misschien kwam het door het donker maar hij herkende helemaal niets. Als hij dat bordje niet had gezien, kon het willekeurig welke, betekenisloze parkeerplaats zijn. Maar nu hij het wist, voelde hij zich ontredderd. Hij vroeg zich opeens af of hij het misschien allemaal een beetje had uitvergroot, die hele tijd met Liza. Het kon wel zijn dat hij hier met haar was geweest, maar misschien was het maar één keer gebeurd en had hij deze plek de afgelopen maanden, sinds hij Aisa bij de fontein had laten staan, een waarde toegedicht die hij helemaal niet bezat.

Want het was vreemd: Middenduin vormde het brandpunt van zijn herinneringen aan Liza. Alsof het de enige plek was waar ze samen waren geweest. Hij kon zich natuurlijk wel andere plekken te binnen brengen, zoals dat industrieterrein in Velsen en het tuinhuisje waar ze woonde en waar hij nu naar op weg was, maar als hij de afgelopen tijd werktuiglijk aan haar dacht, dacht hij altijd aan haar op Middenduin.

Hij liep terug naar de weg en hervatte zijn wandeling; hij snoof de nachtlucht op, passeerde een groot grasveld en zag een hertenfamilie de oversteek maken van de ene bosrand naar de andere. Vijfendertig jaar lang had hij gedachtes aan haar vakkundig weggedrukt. Hij had een prima leven geleid. Hij had ambities in zichzelf ontdekt en glansrijk carrière gemaakt. Aan seks of aan liefde had hij al die tijd vrijwel nooit gedacht.

Maar sinds die dag dat hij met Aisa had afgesproken, was het er weer soms: lust. Levenskracht. Jongehonderigheid. Geluk misschien zelfs. Het begon, toegegeven, met een lichamelijk verlangen, jaren- en jarenlang nauwelijks gekend (afgezien van de spaarzame en plichtmatige verenigingen met Misaki). Maar het was toch veel meer dan dat. Het was alsof gedachtes aan Aisa of aan Liza (en hij merkte dat het geen verschil maakte, dat ze voor zijn verlangen waren samengevallen) vergezichten openden. Hij genoot van dingen die hem anders nooit zo hadden geraakt of zelfs koud gelaten hadden, zoals bijvoorbeeld die overstekende herten, die hem nu een gevoel opleverden dat zorgde dat hij wat energieker en monterder ging lopen. Dit bezielde, levendige gevoel kende helaas ook een keerzijde: hij was in zijn leven nooit zo somber en terneergeslagen geweest als tijdens de afgelopen maanden.

Hij liep langs Kraantje Lek en herkende het restaurant, de holle boom en de speeltuin onmiddellijk. Dus zo slecht is mijn geheugen toch niet, dacht hij. Tot hij zich realiseerde dat hij hier eind jaren negentig nog was geweest, voor de tachtigste verjaardag van een tante. Hij was die week toevallig in Den Haag voor de jaarlijkse ambassadeursconferentie.

In de afgelopen vijfendertig jaar had hij zo min mogelijk voet op Nederlandse bodem gezet. Soms waren er verplichtingen op het ministerie waar hij niet onderuit kon. Toen zijn ouders overleden, moest hij terug om de begrafenissen te regelen. Maar hij bleef nooit lang en vertrok altijd weer zodra hij kon.

Had hij zich weemoedig gevoeld toen hij hier de vorige keer was geweest? Ongetwijfeld amper. Hij was in die tijd chef de poste in Zimbabwe. Hij was nog niet bezig met het verleden toen.

Bernhard kwam bij een splitsing en wist instinctief, zonder zijn telefoon te raadplegen, dat hij naar rechts moest.

Toch had hij zich nooit afgesneden gevoeld van zijn vaderland. Hij was tijdens zijn werkende leven de hele dag door met Nederland bezig geweest. Hij had zijn vaderland in het buitenland vertegenwoordigd. Maar ergens ver weg in de wereld een Hollands eilandje creëren, samen met landgenoten met wie hij Heineken dronk en bitterballen at, was toch anders dan in Nederland wonen. Dat voelde hij al de hele week, sinds hun aankomst op Schiphol.

Hij kwam opnieuw bij een splitsing en opnieuw wist hij zonder te kijken hoe hij moest lopen. Maar even later raakte hij toch de weg kwijt.

Hij raadpleegde de route en ontdekte dat hij vlakbij was. Een straat terug naar links, dan moest hij er zijn.

Nu hij uit het bos was, stonden er weer meer lantaarnpalen op straat. Hij deed de zaklamp uit en stopte de telefoon in de zak van zijn jas.

Hij liep haar straat in. Hier, half op de stoep, parkeerde hij altijd zijn Volvo. Hij dacht even aan zijn oude auto, die hij bij zijn vertrek voor een bespottelijk laag bedrag had verkocht aan zijn garagist. Zijn naam was hij vergeten. Een vreemde snuiter met een herdershond was het geweest.

Bernhard kwam bij het hek. Op de rechterpilaar stond nog altijd DE RANSUIL. Afgaande op de ordinaire tuinverlichting, een zwembad, de hoeveelheid carports en het type auto's dat erin stond, werd de villa nu bewoond door een parvenu. Bernhard liep verder langs het metalen hek en tuurde door de spijlen, op zoek naar het oude tuinhuis. Het was weg. Min of meer op dezelfde plek was een sauna gebouwd.

Hij bleef nog een tijdje bij het huis staan. Hij wist niet zo goed wat hij moest voelen. Misschien had hij wel gehoopt op een emotie-explosie zoals hij die in New York had gehad, toen hij haar schelpenketting had teruggevonden. Maar hij stond daar, midden in de nacht in Aerdenhout, en er gebeurde niet zoveel. Toen hij zich eindelijk omdraaide en terug naar Overveen begon te lopen, vroeg hij zich af wat hij eigenlijk beoogd had met deze wandeling.

Hij was niet zo naïef geweest dat hij had gedacht dat ze er nog altijd woonde. Natuurlijk niet. Maar misschien had hij wel gehoopt dat het allemaal nog precies zo was als toen, zodat hij zich had kunnen inbeelden dat het weer 1983 was, en dat hij midden in de nacht naar haar toe ging.

Het werd langzaam licht en om hem heen, van alle kanten, klonk vogelgekwetter. Bernhard liep stevig door.

Eenmaal in bed, liggend naast Misaki, kreeg hij een inzicht dat hem tijdelijk verwarmde en dat voor een paar seconden een zalige, volkomen ontspanning teweegbracht. Hij besefte dat Liza en hij de enigen op de wereld waren die de momenten kenden die ze samen hadden gehad. Niemand anders kon erover vertellen. Niemand. Alleen zij tweeën. Het gelukkige inzicht werd onmiddellijk gevolgd door pijn, door het besef dat hij zo'n slecht geheugen had. In ieder geval een van de twee kon zich bij lange na niet al die momenten herinneren. Als hij bijvoorbeeld dacht aan die allereerste keer dat ze bij hem op de Brouwersgracht was geweest, wat een keerpunt in zijn leven was geweest, onttrokken zich alleen losse details aan het donker: iets wat ze die dag had gezegd, het moment waarop ze zijn kimono had gedragen en op de een of andere manier ook het beeld van de iepen met herfstige bladeren die door het raam zichtbaar waren, hoewel dat helemaal geen exclusief beeld was. Hij besefte kortom hoe onbereikbaar ver weg het allemaal was. Hij ging op zijn zij liggen, sloot zijn ogen en werd, vlak voordat hij in slaap viel, bevangen door een intens somber en droevig gevoel.

2

De volgende nacht ging hij weer op pad. Zonder dat hij precies wist waarom, wilde hij ook langs de huizen van de andere leden lopen. Die waren een stuk minder verscholen gelegen dan het inmiddels verdwenen tuinhuisje van Tristan en Liza. Hij kon ze gemakkelijk terugvinden. Hij was alleen compleet vergeten waar Wiebe ook alweer had gewoond.

Het regende en hij nam daarom een grote zwarte paraplu met een houten handvat mee, die hij had gevonden in de villa. Eerst ging hij naar het huis van Laurens in het centrum. Vervolgens liep hij via de Wagenweg naar de huizen van de anderen, allemaal in Haarlem-Zuid, vlak bij Heemstede. Telkens sloop hij als een dief naar de voordeur om het naamplaatje te bekijken. Hij kwam erachter dat Laurens, Renate en Felix en Hester nog altijd op hetzelfde adres woonden. Ook Wijnie woonde nog waar ze vroeger met Ralf had gewoond. Bronno was wel verhuisd. In New York had hij hem verteld dat hij bij Renate in de buurt was gaan wonen. Toen Bernhard net bij haar huis was geweest, kwam hij een paar straten verder langs een tuin die volhing met Tibetaanse vlaggetjes. Boven de brievenbus, beplakt met een NEE-NEE-sticker, stond: B. KOOLMEES.

Op de terugweg vroeg hij zich af wat er zou gebeuren als hij ergens in de komende dagen bijvoorbeeld Wiebe zou tegenkomen, bij de bakker of in de supermarkt. Ze zouden uiteraard een praatje maken. Hij zou verrast zijn om Bernhard weer te zien. Hij zou vanzelfsprekend vragen hoe het met hem ging. Maar daarna? Wiebe zou op zijn fiets springen, misschien nog iets roepen als 'Leuk je weer eens te zien!' en daarna zou het moment voorbij zijn.

De regen tikte niet langer op de paraplu en hij klapte 'm in en gebruikte 'm als wandelstok. De fysieke inspanning deed hem goed. De hele dag was hij niet buiten geweest.

Zouden ze het na zijn vertrek nog vaak over hem hebben gehad? Het eerste jaar misschien. En toen hij decennia later ambassadeur in New York was geworden, had Bronno zijn kans gezien en ineens weer contact gezocht. Maar niet omdat hij zo benieuwd was hoe het met Bernhard ging.

De enige met wie hij buiten Liza een band van betekenis had gehad, was Felix. En die band was er al geweest voordat hij lid werd.

Hij kwam langs een kastje met boeken erin. In de krant had hij al gelezen over deze minibibliotheken die sinds een aantal jaar verrezen in de Nederlandse voortuinen. Hij opende het glazen deurtje en vond een Engelstalig, in leer gebonden boekje: *The Torrents of Spring* van Toergenjev. Hij las de eerste paar regels, klapte het deurtje weer dicht en schoof het dunne boek in de buitenzak van zijn jas.

3

Bernhard zag hem al aankomen vanuit het keukenraam. Hij opende de voordeur. Zijn oude vriend beklom de lange buitentrap zonder dat dit hem enige moeite scheen te kosten. Hij sloeg steeds twee treden over en was in een paar energieke stappen boven.

'Als een jonge hond!' zei Bernhard bewonderend.

'Solidariteit houdt je gezond,' antwoordde Felix, zichtbaar blij met het compliment, terwijl ze elkaar de hand schudden. Geen baard meer, maar verder was hij nauwelijks veranderd. Hetzelfde had voor Bronno gegolden. De kraaienpootjes hadden zich weliswaar verdiept en zijn haar was niet langer blond maar grijs, maar voor de rest zag Bernhard geen verschillen. Wonderlijk was het: je zag iemand meer dan dertig jaar niet, in de tussenliggende periode had je moeite om het gezicht van diegene goed voor de geest te halen, en als je elkaar dan weer zag, was het alsof er nauwelijks tijd was verstreken.

'Wat een kast van een huis dit, joh. Het lijkt wel een kasteel.'

Bernhard vertelde dat de villa van een collega-ambassadeur was.

'Ik fiets weleens door deze straat en dan kijk ik altijd mijn ogen uit. Je zal hier maar wonen, zeg...' Felix was hem voorbijgelopen en keek nu nieuwsgierig vanuit de gang in de kamers op de benedenverdieping.

'Kom, dan gaan we hier zitten.' Bernhard leidde hem naar de studeerkamer, waar twee grote stoelen aan weerszijden van de brandende open haard stonden. 'Je wilt wel een glas wijn, neem ik aan? Er is hier een uitstekende wijnkelder, die ik al aardig heb geplunderd.' Bernhard verheugde zich al de hele dag op de Château Latour uit '96 die hij had ontdekt, verscholen onder het stof. Dit was een mooie gelegenheid om die op te drinken.

'Liever een kop thee als je hebt.' Felix was gaan zitten in een van de stoelen, maar bleef nieuwsgierig om zich heen kijken.

'O. Eh, thee,' zei Bernhard. 'Ja, dat moeten we hier ook wel ergens hebben... Wacht, ik vraag Misaki.'

Even later kwam zijn vrouw de kamer binnen met een dienblad met een pot thee en twee kopjes. Bernhard stelde hen aan elkaar voor. Meteen daarna verdween ze weer, met iets afstandelijks in haar houding. Het was niet dat ze niet geïnteresseerd was in zijn oude vriend, besefte Bernhard. Hij had haar niet het gevoel gegeven dat hij wilde dat ze erbij kwam zitten. En als hij eerlijk was, was dat ook niet zo.

De dennenappels in het haardvuur knetterden. 'Net als vroeger,' zei Felix, wijzend op het vuur.

'Ja, net als vroeger,' herhaalde Bernhard, nog steeds een beetje teleurgesteld vanwege de wijn.

Nee, hij is echt niks veranderd, bedacht Bernhard. Hij heeft dezelfde aimabele uitdrukking op zijn gezicht als vroeger. Hij is nog altijd een onverbeterlijke positivo, dat zie je aan alles. Een in- en ingoed mens. Maar waarom zou hij ook niet nog dezelfde zijn? Hoeveel veranderde je nog na je dertigste? Was hij zelf veranderd?

'Werk je eigenlijk nog, Felix?'

'Ík? Werken? Welnee, joh! Nee, al jaren niet meer. Ik ben tijdelijk gestopt, ongeveer toen jij wegging, denk ik. En terwijl ik thuiszat, begon Hester met haar trainingen steeds meer geld te verdienen. Die is langzamerhand enorm succesvol geworden. Ja, ik ben wel trots op d'r, hoor. Bovendien hadden we ook nog de erfenis van mijn moeder, waardoor er eigenlijk helemaal geen reden was om weer aan het werk te gaan.'

'En je proefschrift? Heb je dat nog afgemaakt?'

'Nee, daar ben ik op een bepaald moment ook mee gestopt. Geen idee meer waarom ik er ooit aan ben begonnen, eerlijk gezegd.'

'Maar wat deed je dan de hele dag?'

'Voor de kinderen zorgen. Het huis opruimen. Zorgen dat iedereen in het gezin blij was.'

Bernhard was een beetje van zijn à propos door dit altruïsme. Hij probeerde zich de tussenliggende vijfendertig jaar voor te stellen zonder werk, zonder het najagen van status en een carrière.

'En nu?'

'Nu zorg ik twee keer per week voor de kleinkinderen; ik heb er zes. We zijn met de Saamhorigheidsgroep nog behoorlijk actief. En ik lees elke dag uitgebreid de krant, werk wat in de tuin, maak af en toe een lange fietstocht...'

'Klinkt als een prettig leven,' zei Bernhard, die merkte dat het er minder ironisch uit kwam dan hij zou willen.

'Ik prijs mezelf gelukkig inderdaad,' zei Felix voldaan. Bernhard keek nog eens goed naar zijn oude vriend en bespeurde helemaal niets van spijt over verkeerde beslissingen of niet geleide levens. Het was eigenlijk erg ergerlijk.

'Zeg, Felix, je hoeft niet mee te drinken, maar ik trek toch die fles open als je het niet erg vindt. Ik heb erg veel zin in een glas wijn.'

'Laat je door mij niet weerhouden. Ik schenk mezelf nog wat thee bij.'

Bernhard ontkurkte de fles, die al op de grond naast zijn stoel stond. Terwijl hij iets te snel en gretig de eerste slokken nam, vertelde Felix opgeruimd dat hij de volgende ochtend vroeg, nog voor de ochtendspits, in de trein zou stappen naar Rotterdam. Daar woonde zijn jongste dochter met haar man en kinderen. Dan was hij er op tijd om met zijn kleinkinderen te ontbijten terwijl hun ouders naar hun werk gingen.

'Wat doet...' begon Bernhard afwezig, maar hij viel plotseling stil. 'Sorry, het is heel erg maar ik ben geloof ik haar naam vergeten.'

'Josefien.'

'Ah, natuurlijk!' riep Bernhard terwijl die naam hem niets zei. 'Wat doet Josefien voor werk?'

'Die heeft een heel mooie functie bij Shell.' Hij begon uitgebreid te vertellen wat ze precies deed. Daarna vertelde hij minstens zo trots over de banen van zijn andere kinderen, die ook allemaal voor multinationals werkten, waarvan de oogmerken mijlenver af stonden van de idealen van de Saamhorigheidsgroep. Dat zag Felix ook wel. Maar zijn trots als vader overheerste.

Terwijl Felix verder pronkte, vroeg Bernhard zich af hoe dat zou voelen: trots zijn op de prestaties van je kinderen. Wat voor soort vader zou hij zelf zijn geweest als hij het ouderschap had geambieerd? Misaki was nooit begonnen over kinderen.

Hij schonk zich nog wat wijn bij en luisterde naar Felix, die inmiddels vertelde over de andere Saamhorigheidsgroepleden. Bronno had hem in New York al het nodige verteld: Ralf was uit zicht geraakt, Wijnie had in de loop der tijd een heus hospice-imperium opgebouwd. Er waren nu zes vestigingen, verspreid over de Randstad. Hun twee kinderen werkten net als die van Felix in het bedrijfsleven.

'O ja, Douwe... Zo heette die jongen toch? Was die niet in literatuur geïnteresseerd?'

'Hij heeft inderdaad Nederlands gestudeerd. Maar hij is later toch voor een bedrijf gaan werken. Hij doet de communicatie bij KPN.'

'Ah.'

Het ging ook nog over de andere leden. Wiebe was zoals iedereen had verwacht hoogleraar geworden. Hij was getrouwd met zijn vriendin en ze hadden twee kinderen gekregen. Zijn vrouw was op latere leeftijd alsnog gaan studeren en was, na een lange periode als griffier te hebben gewerkt, rechter geworden. Bronno werkte nog steeds voor de gemeente. Zijn zoon was alweer jaren geleden teruggekeerd naar Ethiopië.

Bernhard luisterde maar half. Het meeste wist hij al. Er was maar één iemand over wie hij wilde horen. Maar het was alsof Felix haar expres niet noemde.

Renate was een bekende psychotherapeut geworden. Ze had boeken geschreven en verscheen af en toe op televisie. Laurens was een jaar geleden met pensioen gegaan. Hij had een latrelatie en hij was gelukkig. En ja, hij zat ook nog steeds bij de groep.

Bernhard vroeg zich af of Felix het hem ooit kwalijk had genomen dat hij na zijn vertrek nooit meer contact had gezocht. Hij herinnerde zich nu hoe hun band eigenlijk al was bekoeld tijdens zijn lidmaatschap van de Saamhorigheidsgroep. Hun vriendschap was meer iets van de periode daarvoor geweest.

Inmiddels zaten ze al langer dan twee uur bij de open haard. Felix had, afgezien van Bernhards onaangeroerde kopje thee, in zijn eentje de hele pot weggewerkt. De fles wijn was nu halfleeg. Zijn oude vriend was bijna voortdurend aan het woord geweest. Hij had nog altijd niets gevraagd over Bernhards leven. Felix leek dat nu ook in te zien, want hij vroeg, terwijl zijn toon en houding zijn naderende vertrek al aankondigden: 'En jij? Waar heb jij nou allemaal gezeten de afgelopen vijfendertig jaar?'

Bernhard vertelde het.

'Tjonge. Je moet een hoop hebben meegemaakt.'

'Ja. Jazeker...'

Er viel een stilte. Felix keek op zijn horloge en zei: 'Het is wel welletjes. Ik moet er morgen vroeg uit.' Hij ging staan. Bernhard stond ook op. Hij hield een onaf en onbevredigd gevoel aan deze avond over. Maar het was nog niet te laat. Hij hoefde het alleen maar te vragen.

'Aanstaande vrijdag geef ik trouwens een borrel voor mijn verjaardag. Jij en je vrouw zijn uiteraard van harte uitgenodigd. De anderen zullen het een verrassing vinden om je weer te zien.'

'Dank je wel. Ja, we komen graag.'

Bernhard opende de voordeur en liep met hem mee naar beneden.

Felix schudde hem de hand. 'Enorm leuk om elkaar weer te spreken. Goed dat je me hebt gebeld.'

'Vond ik ook. En we spreken elkaar vrijdag verder dan.'

'Doen we!'

Felix ging op zoek naar zijn sleutel. 'Ah, daar is-ie.' Hij stak hem in het slot, zwaaide met zijn been over het zadel en wilde al wegrijden.

'O, voor ik het vergeet te vragen,' zei Bernhard. 'Hoe is het nu eigenlijk met Liza?'

4

Felix zette zijn ene voet terug op de grond en daarna ook de andere. Hij gleed van het zadel. Met de stang tussen zijn dijbenen vroeg hij: 'O, weet je dat niet?'

'Ik weet niks.'

'Die woont in New York.'

'Wat? Met Tristan?'

'Nee, niet met Tristan. Die is homo geworden. Die woont met een Griek op een woonboot.'

'Ah.'

'Hij zit nog steeds bij de groep, trouwens.'

'O, goh,' zei Bernhard afgeleid. 'Schildert-ie nog?'

'Ja, nog steeds.'

'Maar wat doet Liza in New York dan?'

'Ik ging ervan uit dat je dat wel van Bronno had gehoord. Je hebt toch met hem afgesproken in New York? Hij heeft haar toen ook opgezocht.'

'Waar woont ze precies, weet je dat?'

'Geen idee. Ergens in Manhattan.'

Bernhard had het gevoel dat hem een enorme streek was geleverd door Bronno.

'Nee, hij heeft niks tegen me gezegd.' Plotseling besefte hij dat hij niet al te nieuwsgierig en gretig moest overkomen.

'Dan werkt ze ook niet meer als verloskundige, neem ik aan,' zei hij, maar nu op een veel ongeïnteresseerdere toon.

'Nee, ze is fulltime-stemacteur nu. Ze spreekt onder meer reclames in. De meeste Nederlanders zullen haar stem wel herkennen als ze die horen.'

'Ja, ik vond haar stem heel mooi,' zei Bernhard dromerig. 'Maar ik dacht dat het iets particuliers was. Ook al deed ze toen al die tekenfilms over... wat was het ook alweer? Een slak?'

'Ja, een slak. En ook iets met paarse kabouters, geloof ik.' Ze lachten allebei.

'Maar hoe kan ze nou stemacteur zijn en in New York wonen?' vroeg Bernhard, alsof hij hoopte Felix op een vergissing te hebben betrapt.

'Ze zullen het daar wel in een studio opnemen.'

'O ja. Ja, dat kan natuurlijk.'

Omdat Bernhard zweeg en bleef zwijgen, vroeg Felix: 'Jij had iets met Liza toch?'

'Wist je dat?'

'Dat was op een gegeven moment voor iedereen wel duidelijk. Behalve voor Tristan. Arme man. Al is het toch nog goed gekomen met hem. Hij komt veel gelukkiger over dan vroeger.'

'Dat is mooi,' zei Bernhard.

'Jij bent weggegaan net nadat Melle is geboren, toch?'

'Ja.'

'Heb je nooit gedacht dat hij jouw zoon is?'

'Nee, nooit. Hij is de zoon van Tristan.'

'Hoe weet je dat zo zeker?'

'Daar heb ik nooit aan getwijfeld. Dat was vanaf het begin duidelijk.'

'Wist je dat ze jarenlang geprobeerd hebben om een kind te krijgen?'

'Nee.'

Felix zei niks meer. Bernhard ook niet. Hij voelde dat Felix aandachtig naar hem keek.

'Nou, nu ga ik maar eens. Ik zie je dan vrijdag, hè?'

'Ja, ja, tot vrijdag...'

Bernhard staarde Felix na, die aan het einde van de straat uit zicht verdween. Hij liep traag terug naar boven, naar de fles wijn. Misaki lag al in bed, dat kwam mooi uit. Hij duwde de voordeur verder open en stapte naar binnen maar wachtte even voordat hij hem dichtdeed. Leunend tegen de deurpost staarde hij nog lang naar de plek op de stoep waar hij met Felix had staan praten. Toen dacht hij weer aan de wijn, draaide zich om en sloot de deur achter zich.

5

Nu Liza niet meer in deze buurt bleek te wonen, had de hele omgeving haar glans verloren. Twee avonden later, nadat Misaki naar bed was gegaan, maakte Bernhard een fietstocht naar zee. Hij had tegenwind en al snel werd hij moe. Zijn buik zat bij het trappen in de weg. Voortdurend dacht hij aan Felix, met hoeveel gemak die hier gefietst zou hebben. Hij keek naar de duinen links en rechts van de Zeeweg en probeerde zich voor te stellen hoe vertrouwd dit uitzicht was voor Felix, Wiebe, Bronno en de anderen. Hijzelf was eraan gewend geraakt om elke paar jaar weer ergens anders te wonen. Na iedere verhuizing voelde hij zowel heimwee naar zijn vorige standplaats als opgewondenheid over de nieuwe. En telkens als zijn termijn erop zat, vond hij het een mooi moment om weer door te gaan, was hij benieuwd wat hij allemaal zou zien en meemaken in een nieuw land. Zo had hij decennialang als een nomade over de wereld getrokken. Bernhard wist inmiddels dat hij zich overal ter wereld thuis zou kunnen voelen. Maar nu hij terug was in zijn vaderland, voelde hij iets wat hij in geen enkel ander land ooit had ervaren: ontheemding.

Bernhard vroeg zich af waarom hij eigenlijk was teruggekomen. Toen hij vertrok, had hij zich voorgenomen om de rest van zijn leven weg te blijven. Waarom had hij zich niet aan dat plan gehouden? Waarschijnlijk omdat hij het gevoel had gehad dat hij, met de afsluiting van zijn carrière, in de eindfase was beland. Maar dat was helemaal niet het geval. Hij had zich nooit, zeker niet toen hij jong was, gerealiseerd dat het pensioen zo vroeg kwam.

Hij moest de afgelopen dagen veel denken aan het boekje van Toergenjev, dat hij tijdens een nacht voor de open haard had uitgelezen. Het ging over een man die zo stom was om een vrouw, op wie hij verliefd was en die hem niets dan goeds te bieden had, te laten schieten voor een despotisch kreng door wie hij zich had laten inpalmen. De man was de rest van zijn leven ongelukkig en werd gekweld door spijt.

Hoewel Misaki allesbehalve een kreng was, zag Bernhard een gelijkenis met zijn eigen lot. Hij had Japans geleerd om de taalbarrière tussen hen te slechten. In zijn naïviteit had hij gedacht dat ze dichter bij elkaar zouden komen als ze in haar moedertaal met hem kon spreken. Maar hun relatie was even afstandelijk gebleven. Hij was erachter gekomen dat Misaki helemaal geen behoefte had aan meer intimiteit. Nog schrijnender was het besef dat hijzelf die behoefte eigenlijk ook niet voelde. Hij had zijn werk waar hij zich op kon richten. Pas nu, nu hij een man zonder werk was geworden, voelde hij de pijn van de kans die hij had verspeeld.

Hoe zou zijn leven zijn geweest als hij hier was gebleven? Als hij in deze buurt was gaan wonen samen met Liza en het kind dat misschien wel van hemzelf was?

Hij kwam bij de zee. Moe van de inspanning en zijn eigen gedachten, zette hij de fiets tegen een houten paaltje en liep naar het verlaten strand.

Het geluid van de branding was verrukkelijk. Erdoor aangetrokken wandelde hij steeds verder. Vlak bij het water bleef hij staan. Hij keek, hij ademde en hij voelde de wind in zijn gezicht. Bernhard had het gevoel dat de kracht van de zee ook zijn eigen kracht werd. Er kwam een idee in hem op, dat onmiddellijk een gevoel van bevrijding en opluchting teweegbracht. Waarom ging hij niet gewoon terug naar New York? Terug naar de stad waar iederéén ergens vandaan kwam. Terug naar de stad van The Met, het MoMA en Carnegie Hall. Hier in Nederland had hij toch niets meer te zoeken. En Misaki zou niets liever willen dan weer in New York wonen. Als een exoot had ze de afgelopen tijd door het witte Haarlem gewandeld.

Maar woonde Liza er alleen of met een andere man? Met een Amerikaan of een Nederlander? Bernhard dacht hier even over na en concludeerde voor zichzelf dat hij het niet hoefde te weten, of eigenlijk niet wilde weten. Hij zou haar niet bewust proberen op te zoeken. De wetenschap dat ze in dezelfde stad woonde, was voldoende. Hij zou, iedere keer als hij de deur uit ging, hopen dat hij haar toevallig tegen het lijf zou lopen.

Hij keek naar de zee, luisterde naar de golven en ervoer weer die aanstekelijke kracht van het water. Nog een hele tijd bleef hij staan, met een glimlach op zijn gezicht.

6

Bernhard en Misaki liepen gearmd naar het huis van Felix. Ter hoogte van de nieuwe Bavo begon het ineens te hozen. Gelukkig had hij de zwarte paraplu bij zich, die groot genoeg was voor hun tweeën. Maar ze werden toch een beetje ongelukkig van al dat water. Dicht tegen elkaar aan gedrukt liepen ze het laatste stuk, tot ze in de straat van Felix en Hester kwamen. Het hield op met regenen. Bernhard klapte de paraplu in.

Een vrouw op een fiets en met een rode tas van VluchtelingenWerk over haar schouder passeerde hen. Ze had geen paraplu bij zich en was helemaal doorweekt. Ze remde, stapte af en zette haar fiets op de stoep neer. Bernhard zag wie het was. Zij had nog niks in de gaten.

'Heerlijk!' zei ze. 'De wereld is weer schoon.'

'Dag Renate.'

'Bernhard! Ja, ik hoorde al dat je terug was.' Ze liep naar hem toe, pakte hem bij zijn ellebogen en gaf hem drie zoenen, waarbij haar natte wangen die van hem raakten. Daarna bleef ze hem aankijken, met een warme en onderzoekende blik. 'Ja, echt Bernhard,' zei ze. 'En je draagt nog steeds een hoed. Ik weet nog wel dat je die kocht en dat je er ineens zo anders uitzag. Alsof je daarmee, bewust of onbewust, daar wil ik van af wezen, alvast een beetje afstand van ons nam. En toen ging je weg. En nu ben je er weer.'

'Het is niet dezelfde hoed als toen, trouwens, hoor.'

'Haha, nee, dat wil ik geloven.'

'Ik hoorde van Felix dat het heel goed met je gaat.'

'O, zei hij dat? Ja,' zei ze een beetje peinzend. 'Ik denk dat dat wel klopt. Wat leuk dat hij dat tegen je zei.'

'Dit is Misaki, mijn vrouw.'

Misaki gaf haar een hand. 'How do you do?'

'Yes,' zei Renate. Ze werd plotseling rood en richtte zich snel weer tot Bernhard. 'Ik ga vast naar binnen. Ik had Hester beloofd dat ik zou helpen met het klaarzetten van het een en ander.'

Terwijl Renate verdween door de open voordeur, zocht Bernhard een plek voor zijn paraplu. Hij schudde er nog wat water van af en zette hem toen tegen de muur van het huis. Ze gingen ook naar binnen.

Blijkbaar waren ze afgezien van Renate de eersten. In de gang was niemand. Renate was in de keuken met iemand aan het praten, waarschijnlijk met Hester. 'Bernhard is er!' hoorde hij haar zeggen. 'En hij heeft een buitenlandse vrouw meegenomen. Ze wilden in het Engels met me praten. Ja, dat gaat wel, hoor. Mijn Engels is prima. Maar ik moet er wel op voorbereid zijn.'

Hester kwam door de keukendeur de gang in lopen. 'Kom verder, Bernhard! Jullie zijn vroeg!'

'Vier uur, had Felix gezegd.'

'Halfvijf. Maar dat geeft toch niks? Het is alleen jammer voor je dat de anderen allemaal wat later zijn. Felix geeft op vrijdag altijd taalles aan een immigrant, maar die zal er zo wel zijn.' Ze keek even op haar horloge. 'Bronno en Laurens doen sinds een tijdje vrijwilligerswerk bij die gehandicapteninstelling in Zandvoort. En Wiebe is met z'n actiegroep aan het protesteren tegen de komst van de formule 1. Hij maakt zich er heel druk over. Hij wil koste wat kost de duinen beschermen. Ja, ik hoop niet dat hij al die mensen meeneemt, hoor,' zei ze tegen Renate. 'Dan is ons huis al snel te klein.'

'Dit is mijn vrouw Misaki.'

'Ah! How very nice to meet you,' zei ze. Terwijl Hester een praatje maakte met zijn vrouw, was Renate begonnen met het verplaatsen van stoelen en het neerzetten van glazen. Bernhard keek om zich heen, naar de kamer waar hij die laatste nacht geslapen had.

‘Waar zal ik deze zetten?’

‘Ik kom zo, Renate, ben even met de vrouw van Bernhard aan het praten.’ Ze schakelde weer terug naar Engels en hervatte haar gesprek.

Er stond een andere bank. En er hingen geen mandala’s meer aan de muur.

‘En deze glazen? Hier binnen of lekker buiten, in de achtertuin? Het zal wel droog blijven, toch, wat denk jij?’

Bernhard vroeg zich af of het Liza alleen maar om een kind te doen was geweest. In het begin misschien. Het zou kunnen. Maar dan had ze er daarna meteen mee kunnen stoppen. En dat deed ze niet.

‘Hoehoe! Hester! Wat doe ik met deze glazen?’

‘Zet ze maar buiten, Renaat. Maar dan misschien wel even een doekje over de tafel. I’m sorry,’ zei ze nu tegen Misaki. ‘I’ll be back soon.’ Ze opende de tuindeuren, liep naar de keuken en kwam terug met een paars doekje.

‘Kunnen Bernhard en zijn vrouw anders niet even helpen?’ vroeg Renate aan Hester. Ze nam het doekje aan.

‘Och, nee...’

‘Daar had ik altijd mijn personeel voor,’ zei Bernhard.

Er viel een ongemakkelijke stilte.

Bernhard wist niet hoe hij zijn verkeerd gevallen grapje moest herstellen en trok zich daarom maar terug met Misaki, terwijl Renate (nogal verhit) en Hester verdergingen met het voorbereiden van de borrel. Toen Hester een koude fles wijn op de tafel zette, draaide hij de dop open en schonk voor zichzelf en Misaki in.

Het werd halfvijf maar er was verder nog niemand. Om kwart voor vijf kwam Felix aan, even hartelijk en gastvrij als altijd. Niet veel later begon het huis langzaam vol te stromen met andere gasten, die Bernhard allemaal niet kende.

Zou hij haar herkennen als hij haar op straat of in de metro tegenkwam? Ja, natuurlijk. Zijn enige angst was dat ze minder blij en verrast zou zijn dan hij. Dat het, als ze haar hele leven beschouwde, minder voor haar had betekend dan voor hem.

Misaki raakte in een geanimeerd gesprek met Felix, waardoor hij zich vrij voelde om wat rond te lopen en te zien of hij misschien toch iemand van de aanwezigen kende. Hij wurmde zich langs een paar mensen en ging de tuin in. Allemaal goedgehumeurde, vriendelijke en tevreden babyboomers. En allemaal PvdA'ers, dat zag hij zo wel. Uit de deur die naar de keuken leidde, kwam Tristan naar buiten stappen. Hij liep meteen op Bernhard af, die een beetje in verwarring raakte. Tristan maakte een volkomen andere indruk dan vroeger. In plaats van een staart had hij nu een helemaal kaal hoofd, wat hem goed stond. Hij zag er verzorgd uit, rook aangenaam maar niet opdringerig naar een of andere eau de toilette en in zijn gezicht was niets meer te bespeuren van dat gepijnigde dat hem vroeger zo'n meelijwekkende aanblik had gegeven. Bernhards verwarring werd nog groter toen Tristan zijn armen spreidde en hem omhelsde.

'Tjonge, wat is dat lang geleden,' zei hij. 'Ik heb nog ooit een portret van je gemaakt.'

'Inderdaad, ja. Nu je het zegt. Wat is daar eigenlijk mee gebeurd?'

'Je hebt het nooit opgehaald. Ik heb nog overwogen

om het je langs te brengen in Jeruzalem – daar zat je toch?'

'Had je moeten doen!'

Ze lachten allebei. Tristan liep door en begroette een paar andere mensen.

O ja, dat portret, dacht Bernhard. Straks toch nog eens vragen waar dat nu is. Hij wilde ineens niets liever dan dat portret in zijn bezit krijgen. Er was geen betere herinnering aan die tijd.

Hij stapte weer naar binnen en kwam Bronno tegen, die kortaf tegen hem deed, waardoor Bernhard snel maar weer verder liep. Over een paar dagen vlogen ze al terug naar New York. Hij vroeg zich af of hij nog iets uit deze borrel wilde halen.

Hij pakte een paar nootjes en stopte die in zijn mond. Misaki was in gesprek met een Zuid-Europees ogende man in een kanariegele broek en met een chokertje in de boord van zijn overhemd. Vast die Griek van de woonboot.

Bernhard schonk zich nog wat wijn bij en wisselde een blik met Misaki, die aangaf dat ze niet gered hoefde te worden. Hij draaide zich dus weer om en liep Wiebe tegen het lijf. Die zag er ook al zo gezond en blakend uit, en nog even graatmager als vroeger. Hij begon onmiddellijk, zonder dat Bernhard daar aanleiding toe had gegeven, te vertellen over de ontwikkelingen rond het formule 1-project in Zandvoort. Hij had het over een 'rechtse racemanie' die door het land waarde. Toen dit onderwerp uitgeput raakte, vertelde hij met welke projecten de Saamhorigheidsgroep zich tegenwoordig bezighield. Ze concentreerden zich minder op Afrika en meer op het klimaat. Toen Bernhard onopvallend op zijn horloge keek, zag hij dat hij al bijna een halfuur aan het luisteren was.

'Ik ga even kijken waar mijn vrouw uithangt.'

'O. Ja, natuurlijk. Ik hoop niet dat ik je verveeld heb. Leuk je weer eens te spreken, Bernhard!' Maar Bernhard stond al met zijn rug naar hem toe en stapte weer naar buiten. Hij had gezien dat Misaki zich nog altijd prima vermaakte met de Griek.

In de achtertuin waren drie muzikanten bezig met het klaarzetten van hun instrumenten. Vlak bij hem stond iemand die hij niet herkende maar die zich voorstelde als Annelies, de vrouw van Wiebe. Even schrok hij, door de associatie met dat langdradige gesprek met haar man van zo-even. Maar hij ontdekte dat ze juist heel aangenaam gezelschap was. En hij herinnerde zich dat ze hem vroeger ook al aardig had geleken.

Ze praatten over haar werk en over zijn werk en daarna vroeg ze hoe het voor hem was om terug te zijn. 'Je bent de eerste die me dat vraagt,' antwoordde hij.

Bernhard vertelde dat hij zich eigenlijk nooit goed had gerealiseerd hoe comfortabel het leven in Nederland en in het bijzonder Haarlem was. Dat het hem opviel dat iedereen het hier erg goed voor elkaar had – en dat hij dat op zich wel jaloersmakend vond, maar dat er ook iets zelfgenoegzaams van uitging. 'Maar zoals ik al zei: misschien ben ik wel gewoon jaloers,' zei hij lachend.

'Nee, ik snap wel wat je bedoelt,' zei ze. Bernhard hoorde niet wat ze nog meer zei. Er kwam een jongen, of eigenlijk een man, door dezelfde keukendeur lopen waar Tristan eerder uit was gekomen. Er was geen twijfel over mogelijk. Hij maakte een joviale, heel open indruk en liep rechtstreeks op Tristan af. Ze gaven elkaar een kus op de wang. 'Ha, pap!'

'Hee, jongen! Wat fijn dat je bent gekomen.' Tristan beëindigde onmiddellijk zijn gesprek. Hij had alleen nog oog en aandacht voor zijn zoon.

Annelies zei dat ze nog wat te drinken ging halen.

'Sorry, ik was even afgeleid.'

'Het geeft niet,' zei ze en ze glimlachte innemend. In een flits dacht Bernhard: waarom is zo'n vrouw met Wiebe?

Hij verplaatste zijn blik weer naar de zoon van Liza. Dezelfde wipneus, dezelfde kleur ogen. Zelfs de sproeten. Maar het zat 'm vooral in zijn motoriek.

De muziek begon. Een klarinettist, een cellist en een violist. Ze speelden zigeunerachtige deuntjes. Alle gasten waren in de tuin of tussen de open deuren komen staan. Bernhard raakte een beetje in de verdrukking. Hij zag ze niet meer. Hij zag wel Misaki, die in haar eentje stond.

Hij wurmde zich naar haar toe, pakte haar hand en aaide even over haar rug.

De muziek stopte en er maakten zich wat mensen los uit de groep, die bij de muzikanten gingen staan. Het waren de leden van de Saamhorigheidsgroep, aangevuld met een paar mannen en vrouwen die hij niet kende. Ze hadden allemaal een A4'tje in hun hand. Natuurlijk, een lied, dacht Bernhard.

De muzikanten begonnen weer te spelen, maar nu ter begeleiding van de zangers. Het lied ging vanzelfsprekend over Felix. De anekdotes waaraan werd gerefereerd, ontgingen Bernhard maar iets anders ontging hem niet: hoeveel er van Felix werd gehouden. Door zijn vrouw, door zijn kinderen die hier ook rondliepen, door zijn vrienden en de leden van de Saamhorigheidsgroep.

'Zal ik een taxi bellen?' fluisterde hij in het Japans in Misaki's oor.

Ze knikte en hij liep naar binnen om het telefoontje te plegen. Toen hij weer buiten kwam, was het lied net afgelopen. Iedereen klapte en daarna begonnen de muzikanten weer te spelen. Ze luisterden nog een tijdje en toen werd het tijd om te gaan. Hij dacht nog even aan het portret. Hij besloot om het te laten zitten. Ze slopen weg zonder iemand gedag te zeggen. In de gang en bij de voordeur kwamen ze geen mensen tegen. De taxi stond er al.

Bernhard pakte zijn paraplu, die op de grond was gevallen. Terwijl ze van de voortuin naar de taxi liepen, had hij een déjà vu. Hij keek naar de plek waar ze in 1983 was verschenen, maar de stoep bleef leeg.

Brooklyn, juni 2018 – Jeruzalem, juni 2020

Verantwoording

Voor de beschrijving van de bouw van Bronno's schuilkelder las ik *The day after. Hoe overleeft u een kernoorlog* van Felix Thijssen (1981).

'We beginnen altijd met een knuffelronde, dan weet je dat vast' (p. 68) is een variatie op een tekst bij een tekening van Peter van Straaten: 'In het vorige bedrijf waar ik werkte kwam er nu altijd een knuffelronde.'

Ook in de werkelijkheid bestaat er een Saamhorigheidsgroep. Mijn ouders waren er lid van. Hoewel ik vond dat de naam van de groep niet overtroffen kon worden, is geen van de personages gebaseerd op een bestaand persoon. En afgezien van enkele anekdotes zijn alle gebeurtenissen verzonnen.

FSC
www.fsc.org
MIX
Papier van
verantwoorde herkomst
FSC® C004472